Intellectual History

專號：英華字典與思想史研究

7

2017 年 5 月

目錄

【論文】

道不同終不相為謀：
論章太炎與孫中山革命思想的異趣

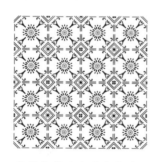

汪榮祖

臺灣大學歷史系畢業（1961），美國西雅圖華盛頓大學博士
（1971）。美國維琴尼亞州立大學歷史系教授（1971-2003），
其間曾獲維琴尼亞州社會科學院傑出學者榮譽、全美研究型
圖書館年度傑出學術著作獎（2001）。2003年回臺灣長住，
現任中央大學講座教授，中央研究院近代史研究所兼任研究
員。主要學術著作有英文專書 *A Paradise Lost, the Imperial
Garden Yuanming Yuan* 等4種，中文專書有《史傳通說》、
《史學九章》、《詩情史意》等16種，中英文論文百篇、書評
40篇。

道不同終不相為謀：
論章太炎與孫中山革命思想的異趣

摘要

　　章太炎與孫中山因反滿革命而結合，但因出身與思想背景之異，雖是革命同道，終因思想上的差異，爭執與齟齬不斷，甚至導致革命陣營的分裂。兩人固然有性格上的差異，孫有元首特質，不甘居人後，故高度自信，難入逆耳之言，而易輕信諂媚。而章倡義革命，別有淵源，且以國師自居，喜直言無忌，不願屈己相從。個性之外，更有深層的思想上的差異。章、孫都是民族主義者，皆以推翻滿清政權爲職志，然而兩公的民族主義內涵不盡相同。中山深受西方文化的影響，對歐美民主國家仰慕多，而對列強之帝國主義警覺少，甚至不惜借列強之助力，應對國內的政敵。而太炎之排滿，要因清政府不能應付列強之帝國主義侵略而起，故八國聯軍之後，始毅然投身革命。他也深感西潮對中國社會與政治上的威脅，所以反對西方帝國主義才是章太炎民族主義的核心價值。他早年與亞洲其他反帝志士來往，晚年極力反對赤化。但孫於清季革命時期未嘗參與其他亞洲弱小民族的反帝活動，晚年聯俄容共，欲借外力，求中國之統一。

關鍵詞：章太炎、孫中山、革命思想、國族主義、帝國主義

　　章太炎與孫中山兩人因反滿革命而結合，但因出身與思想背景迥異，雖是革命同道，實屬不同淵源，終因思想上的差異，爭執與齟齬不斷，甚至導致革命陣營的分裂，雖同道而終不相爲謀。章氏的後裔言及分歧的責任說：「太炎先生和中山先生各應承擔多少個人責任，我認爲沒有必要去劃分。如果一定要分的話，我以爲先祖父太炎先生應承擔多一些」[1]。兩人之間的分歧與衝突若能從思想上的差異來評價，也許更能超越意氣，看清是非而非對錯，明白兩人如何走到一起，又因何而分道揚鑣。

　　孫中山及其同志在檀香山成立興中會，首創革命組織；但此一革命淵源來自海外，興中會的成員，包括孫中山在內，大多是海外華僑，且多秘密社會人馬，除了他們都來自廣東外，其中幾無出身國內的知識份子。難怪當時國人，包括高級知識份子在內，誤以爲孫中山是江洋大盜。後來追隨孫中山的吳稚暉就這樣認爲過，章太炎在梁啓超的日本家裡，初見孫中山時，亦以爲孫是張角、王仙芝一流人物。孫中山的形象逐漸改善，漸受國內知識界的支持，是庚子義和團事變與八國聯軍入侵以後的事。國內的知識界有鑒於國家危亡無日，以及清政府的腐敗無能，才有人走向革命，章太炎就是國內知識界走向革命的第一人。他之所以倡言種族革命，以滿族爲敵者，乃因清政府無能救中國之危亡，所謂：「滿洲弗逐，欲士之愛國，民之敵愾，不可得也。浸微浸削，亦終爲歐美之陪隸已矣」[2]。之後留日學生漸增，參

1　章念馳，〈中華兩英傑──孫中山與章太炎〉，《我的祖父章太炎》（上海：人民出版社，2011），頁204。

2　章太炎，〈客帝第二十九〉，收入上海人民出版社編，《章太炎全集》（上海：上海人民出版社，2014），冊3，頁65-69；章炳麟，〈客帝匡謬〉，收入章炳麟著、徐復注，《訄書詳注》（上海：上海古籍出版社，2000），頁1-21。

加革命的人愈來愈多。這批知識份子走向革命，也是因爲認知到清政
府無法抵禦帝國主義的侵略；從他們積極從事抗俄、反美等活動，足
見反帝乃是他們最大的關切。換言之，推翻清政府是手段，目的是反
對帝國主義。此一來自國內的革命源流，在意識形態上，明顯有異於
來自海外的革命源流。

　　一批開明進步的知識份子於喪權辱國的辛丑條約簽訂後，聚集上
海，召開「中國議會」以應因變局，但與會者舉棋不定，首鼠兩端。
章太炎不以爲然，乃毅然割辮示絕，並散發〈請嚴拒滿蒙人入國會
狀〉與〈解辮髮說〉兩文，表示與清廷決裂。這兩篇文章都寄給了孫
中山，並在香港陳少白編的《中國旬報》上全文刊載，爲海外革命黨
增添了國內知識界的革命吼聲，孫中山曾在這兩篇文章後，特加一則
後記來回應，這是孫、章合作因緣的開始：

　　章君炳麟，餘杭人也，蘊結孤憤，發爲罪言，霹靂半天，
　　壯者失色，長槍大戟，一往無前。有清以來，士氣之壯，
　　文字之痛，當推此次爲第一。[3]

　　章太炎割掉辮子後，雖尚未正式加入革命陣營，但已被清政府通
緝，不得不與親友隔絕，於1902年2月22日避居日本，[4]遂與孫中山
相見並正式結爲同志。孫中山以上賓相待，大擺筵席，奏樂痛飲。此
時孫中山旅居橫濱，追隨者不多，章太炎抵達後與秦力山幫助孫結識
留日中國知識份子。[5]太炎自道：「時香山孫公方客橫濱，中外多識其

3　轉引自章念馳，〈中華兩英傑——孫中山與章太炎〉，《我的祖父章太炎》，
　　頁198。
4　一個例外是廣東水師統領之子吳保初，他敢把章太炎藏在自己上海的家裡。
　　見姜義華，《章太炎思想研究》（上海：上海人民出版社，1985），頁148。
5　章太炎，《章太炎先生自訂年譜》（上海：上海書店，1986），頁8-9。

名者，而遊學生疑孫公驍桀難近，不與通。力山獨先往謁之，會余亦至。孫公十日率一至東京，陳義斬斬，相與語，歡甚！知其非（唐）才常輩人也。諸生聞孫公無佗獷狀，亦漸與親，種族大義始震播黌舍間」[6]。後來章太炎致函王揖唐時，再次提到孫中山居日本時「本無人提挈，介紹中山，令與學人相合者，實自弟始」[7]。太炎確實是介紹孫中山給來自國內知識份子的主要人物。章、孫定交之後，留日中國學生去拜訪孫中山的，才愈來愈多，打開國內外革命志士合流的契機，弘揚民族大義的陣容日益壯大。太炎曾試圖撮合孫與康梁共組反滿聯盟，更加張大聲勢，終因理念不合，以及缺乏互信而無法合作[8]。

　　章太炎成爲革命黨人後，不僅坐而言，而且起而行，於1902年4月準備在東京與秦力山發起「中夏亡國二百四十二周年紀念會」。此一紀念會雖遭日本員警禁止，但章、秦等人移師橫濱，與孫中山聚餐行儀，讓孫中山主持會議，章太炎即席朗讀了親手撰寫的宣言，「文詞悲壯動人，留學生多爲感奮，孫中山、梁啓超均署名爲贊成人」[9]。這篇宣言的確慷慨激昂，是一篇有力的排滿文獻，發揮民族大義，傳閱四方，受到廣大的響應。孫中山在橫濱與香港的機關報爲之大敲邊鼓，廣收宣傳之效，激發留日中國學生的歷史記憶。太炎認爲明朝覆

6　章太炎，〈秦力山傳〉，《章太炎全集　太炎文錄續編》（上海：上海人民出版社，2014）頁198。

7　章太炎，〈與王揖唐書〉，收入馬勇編，《章太炎書信集》（石家莊：河北人民出版社，2003），頁494。

8　章太炎，〈致吳君遂等書〉（1902），收入湯志鈞編，《章太炎政論選集》（北京：中華書局，1977），上冊，頁162-163。

9　馮自由，〈章太炎事略〉，收入陳平原、杜玲玲編，《追憶章太炎》（北京：三聯書店，2009），頁13。

亡是漢人亡於異族，重新點燃反清復明的志向。[10]香港的《中國日報》
發表了太炎的宣言，並傳達到港澳與廣州地區的讀者。[11]

孫中山在海外活動，受到康有為保皇會的挑戰，募款每下愈況。
章太炎發表了一篇致康有為論革命書，有力打擊康的理念以及保皇會
的正當性。當時康已名滿天下，然而仍然籍籍無名的章太炎，毅然呼
籲年長的對手改絃易轍，放棄保皇，追隨革命。[12]章駁康文之博雅足
以匹敵康氏，無論在思想上或文采上，毫不遜色。[13]此文部份刊載於
1903年6月29日在上海租借發行的《蘇報》上，其中罵光緒皇帝的
話，促使清政府官員要求上海公共租借捉拿章太炎與《革命軍》作者
鄒容歸案。蘇報案不僅凸出章鄒兩人的英勇形象，使得清政府名譽大
受損傷外，將革命與維新的兩個選擇明確地區分出來，對革命運動更
具推波助瀾之功。蘇報案轟動一時，孫中山在海外呼應，印發了鄒容
的《革命軍》一書數萬冊。所以蘇報案以後高漲的排滿情勢，凸顯革
命思想的主旨，使更多的人從維新運動走向革命之路，使革命不但另
開新機，而且更上層樓。

當章太炎因蘇報案入獄時，在獄中致書孫中山尊為「總統」（即
領袖的意思）；太炎服刑期滿之後出獄，中山特派專人赴滬迎接，太
炎以「孫逸仙與吾輩同氣，允宜合作」。章抵達日本後，由中山親自

---

10 章太炎，〈秦獻記〉（1901），收入湯志鈞編，《章太炎政論選集》，上冊，
　　頁156。
11 馮自由，《革命逸史》（北京：中華書局，1981），冊1，頁60。
12 章太炎，〈駁康有為論革命書〉（1903），收入湯志鈞編，《章太炎政論選
　　集》，上冊，頁194-209。參閱 Young-tsu Wong, *Search for Modern Chinese
　　Nationalism: Zhang Binglin and Revolutionary China, 1869-1936* (Hong Kong:
　　Oxford University Press, 1989), pp. 38-39.
13 宋雲彬，《康有為》（北京：三聯書店，1959），頁112。.

主盟加入同盟會，並主編《民報》直到1908年10月10日被日本政府
查禁爲止。太炎除了編輯之外，也經常撰寫文章；他一人發表了不少
於三分之二的《民報》政論。從1906到1907，他所主編的《民報》
銷路增加到7,000份以上，與梁啓超主編的《新民叢報》旗鼓相當。
在此期間章士釗以黃中黃的筆名，據宮崎寅藏的《三十三年落花
夢》，編印了一本以孫逸仙爲書名的小冊子，太炎在書前題辭曰：
「索虜昌狂泯禹績，有赤帝子斷其嗌：捬跡鄭洪爲民辟，四百兆人視
茲冊」[14]，介紹革命家孫中山於全中國老百姓之前。此時，孫中山雖因
「倫敦蒙難」已有國際聲譽，但在國內的人「固瞢然不知孫氏爲何人
也」[15]。所以，章太炎要求四萬萬同胞一同來看「孫逸仙」！此乃中國
國內知識界人士，用文字宣傳孫中山的第一炮。這本小冊子的出版與
流通，當然大有利孫中山作爲革命領導人形象的建立。

　　蘇報案之後，革命團體紛紛成立，這些革命團體於1905年的8月
合流爲「中國革命同盟會」（因日本政府的反對而取消革命二字）。
孫中山在黃興極力的支持下，當上同盟會的總理。但同盟會並不是興
中會的延續，當時的興中會已形同解體，加入同盟會的興中會老同
志，包括孫中山在內，不過十來人，其中還有好幾個日本人。更重要
的是，這兩會的性質根本不同，興中會是孫中山與楊衢雲所創立，以
海外下層華僑爲主的團體，與秘密堂會類似，而同盟會以包括留學生
在內的知識份子爲主體，接近近代的革命組織。孫中山當上同盟會的
總理，與章太炎、黃興鼎立爲革命巨頭。我曾說：「革命黨在各方面
的功績，功勞最大的有三個人：先知孫中山、行動家黃興和思想家章

14　白浪滔天撰，黃中黃譯，《大革命家孫逸仙》，中國現代史料叢書輯1（臺
　　北：文星書店，1962）。章太炎序文手跡。

15　章士釗，〈孤桐雜記（十）〉，《青鶴》，4:20（上海：1936），頁4。

炳麟。孫中山已被其政治追隨者尊為國父。如果『建國之父』
（founding father）可以不止一人，則我們至少必須把黃興與章炳麟包
括在內」[16]。此文發表後五年的 1986 年 10 月 10 日，中國大陸發行了一
套三枚的「辛亥革命著名領導人物」郵票：票面八分孫中山；十分黃
興；四十分章太炎。中國人民郵政當然不是因為看到我的說法而印發
此套郵票，而是因為歷史事實逐漸明朗之故。

　　孫、黃、章三人一時合作得很好，為什麼不到兩年同盟會就大鬧
分裂呢？姜義華雖說：「相互抱有成見，意氣用事」，但把主要責任
推給章太炎：「明明幹出了使親者痛仇者快的事，章太炎卻還不自
知，充分表現了這位革命的思想家、理論家，在處理實際事務時，書
生氣十足，政治上是多麼輕信與幼稚」[17]。其實，中外學者中，已有不
少人責備章太炎對孫中山有個人意氣，甚至認為學者出身的章太炎瞧
不起「市井無賴」孫中山。但此乃鬧翻後的氣話，就像孫罵章「不是
人類」一樣是氣話，不能倒果為因。分裂的肇因是，日本政府受到清
廷的壓力，於 1907 年初要驅逐孫中山出境。然而，日本政府同時又
暗中送給孫一萬多塊錢以示好，孫離開日本前給《民報》留下二千元
做為出版費。當日本人告知，孫得到日本政府鉅款，遂觸發留東革命
同志強烈的憤怒與譴責，章太炎遂將掛在《民報》社的孫中山相片撕
碎後，並寄孫以示絕。

　　關於此事的爭端，今之論者每著眼於金錢的分配上，認為章等留
東同志覺得分錢太少而鬧翻。其實，錢是小事，大事是：一則孫中山
暗中接受一個帝國主義政府的錢，以致被驅逐出境，不但不提抗議，

---

16 汪榮祖，〈章炳麟與中華民國〉，收入章念馳編，《章太炎生平與學術》
　　（北京：三聯書店，1988），頁 65。
17 姜義華，《章太炎思想研究》，頁 255、256。

而且還寫信給檀香山的同志，讚賞日本政府的「禮遇」，爲之開脫；
二則孫中山不與同志們商量的獨斷獨行，而孫之獨斷獨行在被驅逐出
境前，已暴露無遺，最顯著的例子就是他與黃興爲旗幟事，不留餘
地，且出言不遜，幸黃興自制而未翻臉，但同志之間已有陰影。宋教
仁在1907年2月28日的日記有云：「蓋中山素日不能開誠佈公虛心坦
懷以待人，做事近於專制跋扈，有令人難堪處故也」。[18]

　　當中國留日革命同志得知孫總理接受日方鉅款，因而被迫離境
時，未作抗議，當然會感到不滿。姜義華在他的《章太炎思想研究》
一書中，曾指出日本人在其中挑撥，製造分裂，固然不虛；不過，若
孫中山能開誠佈公，待同志以誠，日本人想要挑撥便無可趁之機！所
以孫中山的「專制跋扈」乃是導致紛爭的要素之一，而孫之「專制跋
扈」乃植根於他的自我中心。他雖當上了同盟會的總理，但仍然緊抱
興中會爲「正統」。他堅持用興中會的青天白日旗，可見一般。更明
白的是，他知道不能在日本居留，就將革命中心「席捲以去」；果
然，他在南洋另立總部，不僅不在乎東京同志們的感受，反而進一步
想要打擊反對他的留日同志，裂痕勢必加深！

　　孫中山棄東京同盟會而去，且不再給予經濟上的支援。後人因爲
尊孫之故，不願深究其中委屈。章太炎曾幾度寫信給孫中山，請爲
《民報》籌款，毫無結果，必感氣憤。故當太炎聽到孫中山委託日本
人購買明治十八年過時的槍械時，認爲不顧同志的性命，乃發起罷免
孫中山之舉，建議由黃興爲總理。然而因劉揆一的全力護孫，而黃興
又不願自代，以致罷免不成。[19]但劉揆一認爲孫中山應效古人下「罪

18　宋教仁，《我之歷史》（臺北：文星書店，1962），頁319。

19　Young-tsu Wong, *Search for Modern Chinese Nationalism: Zhang Binglin and Revolutionary China, 1869-1936*, p.69. 另參閱久保田文次，〈辛亥革命前に

己詔」以平息糾紛，但孫不僅拒絕，而且責備章太炎揭露舊槍械，無異洩漏軍機。此舉乃蓄意打擊，因為當章太炎揭發時，孫已取消此一軍事計畫，無洩密之可言。馮自由是孫中山的人，也認為指控太炎洩漏軍機之不實。[20]孫中山離日時又全權委託宮崎滔天為他在日本的法律代表，[21]對留在東京的同志明顯表示不信任。

孫中山在南洋另外創刊《中興日報》，明白要取代章太炎主編的《民報》。當章委託陶成章到南洋為《民報》募款，孫公開禁止陶以同盟會名義募款。陶只好改用光復會的名義去募款，但孫又公然說，陶是康有為的奸細，幾遭不測。[22]最後陶憤然公佈孫文罪狀，欲再度罷免孫中山。事雖不成，造成革命黨之間更難以彌補的裂痕，孫也受到不良的影響，自認籌款變得更加困難。革命陣營裡的內鬥，為保皇黨人所竊笑，並公佈革命黨內爭醜聞，以打擊革命黨的聲譽。

《民報》得不到孫中山的支持，金源困難，章太炎在艱苦支撐下，繼續出版。黃季剛親眼目睹窮苦之狀有云：「寓廬至數月不舉火，日以百錢市麥餅以自度，衣被三年不浣」[23]。太炎也曾自道《民報》社的困窘如下：

　　遯初（宋教仁）貧甚，常鬱鬱，醉即臥地狂歌，又數向

おける章炳麟と同盟會との對立〉，《東洋史論叢》（東京：山川出版社，1976），頁411-436。

20 馮自由，《革命逸史》，冊2，頁35。

21 孫中山，〈致宮崎寅藏函〉，廣東省社會科學院歷史研究室等合編（以下省略編者），《孫中山全集》（北京：中華書局，1982），卷1，頁343。

22 參閱湖南省哲學社會科學研究所編注，《陶成章信札》（長沙：湖南人民出版社，1980），頁7-8；陶冶公，〈光復會與同盟會的分裂與合作〉，《浙江辛亥革命回憶錄》（杭州：浙江人民出版社，1981），頁255。

23 黃季剛，〈太炎先生行事記〉，原刊於1913年8月的《神州叢報》，卷1冊1，今見陳平原、杜玲玲編，《追憶章太炎》，頁17。

《民報》社傭婢乞貸。余知其事曰，此爲東人笑也，急取
社中餘資贖之。然資金已多爲克強（黃興）移用，報社窮
乏；數電告逸仙（孫中山），屬以資濟，皆不應。[24]

　　但《民報》的停刊卻不是因爲財源不繼，撐不下去，而是由於日
本政府受清廷的壓力，於1908年10月19日，查禁了《民報》第二十
四期，並警告若不改變立場，以後各期也不准出版。章太炎以主編身
份一再向日本內務省抗爭未果，反而被告上法庭，罰款一百五十日
圓，太炎拒付，很可能根本沒有錢付罰款，幸得同鄉許壽裳、周作人
等保釋，未再度入獄。在整個封禁《民報》事件中，連同盟會在東京
同志如宋教仁與黃興等人，不僅未全力支持章太炎，反而責怪章太炎
在抗爭中，罵了日本人；事後，宋黃兩人欲勸章離開日本以避風頭。
孫中山遠在南洋，對封禁《民報》一事，更無道義聲援。但事件之
後，孫突於1909年命汪精衛在東京秘密復刊《民報》第二十五期，
出版地印的卻是法國巴黎，而原發行人兼主編章太炎全被蒙在鼓裡，
全然不知。太炎因而怒燭其奸，知道孫意欲借《民報》之名來募款，
乃發表〈僞民報檢舉狀〉，嚴厲責問孫中山。[25]這一狀子原刊《日華新
報》，一直視爲禁忌，直到最近才公開。[26]

　　此狀所陳，頗多事實，孫中山難以回答，乃聚焦於「革命斂財」
一節，因無實據，故能振振有詞；然而對募款方式的不當，卻無一詞
以對。太炎用詞遣句不免強烈，但孫之反擊也極爲尖銳。僅就《民
報》一案而言，曲直並不難辨別。孫中山於1910年12月4日致吳稚

---

24 章太炎，《章太炎先生自定年譜》，頁13.。
25 有關《民報》紛爭詳閱 Young-tsu Wong, *Search for Modern Chinese Nationalism: Zhang Binglin and Revolutionary China, 1869-1936*, pp, 72-79.
26 章氏家藏本全文（略加注）見本文附錄。

暉函有云：

> 陶乃以同盟會爲中國，而章則以《民報》社爲中國，以
> 《民報》之編輯爲彼一人萬世一系之帝統。故供應不周，
> 則爲莫大之罪。《民報》復刊，不以彼爲編輯，則爲僞
> 《民報》。茲將章太炎「檢舉狀」寄上一觀，此眞卑劣人
> 種之口聲也。[27]

可見孫責備章之尖銳，若謂章以《民報》爲其「萬世一系之帝統」，不免誇大其辭。《民報》封禁之前，孫未予支持；封禁之時，未予聲援；封禁之後，竟予指責，均係事實，不能以「供應不周」爲說。孫若無錢未能支持《民報》，然而何以忽然有錢復刊？欲復刊《民報》，事前既不告知原主編，而又秘密進行。於是發生口角，流於無謂的筆戰，模糊了分歧的要點。此後吳稚暉在巴黎代孫筆戰，持續抨擊太炎。孫更於1909年12月16日從波士頓致函吳稚暉，要吳「將劉光漢發露太炎同謀通姦之筆跡照片寄與弟用，以證明太炎之所爲。庶足以破其言之效力」[28]。孫大動干戈，指章爲滿清間諜，欲置人於死地。如此兩不相容，章太炎與陶成章遂於1910年正式恢復光復會，孫中山也不再用同盟會的名號，另起爐灶，至此同盟會似已名實俱亡。

光復會恢復之後，章太炎任會長，陶成章任副會長。會長的興趣集中於講學，不管實務，副會長積極在南洋一帶活動。武昌起義後，光復會拜地緣之賜，在江浙一帶頗有收穫，也有其相當的貢獻。民國

---

27 孫中山，〈覆吳稚暉函〉（1909年12月4日），收入《孫中山全集》，卷1，頁429。
28 孫中山，〈致吳稚暉函〉（1909年12月16日），收入《孫中山全集》，卷1，頁430-431。

的成立開創了新局面，章太炎雖與孫中山曾有芥蒂，但爲了大局願意捐棄前嫌，特別致電滬軍都督陳其美說：「探悉大革命家孫君逸仙已於前日乘輪回國，不日即可抵埠。請貴處派員妥爲招待，以便與之協商北伐攻寧之策，俾得早定大局，以蘇民困」[29]。孫也對光復會的蔡元培說：「至於太炎君等，則不過偶於友誼小嫌，絕不能與反對民國者做比例」[30]。雖說如此，雙方仍無足夠的信任。當南京臨時政府成立時，雖然章太炎入閣當教育部長的呼聲最高，但並未成爲事實。直到陶成章被刺以後，孫中山才委任章太炎爲總統府樞密顧問，但章並未赴任。[31]

　　陶成章之死暴露革命黨內鬥的慘烈，蔣介石奉陳英士之命槍殺陶成章已成定案。章太炎與陶過從甚密，於刺陶後即向報刊透露，滬軍都督陳其美曾威脅陶之生命，也透露孫當選臨時大總統後，曾寫信給陶，要算舊帳。鄧文儀在《蔣主席》一書中說，蔣介石刺殺陶是制裁革命叛徒，[32]這是事後脫罪的說法。如果是制裁叛徒，蔣刺陶後爲何要逃亡日本？孫在陶死後嚴令通緝兇手，並爲陶社紀念堂題了「氣壯河山」的巨幅匾額，並親自到陶社致祭。可見孫中山並不認同制裁叛徒說，而是尊陶爲革命先烈。孫中山祭陶時，應知槍手是誰，然而他並不懲凶，反而逐步重用兇手，成爲自己的心腹，難以掩飾孫陶之間的利益衝突。除陶之外，另有光復會重要領袖被暗殺，如陶保駿、許雪秋、陳芸生等人，章太炎受到威脅而倖存。章是書生，不善於組

29　章太炎，〈致滬軍都督電〉，收入湯志鈞編，《章太炎政論選集》，頁523。
30　孫中山，〈覆蔡元培函〉（1912年1月12日），收入《孫中山全集》，卷2，頁19。
31　章太炎，《章太炎先生自定年譜》，頁18。
32　鄧文儀，《蔣主席》（重慶：勝利出版社，1945），頁14-16。

織，但面對兇險，並不畏懼，更不退縮，他曾寫公開信質問臨時大總
統孫中山說：

> 自癸、甲以來，徐錫麟之殺恩銘、熊成基之襲安慶，皆光
> 復會舊部人也。近者，李燮和攻拔上海，繼是復浙江、下
> 金陵，光復會新舊部人，皆與有力。雖無赫赫之功，庶可
> 告無罪於天下。僑民雖智識寡陋，其欣戴宗國，同仇建
> 虜，亦彼此所同也。縱令一、二首領，政見稍殊，胥附群
> 倫，豈應自相殘賊。[33]

　　此函刊載於 1912 年 1 月 28 日的《大共和日報》後，孫中山專電廣
東陳炯明「調和」，說明「兩黨宗旨，初無大異」，並稱道光復會的功
勞，「其功表見於天下」，並說：「兩會欣戴宗國，同仇建虜，非只良
友，有如昆弟。」[34] 然「良友」與「昆弟」被無情殘害之後，殊難解
懷。孫函對光復會革命功績的肯定，只是回應章太炎的公開信，但既
不緝凶，也無助於光復會之一蹶不振。民國成立後，同盟會復蘇，性
質已變，以孫、黃、陳為核心。章太炎身臨其境，洞若觀火，政見既
異，勢必分道揚鑣，不可能再加入同盟會。章、孫關係又陷入低潮。

　　孫中山當臨時大總統，章太炎憾其政令不出總統府，果然不出數
月，就得讓位給袁世凱。要因當時舉足輕重的立憲派與部分革命黨人
士為了早日奠定大局，寄望南北議和，都想爭取強人袁世凱擁護共和
而後出任大總統。章太炎原主張北伐，儘快推翻滿清政權，但後來見
到南方各省實力既小，又不能團結，乃傾向於袁世凱，以冀早日統
一。他在《自定年譜》中，說得非常清楚：

33 馬勇編，《章太炎書信集》，頁 419。
34 孫中山，〈致陳炯明及中國同盟會電〉，收入《孫中山全集》，卷 2，1912
　　年 1 月 28 日，頁 46-47。

清遣唐紹儀來議和，精衛力贊袁氏。余適與清故兩廣總督
西林岑春煊雲階遇，雲階言：在清宜死社稷，在南宜北
伐，無議和理。余頗是之。然以南府昏繆，自翦羽翼，不
任變伐，假手袁氏，勢自然也，故持論頗同精衛。[35]

　　太炎最後贊同汪精衛借袁氏之手推翻清政府，乃是出於對實際形
勢的考慮，對袁氏並無幻想。孫中山也知道難以勝任，自認「文於中
國革命雖奔走有年，而此次實行並無寸力，謬蒙各省代表舉爲總統，
且感且愧」[36]，遂於同日致電袁世凱表態說：「文雖暫時承乏，而虛位
以待之心，終可大白於將來。望早定大計，以慰四萬萬人之渴望！」
所謂大計，就是希望袁反正，然後請他當總統。孫中山既無實力，只
好附和當時擁袁的共識，也是出於對現實形勢的考慮。

　　章太炎一旦贊成袁世凱當總統，爲了安定與統一，就全力擁袁；
孫中山雖也贊成袁當總統，並讓位給他，但心有未甘，故處處試圖制
約袁氏。如孫原來堅持總統制，然讓位於袁前，促使臨時議會修憲改
爲內閣制，以便削弱袁世凱總統的權力。再如孫、黃力主南京爲國
都，邀袁南下就職，以便控制。然而孫之謀略終不敵袁之實力，章太
炎就事論事，從國家的利益考慮，中國百廢待興之時，需要強而有力
的領導人如袁世凱，以謀求統一與穩定。故頗不以孫之制肘之策爲
然。章同樣從國家的戰略思考，認爲建都北京勝於南京，曾有言：
「以全邦計，燕京則適居中點，東控遼、瀋，北制蒙、回，其力足以
相及。若徙處金陵，威力必不能及長城以外」[37]。換言之，以太炎之

35　章太炎，《章太炎先生自定年譜》，頁19。
36　孫中山，〈致黎元洪電〉，收入《孫中山全集》，卷1，1911年12月29日，
　　頁576。
37　章太炎，〈致南京參議會論建都書〉（1912年2月13日），收入湯志鈞編，

見，袁氏坐鎮北京，尚可保有北方邊疆，否則長城以外恐非中國所有。就當時日俄野心勃勃而言，章氏之言固然有其在戰略上的遠見，但孫遽以章坦護袁氏爲說，斥章爲袁所買，視之爲「革命的叛徒」，兩人又形同寇仇。

孫制約袁氏之計不售，其黨人遂在議會中與袁作對，固然不利於袁政府，但亦有礙民初民主政治之實驗，如孫堅持「政黨內閣」，亦即是所有閣員都必須加入國民黨，閣揆唐紹儀雖同意入黨，但閣員范源廉以其原已有黨，不願加入，陸軍部長以其軍人身份堅持不宜入黨，以致於「政黨內閣」不成，於是黨人乃掀起政潮，使唐紹儀內閣夭折。袁世凱雖任命較少爭議的陸徵祥，而黨人在陸氏就任演說後，就在議會提議罷免案，使陸憤而不就職。黨人也刻意在議會中阻撓外國貸款的通過，使袁政府發生財政危機。類此皆足以自壞民主長城，迫令袁氏採取強硬的獨裁手段而後已。[38]太炎有鑑於此，直言：「吾意政黨內閣，在今日有百害而無一利」，[39]自然又觸孫以及黨人之怒。

章太炎也毫無顧忌譴責黨見，更遭孫黨之忌，直欲置之死地。章於民國元年4月14日致黃季剛書有云：「昨聞述黃克強語云：章太炎反對同盟會，同盟會人欲暗殺焉。以其所反對者，乃國利民福也，賴我抑止之耳！咄哉克強，所善者獨有恫疑虛嚇耶？」[40]他於同年6月9日致楊救炎書中仍覺得抑止暴徒是「吾輩之責」，呼籲「斲雕爲朴，

<hr />

《章太炎政論選集》，頁562。
[38] Young-tsu Wong, *Search for Modern Chinese Nationalism: Zhang Binglin and Revolutionary China, 1869-1936*, pp. 103-105.
[39] 章太炎，〈內閣進退論〉（1912年6月），收入湯志鈞編，《章太炎政論選集》，頁608。
[40] 章太炎，〈與黃侃〉，收入馬勇編，《章太炎書信集》，頁198。

以武健嚴肅爲本」。[41]章更在同年6月〈上大總統書〉中明說：「同盟
會人材乏絕，清流不歸，常見誚於輿論」，[42]引發同盟會對他的圍剿。
戴季陶罵章尤其嚴厲，太炎亦不假詞色。民元秋季，孫中山、黃興、
陳其美相繼來京，章太炎公開聲明不願與黃、陳同宴，因「二豎之朋
比爲奸」，結論是「不悟蛟鼉之不可馴豢，而烏賊之足以自污」。[43]惡
言至此使章與同盟會完全決裂，意見不同如同水火。

　　至民二宋教仁案發生，孫中山發動二次革命。同盟會既早有推翻
袁氏之意，所以不待宋案明朗，立刻指袁爲兇手，意欲白刃報仇，興
問罪之師。章太炎與宋有舊，認爲袁政府必須爲此負責，但未指袁爲
兇手，只是要求改革政府，而不是要推翻政府，更不願以孫替袁，若
謂「討袁者亦非其人，宜以蠻觸相爭視之」，希望「雙退袁與孫、
黃，改建賢哲」。[44]他希望以民主方式由副總統黎元洪來接替袁世凱，
與孫殊不同調。不旋踵二次革命潰敗，孫遁東瀛，另組中華革命黨；
章隻身入京，推動政黨選舉欲使袁下臺，結果遭袁軟禁，雖在囚中，
仍與袁抗爭不息，直至袁死後章始得釋放。[45]章與袁之長期文鬥，其
激烈不遜於孫、黃發動的短暫武鬥。

　　章太炎被釋南下後，南方討袁人士以袁既死，問題已經解決，但
章不以爲然，力言北洋勢力仍在，仍有許多的「小袁世凱」。他亟力

41 章太炎，〈與楊救炎〉，收入馬勇編，《章太炎書信集》，頁465。
42 章太炎，〈與袁世凱〉，收入馬勇編，《章太炎書信集》，頁442。
43 章太炎，〈卻與黃陳同宴書〉（1912年9月19日），收入湯志鈞編《章太炎
　　政論選集》，下冊，頁623。
44 章太炎，〈致伯仲書九〉（1913年7月26日），收入湯志鈞編，《章太炎政
　　論選集》，下冊，頁666。
45 Young-tsu Wong, *Search for Modern Chinese Nationalism: Zhang Binglin and
　　Revolutionary China, 1869-1936*, pp. 111-112.

呼籲支持被北洋排擠的繼任總統黎元洪，因而與孫中山聯名馳電擁護
黎元洪，指責段祺瑞。果然，段趁復辟之役，馬廠誓師，借重建共和
之名，毀棄《臨時約法》，以馮國璋代黎元洪爲總統。章、孫皆以爲
非法，遂再度攜手展開「護法運動」，聯手抗衡北洋。兩公於民國6
（1917）年的夏天，同乘一艦自滬至粵，太炎在廣州向記者說：「余
此次偕孫中山來粵，所抱之希望極大。簡言之，即切實結合西南各
省，掃除妖孽，新組一眞正共和國家」[46]。

　　護法軍政府成立後，孫中山出任大元帥，章太炎爲秘書長，並代
擬〈大元帥就職宣言〉，號召「與天下共擊破壞共和者」！[47]但護法運
動有賴西南實力軍人唐繼堯、陸榮廷的支持，但唐、陸對孫頗爲冷淡，
甚至不願接受元帥職稱。章太炎與唐在東京同盟會時代即已相識，而
唐又敬重章，奉爲大師，章乃遠赴雲南遊說。太炎在西南跋涉萬餘
里，終不能說合孫與唐、陸之間的共同戰略，護法運動只維持了一年
零三個月就以失敗告終。關於護法的失敗，太炎固然譴責西南軍閥，
唐、陸私心自用，「市德北廷」，但也認爲「孫公矜躁失眾」，亦有責
任，認爲「孫公不能力行，乃反與桂軍尋忿，黠者趁間，並遙戴之名
去之」。章之「苦心，遂化爲灰燼」[48]。此次章、孫短暫的合作雖未反
目，但分手得亦不十分愉快。此後兩人政見日益分歧，更難契合。

　　章、孫先後回到上海後，仍有往來。值得注意的是，章對北洋態
度強硬，而孫於徐世昌選爲總統後，頗有妥協之意。民國8（1919）

46〈章太炎之討逆解〉，原載1917年7月28日《時報》，轉引自湯志鈞編，
　《章太炎年譜長編》（北京：中華書局，1979），上冊，頁568。
47 章太炎，〈代擬大元帥就職宣言〉（1917年9月），收入湯志鈞編《章太炎
　政論選集》，下冊，頁745。
48 章太炎，《章太炎先生自定年譜》，頁37。

年暮春三月，孫在滬邀飲太炎，欲說服章贊成以徐世昌爲首的北洋政府，並說和議爲外國人所已贊同，如果堅決反對，外國人會將我們趕出租界。章太炎的回答是：「余笑不應，歸，力爭如故」[49]。此一對話顯示，章不以孫在乎外人爲然，兩公政治思想之異，已昭然若揭。孫雖北上，南北和議終成泡影。

　　章太炎對中央集權失望之餘，爲了避免內亂，傾向於聯省自治，主張「虛置中央政府」，「軍政則分於各省督軍」，「外交條約由各該督軍省長副署」，[50] 其意欲從各省先行自治，自製憲法，漸由下而上，再定聯邦憲法，重建共和。孫中山於失望之餘，則欲自立法統，遂於民國9年到陳炯明控制的廣州，重組軍政府，就任非常大總統，發起第二次護法運動。其實孫中山之意並不在維護舊法統，而是想要另創新法統。章太炎不僅拒絕應孫中山之請南下，「匡我未逮」，更直指孫的「非常大總統」爲「非法」。當時章既然已經力主聯省自治，不僅反對北洋軍閥的武力統一，也反對孫中山的北伐統一，若謂「廣東元帥府之欲以武力統一西南，亦西南之吳佩孚也」。[51] 章主分治，貌似割據，實則思以「各省自治，仍以拱衛中央，而非有礙統一，如德、美、瑞士等，其例宏多」。[52] 此時章之政治見解與孫主統一，可謂殊途同歸。不過，孫負氣急功，北伐終告失敗。

　　孫中山再度失敗之後，改組國民黨，實施「聯俄容共」政策。章

49 章太炎，《章太炎先生自定年譜》，頁43。
50 詳閱章太炎，〈聯省自治虛置政府議〉（1920年11月9日），收入湯志鈞編，《章太炎政論選集》，下冊，頁752-753。
51 章太炎，〈湘事通啓〉（1923年9月2日），收入湯志鈞編，《章太炎年譜長編》，下冊，頁727。
52 章太炎，〈與蕭耀南馮玉祥〉原刊1922年9月3日《申報》，今見馬勇編，《章太炎書信集》，頁756。

太炎視「聯俄」爲勾結外國，圖謀赤化中國，認爲「赤化者以異族宰
製中華」，若「赤化不除，大之則中土悉歸他人管領，小之則吾輩爲
革命黨者，非受其纓茀，及無保全之理」，[53] 不僅大加反對，而且通電
申斥，更組織「辛亥同志俱樂部」與之相抗，章顯然視蘇聯無異於其
他帝國主義國家。至此，章、孫兩人在政治上完全站在對立面了。

　　孫中山聯俄容共，其意原在再度北伐，以武力統一中國，然而當
北洋段祺瑞召開全國善後會議，孫又思妥協，遂以抱病之軀，與少妻
宋慶齡應邀北上。章太炎也接到段的邀請，但遭他拒絕，因不認爲善
後會議可以善後，他更不希望中國統一於沒有民意基礎的任何獨裁者
之下。孫中山到北京不久就臥病不起，逝世於1925年3月12日。章
太炎寫了一篇〈祭孫公文〉。祭文向來是哀悼逝者，宜多恭維，但章
於哀悼之餘，不免隱含「春秋之筆」：首先他「致祭於故臨時大總統
孫公之靈」，因他認爲斯乃孫最高的合法職稱，所以不稱孫爲「故非
常大總統」。接著他說出孫公的性格：「公之天性，伉直自聖；受諫
則難，而惡方命。」最後坦白說出與孫終不能相謀者，因爲孫喜「百
夫雷同，臚句傳諾」，而章則「余豈異鄾，好是諤諤」。祭文中還提
到孫經滬北上時，章曾「沮孫北盟」，「終亦弗獲」[54]。祭文之外，章還
寫了二幅輓聯。一幅是從俗恭維的：

　　　洪以甲乙滅，公以乙丑殂，六十年間成敗異；

　　　生襲中山稱，死傍孝陵葬，一匡天下古今同。[55]

　　章將孫先比之於洪秀全，而洪敗孫成；然後比之於明太祖之開
國。章在〈祭孫公文〉中，亦謂：「昔明祖，始登雞鳴；乃體沛公，

---

53 章太炎，〈與羅遠炎〉，收入馬勇編，《章太炎書信集》，頁858。
54 祭文全文見《章太炎全集　太炎文錄續編》，頁414-415。
55 章念馳，〈中華兩英傑——孫中山與章太炎〉，《我的祖父章太炎》，頁215。

薦號伯兄；惟公建國，繼步皇明。」[56]相傳朱元璋入都南京後，登雞鳴山，訪歷代帝王祠，至漢高祖劉邦祠前，立即說：「大哥得天下與朕同！」然章以孫「繼步明皇」，未必恰當，因章在別處並亦未將開國之功，歸諸孫氏一人，足見章仍以人死爲大。事實上，孫未能如朱元璋以武力一匡天下。太炎嘗自比劉基，但自憾遠不如劉基的功業。

　　另一幅聯則是：

　　孫郎使天下三分，當魏德萌芽，江表豈曾忘襲許？

　　南國本吾家舊物，怨靈修浩蕩，武關無故入盟秦！[57]

　　上聯以古諷今，孫中山割據一方，雖未忘以武力統一，但卒無功，下聯似抱怨孫不好好在南方經營自治，無緣無故效楚王入武關盟秦，指孫不聽勸阻，北上出席善後會議，與軍閥妥協。多年後，南京政府成立，孫中山被尊爲國父，建造中山陵，舉行盛大的奉安大典。此時，章太炎早已不滿國民黨於北伐後的一黨專政，遂藉此大肆譏評，爲「奉安大典」做了這樣一幅對聯：

　　舉國盡蘇聯，赤化不如陳獨秀；

　　滿朝皆義子，碧雲應繼魏忠賢。

　　此聯對仗工整而極盡挖苦之能事。章太炎早以孫之聯俄容共爲赤化，但孫雖舉中國赤化，卻不如陳獨秀的正宗；新成立的南京國民政府人人奉孫中山爲國父，豈不是「滿朝皆義子」？眞可直追明朝權宦魏忠賢了，魏墓在北京西郊香山東麓的碧雲寺之後，而孫死後停靈柩

56　章之〈祭孫公文〉初載於《華國》，2:6（上海，1925），臺北：文海出版
　　有限公司，1962，重刊，頁2763-2764；太炎先生遺著，〈祭孫公文〉，
　　《制言》，41（蘇州，1937），頁1-2。

57　章念馳，〈中華兩英傑——孫中山與章太炎〉，《我的祖父章太炎》，頁
　　214-215。

於碧雲寺，故以繼魏忠賢相譏。章氏家屬以及研究章太炎的湯志鈞都認爲，此聯乃是托章氏之名而撰的假挽聯。[58]若是假聯，出何人之手？至今無解。事實上，此聯原非挽孫之聯。人剛死，即極盡挖苦嘲諷之能事，殊非人情之常。但此聯明明有感於奉安大典而作，不認同以帝王之禮葬中山，已爲孫死後多年的事了。太炎不承認當時以黨訓政的政府，自署「民國遺民」，不奉南京政府正朔，認爲「拔除五色旗，宣言以黨治國者，皆背叛民國之賊也」。[59]國民黨黨部要查辦的「著名學閥」中，章太炎名列榜首。但章繼續「狂放厥詞」，在記者招待會上公然指孫中山的三民主義，乃「聯外主義」、「黨治主義」、「民不聊生主義」，並謂：「今日中國之民不堪命，蔣介石、馮玉祥尚非最大罪魁，禍首實屬孫中山！」上海黨務指導委員會遂於1928年11月21日以章「圖謀危害政府」的罪名，決議通緝。[60]章把孫中山視爲黨治獨裁的罪魁禍首，而這位在他心目中的「罪魁禍首」，於翌年（1929）夏天以帝王之禮，舉行奉安大典，大事鋪張，葬之於紫金山麓，號稱中山陵。此景此情看在太炎眼裡，能不盡情譏訕嗎？所以此一不被認可之聯，就事出有因，而譏訕的功力，捨太炎，誰敢當歟？

　　總之，章太炎與孫中山以及黃興可稱清季革命黨三傑，然而在民國革命史上，孫儼然一枝獨秀，成爲獨一無二的「革命先行者」，誠然有故。黃興早年極力維護孫中山，二次革命失敗後，孫竟歸罪於黃。孫組中華革命黨行獨裁制，孫黃公開反目。黃於1915年6月20日致張繼函，對孫譴責甚厲，若謂：「今日之中華革命黨有包辦公司之性

58 章念馳，〈中華兩英傑──孫中山與章太炎〉，《我的祖父章太炎》，頁215。
59 語見章太炎，〈與李根源〉，收入馬勇編，《章太炎書信集》，頁709。
60 詳閱上海市特別市黨務委員會討論通過呈文，載1928年11月22日《申報》，收入湯志鈞編，《章太炎年譜長編》，下冊，頁897-98。

質，非該公司之人俱當視爲仇敵，此等宣言至再至三迄至今時，該黨中之手段其陰險處，較趙秉鈞尤甚，其專制處較袁世凱尤甚，日本要求又不惜蹈三桂五峰之跡，是誠不知其用心，只可謂之發狂，想以後更狂而亂噬，直至自殺而後已。政治革命之希望均被此等狂徒打消，誠可痛也」，[61] 所以黃興最後也與孫不能相謀。正因如此，黃在正統革命史觀裡，其跡不彰。其婿薛君度雖曾撰《黃興與辛亥革命》專書顯之，[62] 但黃興的歷史地位遠不能與孫並駕齊驅。章太炎以國學顯於世，而其革命元勳之事蹟每被「守舊」、「落伍」、「倒退」，甚至「反動」等「標籤」所淹蓋。而章之負面評價多少與孫有關，章、孫有緣攜手革命，惟相處多扞格，齟齬不斷；章處尊孫之世，安得無咎？

　　章、孫在革命征途上相遇而難合，固然兩人有性格上的差異。孫具元首特質，不甘居於人後，故高度自信，難入逆耳之言，而易輕信順我者之流，故章有「中山爲人魯莽輕聽」[63] 之感。而章倡義革命，自有其淵源，在思想上原非孫之呼應者，且以國師自居，崇尚書生風骨，喜直言無忌，雅不願屈己相從。兩公性格如此，宜難以相容。惟個性之外，尚有更深層的意識形態之異。章、孫無疑都是民族主義者，皆以推翻滿清政權爲職志，然而兩公的民族主義內涵並不盡同。中山深受西方文化的影響，對歐美民主共和國家仰慕多，而對列強之帝國主義警覺少，甚至不惜借列強之助力，應對國內的政敵。而太炎之排滿，要因清政府不能應付列強之帝國主義而起，故八國聯軍入

61　程仁桃，楊健，〈黃興致張繼未刊信箚三通考釋〉，《文獻雙月刊》，2（北京，2016），頁137。

62　Chun-tu Hsüeh, *Huang Hsing and the Chinese Revolution*（Stanford: Stanford University Press, 1961）.

63　語見章太炎〈與李根源函〉，收入馬勇編，《章太炎書信集》，頁672。

侵，導致章太炎毅然剪辮革命。他也深感西潮對中國社會與政治上的威脅。所以反對西方帝國主義才是章太炎民族主義的核心價值，他要建立一個不受外國宰制的中國主權國家，他一再引用歐西爭取國家獨立的例子，呼籲光復國家主權。他不僅關切中國之命運，也顧及同遭帝國主義欺侮的其他亞洲弱小民族，如他於丁未之秋，與陶成章等聯絡印度、安南、緬甸諸志士在東京成立「東亞亡國同盟會，並出任會長」，[64]而孫於清季革命期間幾未參與任何反帝活動。

民國成立後，太炎出任東三省巡閱使。他很可能是最早注意到日俄帝國主義侵略滿洲之人，也是最早發出中國可能失去東北大地的警告。[65]九一八日本侵佔東北後，在不抵抗的氛圍下，他積極參加反日、抗日活動直到逝世。[66]孫中山聯英美不成而聯俄，赤俄固然以反帝自命，惟太炎視赤化無異於帝國主義的圖謀，認為孫之聯俄是「借外人勢力來壓迫中華民族」，[67]故章攻之不遺餘力，並出任「反赤救國大聯盟」之理事，[68]認為「汪、蔣奉鮑羅廷以為主，馮玉祥與俄通款」，其為招致外患與「吳三桂小異」[69]。於此可見，太炎晚年之反赤俄以及早年之反滿清、反日帝均具有反對帝國主義的核心價值，與孫之政見不盡相同，而章、孫同倡革命，終不能相謀，與價值觀有重大的關係。

64 引自章太炎，《章氏叢書》，別錄3，頁43。參閱湯志鈞，《章太炎年譜長編》，上冊，頁248。
65 Young-tsu Wong, *Search for Modern Chinese Nationalism: Zhang Binglin and Revolutionary China, 1869-1936*, pp. 98-102.
66 Young-tsu Wong, *Search for Modern Chinese Nationalism: Zhang Binglin and Revolutionary China, 1869-1936*, pp. 133-141.
67 詳閱章太炎，〈我們最後的責任〉，《醒獅》，58（上海，1925），0頁。
68 事見《申報》1926年4月8日之本埠新聞。
69 閱章太炎〈與稽薆青函〉，收入馬勇編，《章太炎書信集》，頁861。

附錄：章氏家藏版〈僞民報檢舉狀〉：

告南洋、美洲僑寓諸君：《民報》於去年陽曆十月出至二十四期，即被日本政府封禁，時鄙人實爲社長，躬自對簿（1908年11月太炎親赴東京地方法院答辯）。延至今日，突有僞《民報》出現，主之者爲汪兆銘即汪精衛，假託恢復之名，陰行欺詐之實，恐海外華僑不辨眞僞，受其欺蒙，用敢作書以告。《民報》之作，本爲光復中華，宣通民隱，非爲孫文樹商標也。孫文本一少年無賴，徒以惠州發難，事在最初，故志士樂與援引。辛醜（1901年）、壬寅（1902年）之間，孫文寄寓橫濱，漂泊無聊，始與握手而加之獎勵者，即鄙人與長沙秦力山耳（秦氏生於1877卒於1906）。自此以後，漸與學界通聲氣。四五年中，名譽轉大。一二奮激之士，過自謙挹，獎成威柄，推爲盟長（孫中山於1905年8月20日爲同盟會總理）。同人又作《民報》（1905年11月26日創刊），以表意見。時鄙人方系上海獄中，即以編輯人之名見署。出獄以後，主任《民報》，幾及三年，未有一語專爲孫文者也。惟汪精衛、胡漢民之徒，眼孔如豆，甘爲孫文腹心，詞鋒所及，多涉標榜。自時孫文瑕釁未彰，故亦不爲操切，而孫文小器易盈，遂借此自爲封殖。在東京則言南洋有黨逾十萬，在南洋則言學生全部皆受指揮，內地豪雄悉聽任使。恃《民報》鼓吹之文，借同志擁戴之號，趁時自利，聚斂萬端。遂于丁未之春（1907年），密受外賄（指日本政府及日商贈洋一萬七千元），倉皇南渡（逃往南洋），東方諸事，悉付一二私人。夫東京本瘠苦之區（指捐不到款），萬數學生，僅支衣食，非有餘裕足以供給《民報》也。萍鄉變後（指1906年12月萍鄉起義），《民報》已不能輸入內地，銷數減半，印刷房飯之費，不足自資。而孫文背本忘初、見危不振。去歲之

春，公私塗炭，鄙人方臥病數旬，同志遂推為社長，入社則饗飧已
絕，人跡不存。猥以綿力薄材，持此殘局。朝治文章，暮營經費，複
須酬對外賓，支柱員警，心力告瘁，寢食都忘。屢以函致南洋，欲孫
文有所接濟，並差胡漢民或汪精衛一人東渡。郵書五六次，電報三四
度，或無覆音，或言南洋疲極，空無一錢。有時亦以虛語羈縻，謂當
挾五、六千金東來相助，至期則又飾以他語。先後所寄僅銀元三百而
已。及河口兵興（1908年4月河口起義），乃悉以軍用不支為解。查
孫文丁未（1907年）南行，四處籌款，不下三、四十萬。而鎮南
關、河口二役，軍械至少，欽、廉（欽廉之役時在1907年9月）亦未
有大宗軍火。先後所購之銃，僅二百餘枝，此外則機關銃四門，更無
餘器（此皆黃興口說），計其價值，不盈三萬，所餘款項，竟在何
處？若雲已悉散之會黨，由今核實，則關仁甫（會黨首領之一）之攻
河口也，所領薪水，但及三千；許雪秋（廣東潮安人，1906年加入
同盟會，後入光復會）亦得三千；梁秀春（事蹟不詳）二千而已。先
後所散，略及萬金，是則其說亦偽矣。孫文懷挾鉅資，而用之公務者
什不及一。《民報》所求補助，無過三四千金，亦竟不為籌畫，其幹
沒可知矣。乃去秋有黎姓者，自新加坡來，雲《民報》可在南洋籌
款，即印刷股票數百份，屬友人陶煥卿即陶成章帶至孫處，而孫文坐
視困窮，抑留不發。其冬，《民報》被封，猝謀遷徙（曾謀遷至美國
未成），移書告急，一切置若罔聞。乃複外騰謗議，謂東京同志坐視
《民報》之亡而不救。嗚呼！何其厚顏之甚乎！東京本留學之地，非
營商治產之鄉也。同志所資，惟是官私學費。比歲以來，食物翔貴，
勉自支持，尚憂不給。資力所限，何能責其捐助哉？然自去歲以來，
報社乏用，印刷局人登堂坐索者，屢矣！尚賴同志之力，一一彌縫，
未至破產。逮及《民報》被封，裁判罰金一百十五元。報社既虛，保

證金又無由取出〔以原用張繼姓名納保證金（張繼即張溥泉），張繼已西行，無原印，則不能取〕鄙人本覉旅異邦，絕無生產，限期既滿，將以役做罰金，身至警署，坐待累紲，猶待一二知友，出資相貸（知友者，許壽裳、周樹人是也），得以濟事。夫身當其事者，親受詬辱則如此；從旁相助者，竭蹶營謀則如彼；而身擁厚資豢養妻妾之孫文，忝爲盟長，未有半銖之助，不自服罪，又敢詆毀他人，此眞豺虎所不食，有北所不受（有北，《毛傳》謂「北方，寒涼而不毛」）。汪精衛、胡漢民者，本是孫文死黨，助之欺詐取財。今精衛複僞做《民報》，於巴黎新世紀社印刷，思欲騰布南洋、美洲，借名捐募。急則飾說遷延，緩則借名財利。人之無恥，孰斯爲甚！今告諸君，今之《民報》，非即昔之《民報》。昔之《民報》爲革命党所集成，今之《民報》爲孫文、汪精衛所私有。豈欲伸明大義，振起頑聾？實以掩從前之詐僞，便數子之私圖。諸君若爲孫文一家計，助以餘資，增其富厚可也；若爲中國計者，何苦擲勞力之餘財，以盈饕餮，窮奇之欲？夫孫文、汪精衛、胡漢民之詐僞，諸君所知也。其幹沒且不計，舉其數事，足以相明。南洋非行軍之地，而雲賣票保證；雲南本中國之土，而欲贈送法人。軍餉接濟，事在須臾，而方萬里匱糧，籌議逾月。路礦營業，權非己有，（若路礦全歸國有，豈得私與個人？若路礦歸商，又豈孫文政府所能預？）而敢預設約券，四倍充償（1908年4月孫中山致庇勞同盟會員籌款書，有「一年之內，四倍償還」之語）。將以譎庸販耶？抑以欺小兒耶？其餘細碎，不暇縷書。現得南洋各處教習七省聯名書狀（即孫文罪狀），數其罪跡最詳。綜觀孫文所爲，豈欲爲民請命，伸大義與天下？但擾亂耳！諸君試念天下有專務鬻貨而可以克定大業者乎？董太師郿塢之經營（董卓築塢于郿），石寄奴金穀之宴集（石崇置金谷別墅於洛陽近郊），食肉未飽，禍及

其身。幸而或免，不過爲世界增一新奇騙術，於中國存亡之事，何與
秋毫？假令小有成就，而諸君欲望其酬報，此亦難矣。試觀黃興，非
與孫文死生共濟者耶？而以爭權懷恨，外好內猜，精衛演說致以楊秀
清相擬。關仁甫非爲孫文效力建功者耶？而以事敗逋逃，乃至密告英
吏，誣以大盜。其背本無恩如此，何有于諸君哉？諸君果眷懷祖國，
欲爲毀家紓難之謀，當得信義交孚，小心謹愼，一芥資肥家之豎，舒
手一放，後悔無及。鄙人本《民報》主任，今聞汪精衛輩，借名欺
詐，恐遠方逖聽，鑒察不明，以爲鄙人亦與其事，爲是罄盡愚誠，播
告同志，大爲華僑惜有餘之財，細爲一身避點汙之累，特此檢舉，咸
使聞知。原《民報》社長章炳麟白。

The Rival Revolutionary Thought of Zhang Taiyan and Sun Yat-sen

Young-tsu Wong

Abstract

Zhang Taiyan and Sun Yat-sen came together in the common cause of anti-Manchuism. Due to their different personal and intellectual backgrounds, however, they eventually came to loggerheads over many issues, even resulting in the split of the revolutionary camp. Personally, as the supreme leader, Sun appeared overly self-confident, so much so that he alienated a colleague as independent-minded as Zhang, whose own intellectual arrogance meant he never watched his language. Besides their personality clash, their ideological commitments differed. Although both men cherished nationalism, Sun admired the West's democratic republicanism, while Zhang was deeply worried about Western imperialism. Thus Sun was happy to seek whatever assistance he could get from foreign powers for his nationalistic mission, showing little, if any, sensitivity to the foreign threat. But Zhang opted for revolution primarily because the Qing government had proven itself unable to weather the storm of Western imperialism. As well, he agonized over the threat of the Western impact on Chinese culture and society. Anti-imperialism was really the core of his nationalism. He was concerned not only with the destiny of China but also with that of many Asian countries victimized by imperialism. He joined hands with other Asian activists in his early years, and bitterly opposed the Soviet influence in his later years. Sun, on the other hand, hardly participated in anti-imperialist gatherings in his early years, while he moved on to forge an alliance with the Soviet Union before his death.

Keywords: Zhang Taiyan, Sun Yat-sen, revolution, nationalism, imperialism

徵引書目

宋教仁，《我之歷史》，臺北：文星書店，1962。

宋雲彬，《康有為》，北京：三聯書店，1959。

汪榮祖，〈章炳麟與中華民國〉，臺北，「1971年辛亥革命六十周年會議論文」，收入章念馳編，《章太炎生平與學術》，北京：三聯書店，1988，頁56-101。

姜義華，《章太炎思想研究》，上海：上海人民出版社，1985。

孫中山著，廣東省社會科學院歷史研究室等合編，《孫中山全集》，北京：中華書局，1982，卷1、2。

國史館編輯，《革命開國文獻》，臺北縣新店市：國史館，1995-1998。

章士釗，〈孤桐雜記（十）〉，《青鶴》，4:20（上海，1936），頁1-5。

章太炎，〈我們最後的責任〉，《醒獅》，58（上海，1295），0頁。

———，〈客帝第二十九〉，《章太炎全集》，上海：上海人民出版社，2014，冊3，頁65-69。

———，《章太炎全集　太炎文錄續編》，上海：上海人民出版社，2014。

———，〈祭孫公文〉，《制言》，41（蘇州，1937），頁1-2。

———，〈湘事通啓〉（1923年9月2日），收入湯志鈞編，《章太炎年譜長編》，北京：中華書局，1979，下冊，頁725-727。

———，《章太炎先生自訂年譜》，上海：上海書店，1986。

———，《章氏叢書》，別錄3，收入湯志鈞編，《章太炎年譜長編》，北京：中華書局，1979，上冊，頁248-249。

———，馬勇編，《章太炎書信集》，石家莊：河北人民出版社，2003。

———，湯志鈞編，《章太炎政論選集》，北京：中華書局，1977，上、下冊。

章念馳，〈中華兩英傑——孫中山與章太炎〉，《我的祖父章太炎》，上海：人民出版社，2011，頁196-216。

章炳麟著，〈客帝匡謬〉，收入章炳麟著、徐復注，《訄書詳注》（上海：上海古籍出版社，2000），頁1-21。

湖南省哲學社會科學研究所　注，《陶成章信札》，長沙：湖南人民出版社，1980。

陶冶公，〈光復會與同盟會的分裂與合作〉，《浙江辛亥革命回憶錄》，杭州：浙江人民出版社，1981，頁254-258。

湯志鈞編，《章太炎年譜長編》，北京：中華書局，1979，上、下冊。

程仁桃，楊健，〈黃興致張繼未刊信箚三通考釋〉，《文獻雙月刊》，2（北京，2016），頁134-139。

馮自由，〈章太炎事略〉，收入陳平原、杜玲玲編，《追憶章太炎》，北京：三聯書店，2009，頁12-15。

＿＿＿＿＿＿，《革命逸史》，北京：中華書局，1981。

白浪滔天撰、黃中黃譯，《大革命家孫逸仙》，中國現代史料叢書第一輯，臺北：文星書店，1962。

黃季剛，〈太炎先生行事記〉，收入陳平原、杜玲玲編，《追憶章太炎》，頁16-17。

鄧文儀，《蔣主席》，重慶：勝利出版社，1945。

Hsűeh, Chun-tu, *Huang Hsing and the Chinese Revolution*, Stanford: Stanford University Press, 1961.

Wong, Young-tsu, *Search for Modern Chinese Nationalism: Zhang Binglin and Revolutionary China, 1869-1936*, Hong Kong: Oxford University Press, 1989.

久保田文次，〈辛亥革命前における章炳麟と同盟會との對立〉，《東洋史論叢》（東京：山川出版社，1976），頁411-436。

【論文】

曲線救文化：
梁漱溟代中國「舊化」出頭辨析

羅志田

四川大學歷史系畢業，普林斯頓大學博士，現任四川大學文科傑出教授，近著有《權勢轉移：近代中國的思想與社會》、《道出於二：過渡時代的新舊之爭》、《近代中國史學述論》等。

曲線救文化：
梁漱溟代中國「舊化」出頭辨析

摘要

　　民初的一個顯著現象，是守舊者全面失語，甚至無法表述自己。這使得欲爲中國文化出頭者，不得不以一種曲線的方式呈現。梁漱溟就是這一取向的顯著代表。他是後來全盤西化思路的先驅，卻又想要復興中國文化，實現中國文化的「翻身」。他對當時的新舊雙方都不滿意——既不欣賞趨新者拿中國文化作應酬的名詞，也對其「論而不斷」的理性方式不滿；而對舊派的不滿是其僅反對新派主張，自己卻不能宣導「舊化」，實不曾認識「舊化的根本精神所在」。趨新超過很多人的梁漱溟因舊派不能自我表述而代其出頭，甚至還想「推翻」當日獨領風騷的西方化，而「建樹」屈居下風的東方化。

關鍵詞：梁漱溟、東西文化、思想新舊、文化競爭、文化失語

　　五四學生運動後，此前不甚出名的梁漱溟，因出版《東西文化及其哲學》一書而「暴得大名」，引起很多爭論。那時東方、西方的背後，隱伏著中國思想界的新與舊。不過趨新與守舊也都不像字面義那樣黑白分明：新的一邊，用魯迅的話說，「表面上毀壞禮教者，實則倒是承認禮教，太相信禮教」；[1] 而「舊」的一方，如鄧中夏所看到的，「面子上卻滿塗著西洋的色彩」。[2] 新舊中西的關聯、互動與競爭，形成相當錯綜複雜的局面。

　　更宏闊的時代語境，則是「天下」在近代的多重演變和轉化——向外轉化成了「世界」與「中國」，向內轉化成了「國家」與「社會」，讓過渡中人常感無所適從。[3] 而那自成體系的「世界」，既不許人自外，又不輕易讓人進入。新時代的讀書人，傳承著以前「天下士」的遺風，不僅要效忠自己的國家，還負有對世界的責任。全球化的世界眼光與一國的民族論述之間，總有難以化解的緊張，有時卻又出現對立統一式的調適，表現爲一種涵容世界與中國的新天下論述。

　　今人要理解他們的言說和辯論，須注意那時立言者多具有一定程度的全球化世界眼光，而每個人又各有其民族論述的底線。尤其當西方「文化霸權」的存在是不可回避的現實之時，觀念的表述往往帶有幾分曲線騰挪意味。如中國不得不向西方學習基本成爲共識，但學什麼、怎樣學以及學到什麼程度，在學習的同時如何維護中國自身的主體性，各人所見就非常不一致。因此，就是看似最直截了當的表述，

1　魯迅，〈魏晉風度及文章與藥及酒之關係〉，《魯迅全集》（北京：人民文學出版社，1981），卷3，頁513。
2　鄧中夏，〈中國現在的思想界〉（1923年11月），《鄧中夏文集》（上海：人民出版社，2014），上冊，頁288-289。
3　這是一個根本性的大問題，當另文探討。

也多少帶有幾分婉轉的隱意。

正是這論述底線的具體定位不一，導致了很多衝突和爭論。有些從學理看應相接近或至少不衝突的主張和觀念，未必走到一起，可能形同陌路，甚或出現對立。爭論者的眞正歧異所在，更多或隱伏於論述底線的具體定位，而不一定反映在其表面的持論。辨析出各人的論述底線，就像得到了解碼的工具或要訣，更容易理解那種不得不開放又必須堅守的分寸，可以得到更多的「瞭解之同情」。

更因那時言說中的新舊中西都已成爲象徵性的指稱符號，相關的議論，不論是呼應還是反駁，都未必「直抒胸臆」。各種觀念的歧異，有時是概念上的，有時是指向上的，有時甚至就是所謂派別立場的表述。往往語境一變，立言即轉。故必須把這些言說置於具體的語境之中考察，卻又要看出其超乎語境的指謂。而立言者又往往因內心的緊張，而導致言說的模棱。若考察其字面意旨，則常以「似是而非」爲特色。故既不能忽視其字面本意，又須辨析立言者意識和下意識層面的異同，盡可能從其意識層面之所欲言和所言辨析其下意識層面的心緒。

有意思的是，儘管中國學人的討論常常是在缺乏共識的基礎上進行的，多數討論者多少也意識到了這一點，卻仍可以進行互相分享的探討。這是因爲他們的關懷實甚接近，都呼應著從林則徐、魏源那一代人開始就一直存在的問題，即中外可否相師和師法外人的可能後果。對一個以文化和傳統自豪的民族來說，這絕非一個容易處理的問題，卻又是一個繞不開的問題。從那時起到現在，一代又一代的人繼續在缺乏共識的基礎上進行著相互分享的探討。

民初的一個顯著現象，是守舊者的全面失語，甚至無法表述自己。這使得欲爲中國文化出頭者，不得不以一種曲線的方式呈現。梁

漱溟即是曲線救文化取向的一個代表，他明確主張中國需要先實行落實在德先生和賽先生之上的全盤西化，幾乎可以把他的主張視爲後來全盤西化思路的先驅，但他也確實想要復興中國文化，用他自己的話說就是要實現中國文化的「翻身」。[4] 所以，新文化人把他視爲對立面，並不算太冤枉他，甚至可以說是眼光敏銳；因爲梁漱溟後來才將其本意表述得比較直接，最初卻是以一種曲線救方式婉轉表現出來的。

　　不過，梁漱溟的思路和表述都太多曲折，對很多讀者恐怕過於「辯證」了一些。如他對於西方文化，既要「全盤承受」，又要「根本改過」，連他的朋友李石岑也認爲「恰好弄成一個對銷」。[5] 又如他想要「重新拿出」中國文化，卻又要「批評的」拿出，多少也帶點「對銷」的意味。這樣的曲線「翻身」，的確夠婉轉，需要仔細梳理其相關思路的發展，方可看出端倪。

一、梁漱溟何以代「中國化」出頭

　　先是梁漱溟在1918年10月初在北大發出徵求研究東方學者的啓示，以爲北大是「中國僅有之國立大學」，故「吾校對于世界思想界之要求，負有供給東方學之責任」。但北大從校長蔡元培到「主講諸

4　說詳羅志田，〈文化翻身：梁漱溟的憧憬與困窘〉，《近代史研究》，2016:6（北京，2016），頁49-68。

5　李石岑，〈評《東西文化及其哲學》〉，《民鐸》，3:3（上海，1922），頁13-14（文頁）。按艾愷（Guy S. Alitto）已注意到李石岑看出了梁漱溟的結論後面存在著「對銷」這一根本的矛盾。參見艾愷著，王宗昱、冀建中譯，《最後的儒家——梁漱溟與中國現代化的兩難》（江蘇：江蘇人民出版社，1996），頁134。

先生，皆深味乎歐化而無味於東方之化，由是倡爲東方學者尙未有
聞」，於是有徵求同道的必要。他特別界定說：

> 此所謂東方學，特指佛陀與孔子之學。由其發源地名之東
> 方之學不止此，然自余諸家之思致亦西方所恒有，獨是二
> 者不見萌於彼土。其一二毗近佛陀者原受之於此；孔子則
> 殆無其類。且至今皆爲西方人所未能領略。又東方文化之
> 鑄成，要不外是，故不妨徑以東方學爲名也。是二者孔子
> 出於中國；佛雖出印度，然其學亦在中國。[6]

這樣的東方學，「不於中國而誰求」？佛學後來的發展不在印度
雖是事實，但梁漱溟一方面對學問與其發源地進行區隔，另一方面又
把學問與發展地勾連起來，使佛學向中國傾斜，用心良苦。且對佛學
與孔學他也不是同等並尊，暗含側重孔學的意思。不過他的表述太隱
晦，一般人不明就裏，到十月底他進一步發出啓事，明言「前爲研究
東方學者之徵求，應者今有數人。唯大都願聞佛法，意殊不在研究東
方化。而溟舉東方化與歐化爲對，其意側向孔子。今別爲‘孔子哲學
之研究’一門於研究所，猶持前志。」[7] 這就表明他的本意所在，第一
是其東方學實側重中國的孔子學說，第二是他提出這樣的東方學是應
對歐化的衝擊和影響。

　　稍後他在孔子哲學研究會上對孔子研究提出正面三問題和反面三
問題，後者首先就是「孔化與歐化如何衝突？衝突者外，所餘如
何」？在他看來，「孔化與歐化實相衝突」。但中國社會的普遍現象卻
是「秉受舊化而不知其與新潮流相衝突，染領歐化而不知其與孔化相

6　梁漱溟，〈徵求研究東方學者〉（1918年10月4日），《梁漱溟全集》（山
　　東：山東人民出版社，1991），卷4，頁548。
7　梁漱溟，〈啓事〉（1918年10月30日），《梁漱溟全集》，卷4，頁547。

違反」。如果大家都這樣糊塗過去，則「孔化究竟在哪里，將永遠沉埋，不得見天日」。從這角度言，那「三、五看得歐化親切之人不肯模糊，是件好事」。這似乎是指陳獨秀等尊西反孔者，至少他們推動了對「孔化」的澄清。梁漱溟建議「以歐化反證孔化，兩相較核，所余何物，有無價值，請大家試搜求而考訂之」。[8]

在上述的論證中，歐、孔和新、舊大體是同義詞，進一步的衍伸就是東、西了。儘管他提出側向孔子的東方化是「與歐化為對」，在此前徵求同道時，梁漱溟就特別說明他並不反對歐化，「歐化實世界化，東方所不能外。然東方亦有其足為世界化而歐土將弗能外者。」這就是他「所欲得良師友共究直質證」的內容。[9] 換言之，梁漱溟希望大家以歐化和孔化兩相較核，其實他自己已有某種結論和較清晰的思路了，故預報說：「關於東西化問題今不及說，容抽暇寫出。」[10]

因為東西文化雙方「無法分離，還一定要在一處生活」。也「一定要到兩方對於其對面的意思都能互相理會參酌而共謀解決」之時，才可能走出一條路來。然而面臨「西方化節節的前進斬伐，東方化節節退讓」的現狀，那時「已經不是東西激戰的問題」，而是「東方化能否存在」、「東方化是不是已經到了要拔根時候」的問題了。這事的責任「當然是在中國人身上」，但「領受西方化的人」和「墨守東方化的人」都不甚理會，不過是「逕直的往前盲撞」。[11] 換言之，梁

8　梁漱溟，〈在孔子哲學第一次研究會上的演講〉（1918年11月5日，穀源瑞筆錄），《梁漱溟全集》，卷4，頁549-552。
9　梁漱溟，〈啓事〉，《梁漱溟全集》，卷4，頁547。
10　梁漱溟，〈在孔子哲學第一次研究會上的演講〉，《梁漱溟全集》，卷4，頁551。
11　梁漱溟講、陳政記，〈東西文化及其哲學講演錄〉（1920年），《梁漱溟全集》，卷4，頁581。

漱溟對當時的新舊雙方都不滿意。

　　梁漱溟不止一次講過與北大諸賢問難的象徵性故事，最能體現他的不滿。那是在1920年快放暑假的時候，北京大學一些教職員爲即將赴歐美的蔡元培和幾位教授開歡送會，演說者大都「希望這幾位先生將中國的文化帶到歐美，而將西洋文化帶回來」。梁漱溟乃提出，他很想知道「大家所謂將中國文化帶到西方去是帶什麼東西」，亦即「中國文化究竟何所指」？對此在座的人都不曾認眞回答。這使梁漱溟非常不滿：「如果不曉得中國文化是什麼，又何必說他呢！如將『中國文化』當作單單是空空洞洞的名詞而羌無意義，那麼，他們所說的完全是虛僞，完全是應酬。」[12]

　　按那些人可能眞是對梁漱溟說應酬話而顯得有些「虛僞」，但中國文化成了空洞而無意義的名詞，成爲人們掛在口頭的應酬套話，已經是很可怕的現象。更嚴重的是，至少在梁漱溟看來，這些拿文化「說事」的北大教授們有可能眞不曉得「中國文化究竟何所指」。一個已面臨「廢絕」可能的悠久文化，本身竟然變得虛懸，甚或成爲不知所云的空洞符號，這使中國的文化危機增添了更深一層的不穩定因素。尤其是在新教育體制之下，眾望所歸的北大教授責任最大，他們也處於這樣的狀態，梁漱溟或許又有了「吾曹不出如蒼生何」[13]的使命感。

---

12 梁漱溟，《東西文化及其哲學》，收入中國文化書院學術委員會編，《梁漱溟全集》（山東：山東人民出版社，1989），卷1，頁330-331。按此處原文爲「中國文化究竟何所指」，或爲印誤，從商務印書館1923年舊版改。又本段與下段的主要内容已出現在《近代史研究》2016年6期所刊出的〈文化翻身：梁漱溟的憧憬與困窘〉一文之中，特此説明。

13 這是梁漱溟1917年一篇文章的題目，現收入《梁漱溟全集》，卷4，頁519-537。

同時，儘管整體傾向於新派，梁漱溟對新派的「論而不斷」方式也覺不滿。新文化人中和他關係最好的是李大釗，他在引用李大釗關於東西文明的差別在靜與動時指出，李大釗雖然說「守靜的態度、持靜的觀念以臨動的生活，必致人身與器物、國家與制度都歸粉碎」，表現出「似乎要急求解決的樣子。但他的結論卻很奇怪」，說其「相信東西文明是不能妄加軒輊的，將來還是必要調和的；並且這調和事業很大，現在我們還不能做」。話雖不錯，「可惜沒有解決」問題。[14]

儘管梁漱溟也指出，「這『論而不斷』的態度，也是近來所謂新派的人所通有的，不能單怪李君」，但他的不滿是明顯的。所謂「論而不斷」，即胡適主張的「展緩判斷」，是當年崇尚理性者常有的表現。[15] 部分也說明這些人的危機感不甚強，故不急於「解決」問題。梁漱溟能看出這是新派之人通有的態度，眼光相當敏銳。但這樣的表現也可能使熱心人失望。與梁漱溟文化態度接近的王鴻一，也不止一次講過他在新文化運動時到北大見蔡元培和胡適等人的故事：

當「北大新潮發生，蓬蓬勃勃，大有橫掃一切之氣勢」之時，

---

14 本段與下段，梁漱溟講、陳政記，〈東西文化及其哲學講演錄〉（1920年），《梁漱溟全集》，卷4，頁583。按梁漱溟的東西文化論受到李大釗影響，而李大釗曾建議他閱讀茅原華山的《人間生活史》等書（關於李大釗受茅原華山之影響，可參見石川禎浩，〈李大釗早期思想中的日本因素——以茅原華山為例〉，《社會科學研究》，3（成都，2007），頁141-149。此承《思想史》匿名審稿人提示，特此致謝）。梁漱溟似乎不會日文，不過茅原華山的想法至少通過李大釗對他產生了影響。蓋李大釗所說《人間生活史》出版於1914年，其中已提出東方文明為「靜」的文明、西方文明為「動」的文明之說。

15 關於胡適的「展緩判斷」，參見余英時〈中國近代思想史上的胡適——《胡適之先生年譜長編初稿》序〉，《現代學人與學術》，收入沈志佳編《余英時文集》（廣西：廣西師範大學出版社，2006），卷5，頁275-277。

「教育界同人目迷五色，莫知所從。而吾所得一知半解之教養思想，亦遂不敢自信」。於是「經北大學生徐彥之介紹晤見蔡子民、李石曾兩先生，談許久不得要領。始知兩先生雖居北大中堅地位，其實是莫名其妙。後又謁見胡適之先生，並參讀各種新書」仍「覺疑莫能釋」。他又曾說，當時問的是「人類生存是不是得有信仰與希望？如謂應打破倫常，到底將此兩點移到何處」？蔡、胡「兩君答語，大致相同，謂可以移到社會上去。吾謂如移不過去，又當如何？兩君則胡亂解答，現亦記憶不清」。[16]

　　這個故事很像梁漱溟那個與北大諸教授對話的故事。梁漱溟的故事還是北大內部的問答，而王鴻一等校園之外的人，也曾希望從新文化人那裏獲得解答，很能提示新文化運動的影響力。大概那時不少人都曾帶著自己的期望和疑問去向已具聲威的北大老師們請教，而那些來去匆匆的教授們，對這類人生、文化的基本問題，或以漫應之的方式對付，並未認真回答；或秉持理性態度，對此類根本性的問題「展緩判斷」，故此「論而不斷」。更可能兩者兼而有之，然皆導致提問者的失望和不滿。

　　王鴻一在晚清是典型的新派，入民國後文化態度雖相對守舊，倒有些像梁濟自殺前曾給民國以證明自己的機會一樣，[17] 也曾給當時的

<hr />

16 王鴻一，〈三十年來衷懷所志之自剖〉（1929年），《村治月刊》，1:11（1930），頁2；王鴻一，〈致王近信〉（1926年11月22日收到），收入王鴻一先生公葬辦事處編，《王鴻一先生遺著選輯》（山東：王鴻一先生公葬辦事處，1936），頁57。按王鴻一晚出的回憶添加了一些「俄化」的新內容，有倒放電影之嫌，但大體的失望感則是前後一致的。

17 梁濟於1918年以殉清自殺，但那時民國存在已好幾年了，他在遺書中明言，這是因為給民國機會證明鼎革是值得的。說詳羅志田，〈對共和體制的失望：梁濟之死〉，《近代史研究》，2006:5（北京，2006），頁1-11。

新派以釋其疑的機會，卻仍以失望告終。故其得出的結論是，那些留學「歐美學生，很有極好學識者，何以不見重於中國社會？因多半屬於極冷酷之理智派，假批評、懷疑爲藏身之具，而不肯爲同類灑一滴之血汗」。[18]

通常讀書越多，越不敢隨意回答基本性的問題。故新文化人的「論而不斷」，很可能是出於理性的「展緩判斷」，卻給那些渴求解答之人以虛僞的印象（梁漱溟便有同樣的印象）。這也揭示出當年新舊間的歧異，有時可能產生於誤會，卻強化了雙方之間的緊張。尤其在人心激動的時代，理智便可能意味著冷酷，讓人產生「假道學」之感。[19] 然而大家都帶著類似「朝聖」的心態去北大尋求解答，說明那些讀書人其實很「見重於中國社會」。

更讓梁漱溟不滿的，當然是舊派。他在《東西文化及其哲學》書中說，「現在普通談話有所謂新派、舊派之稱：新派差不多就是宣導西洋化的；舊派差不多就是反對這種宣導的──因他很少積極有所宣導」。具體言，新派宣導的是「陳仲甫先生所謂『賽恩斯』與『德謨克拉西』和胡適之先生所謂『批評的精神』」；而「舊派只是新派的一種反動，他並沒有宣導舊化」。就以北大學生出版的《新潮》和《國故》而論，兩刊「仿佛代表新舊兩派，那《新潮》卻能表出一種西方精神，而那《國故》只堆積一些陳舊骨董而已」。[20]

18 王鴻一，〈致王近信〉（1926年10月13日收到），《王鴻一先生遺著選輯》，頁55-56。
19 王鴻一便說那些留學生正與「宋元性理派」相等，「任中原淪于胡夷而漠不關心」。王鴻一，〈致王近信〉（1926年10月13日收到），《王鴻一先生遺著選輯》，頁56。
20 梁漱溟，《東西文化及其哲學》，《梁漱溟全集》，卷1，頁531-532。

　　且不論《國故》一方是否僅堆積「陳舊骨董」，梁漱溟關於舊派特點的觀察相當敏銳，很有提示意義。嚴復早在清末就提出，中國所謂新舊各派，多名不副實，而以「守舊黨」爲最，其特徵就是無「舊之可守」——不僅舊學不通，就是既存倫紀也不能堅守。[21] 這一批評或許過於苛刻，但直到民初，所謂舊派的大問題，的確是很少正面「宣導舊化」。

　　任何一個派別，沒有自己的主張，就意味著主體性的喪失。故自己提不出問題，永遠只能應對別人提出的問題，故新派可以積極進攻，而舊派只能消極因應，且其因應還常讓人感覺並不得體。

　　梁漱溟就說，陳獨秀攻擊舊文化的文章，舊派「好多人看了大怒大罵，有些人寫信和他爭論。但是怒罵的止於怒罵，爭論的止於爭論，他們只是心理有一種反感而不服，並沒有一種很高興去宣導舊化的積極衝動。」因爲「他們自己思想的內容異常空乏，並不曾認識了舊化的根本精神所在」，自然無法抵擋陳獨秀那「明晰的頭腦、銳利的筆鋒」。當陳獨秀一再發問「尊崇孔教的理由在哪里？除了君臣父子夫婦之道及其他關於一般道德之說明，孔子的精神眞相眞意究竟是什麼」，要那些替孔教抱不平的人說出孔子的特別價值究竟在哪里時，舊派先生只能「張口結舌」，因爲他們「實在說不上來」。在梁漱溟看來，像《國故》雜誌堆積的「那些死板板爛貨」，是不配「和人家對壘」的。[22]

　　換言之，新派有其思想資源，而舊派則類似無源之水。這一狀態當然與近代中西文化競爭的勝負有關，在接受西方傳來的強弱決定文

<hr>

21 嚴復，〈論中國分黨〉（1898年），收入王栻主編，《嚴復集》（北京：中華書局，1986），冊2，頁488-489。
22 梁漱溟，《東西文化及其哲學》，《梁漱溟全集》，卷1，頁531-532。

野的思想轉變之後，中國傳統在中外競爭中已被證明是「失敗」的，形成「中學不能為體」的局面。當中外競爭不可避免，且更多落實在退虜、送窮的層面時，面對清末已出現的「中國學問有何能救國於目前」這一現實問題，舊派確實很難從傳統中找到直接應對的思想武器，也就提不出什麼可以解決中國現實問題的方案。而面向未來的趨新士人則立足於想像，可以描繪美好的前景，提出無限多種解決現存問題的可能選擇。[23]

梁漱溟注意到，那時舊派「反對新化並不徹底，他們也覺得社會一面不能不改革，現在的制度也只好承認，學術一面太缺欠，西洋科學似乎是好的」，卻總想對德謨克拉西精神和科學精神實行「折半的通融」，不能「處處都一貫到底」。[24] 這一觀察相當傳神。既然在政治上承認了「現在的制度」[25]，君臣之道已失去正當性，只剩下父子夫婦之道和「一般道德」了。

這些梁漱溟眼中的「陳舊骨董」，恐怕正是守舊者心目中必須堅守的「根本精神」。他們相信，如果丟棄了這些「舊化」，則人心將更不可收拾。但梁漱溟的觀察是正確的，面對富強層面的競爭，舊派心中很多想法與新派實較相近。且舊派連本土的社會和學術也自歎不如，則對西化實行「折半的通融」，已是極大讓步。若此尚不可，豈不等於直接投降，還有何「舊化」可言？他們除了籠統反對西化和沉默地堅持固有立場，確實也沒有別的辦法。

---

23 參閱羅志田，《權勢轉移：近代中國的思想與社會（修訂版）》（北京：北京師範大學出版社，2014），頁24-36。
24 梁漱溟，《東西文化及其哲學》，《梁漱溟全集》，卷1，頁532。
25 自袁世凱稱帝和張勳推動的清室復辟先後失敗，幾乎沒有人否定西來的共和政制。試圖改革或取代的，也都借鑒著其他的西方模式。

　　那時主張發揚光大「東方文化精神」的陳嘉異也觀察到，東方文化明明優點卓著，然「環顧國中，一談及東方文化，幾無不舉首蹙額，直視爲糞蛆、蜋蜣之不若」。當時的「篤舊之家，雖心知其善，而以見之不瑩，言之不能親切有味，遂亦含糊委隨，甚至扭怩囁嚅而不敢出諸口」。他呼應梁漱溟說，對此「餘實恥之」。[26]

　　與一般篤舊者不同，陳嘉異是有自己一套說法的。他認爲戊戌以後西潮大盛，新舊之爭激烈，結果「新思想勢力如挾萬鈞之弩，吾舊有政制與傳說，均不免如落葉之掃」。但這並不是國人眼中的「新思想戰勝」，實則那些被「摧掃之舊制度、舊傳說」失敗得「如是之易且速者，正以此等舊物自身本已腐朽，早不適於時代之新要求，即無外來之新思想，亦當歸於淘汰」。

　　陳嘉異承認，中國「歷史事蹟誠有一部分爲已過去而不適於今日者」，但這更多是「民族所遺留之制度，而非其民族所持續之精神」，後者仍「日日在生長發育之中」。若「必欲標舉國故之名，只可用之於制度典章等有固性的體制之上，而決不可以名民族精神」。決不能「混視歷史事蹟與歷史精神爲一，而一概抹煞」。蓋民族就像個體的人，「雖時或有新舊思想之衝突，而經一度之衝突，即隨生一度之統整，決不能割裂爲前後兩人格」。若一民族出現「割裂其全體精神之變劇，則不亡國即自萎」。[27] 而「吾民族之可寶貴者，乃此所以形成東方文化之精神（原理），而非其所演之事蹟」。[28]

---

26 本段與下段，陳嘉異，〈東方文化與吾人之大任（續）〉，《東方雜誌》，18:2（上海，1921），頁9-10、20。

27 陳嘉異，〈東方文化與吾人之大任〉，《東方雜誌》，18:1（上海，1921），頁21。

28 陳嘉異，〈東方文化與吾人之大任（續）〉，《東方雜誌》，18:2，頁20。

　　強調必須區分看待歷史事蹟和歷史精神，陳嘉異是想要證明文化或傳統不必爲具體的成敗負責。若以體用論，「體則有普遍之價值，用則爲時地所區限」。民族精神若不善於運用，也「易流爲固性的傳統思想，而不克隨時代之變易以適應其環境，則此精神或且爲一時代之障礙物」，成爲一種「時代錯誤」。各國革命，便多因「其民族之傳統思想與其新時代思潮衝突」所演成。先民本「以爲民族之發展，固隨時代而異；然能形成一時代之精神者，仍此民族精神之潛力」。故中國傳統「不惟負有容納新時代精神之宏量，尤負有創造新時代精神之責任，不過這一創造仍「必以民族精神爲其背景」。現在「所挹仰於孔子者，並非望將周公創禮作樂與太公理財用兵之事蹟重演於今日」；不過「先淬厲其固有之民族精神」，以「煥新一時代之思想與制度」，進而「再創一更新之文化」。[29]

　　陳嘉異關於中國一部分「歷史事蹟」應當淘汰的見解值得注意，他也因此區分于連制度、方法都要傳承的完全守舊派（若眞有這派，人數也不多）。陳氏不僅希望繼承，而且還要發展過去的「民族精神」。這大致也是典籍所謂「舊邦新命」和「作新民」之義。梁啓超早在《新民說》中已申論，「凡一國之能立於世界，必有其國民獨具之特質」。此特質「當保存之而勿失墜」。保存之法，乃以日新全其舊，發達國民之精神，這才是眞正意義的「守舊」。故「新民雲者，非欲吾民盡棄其舊以從人也。新之義有二：一日淬厲其所本有而新之，二日補其所本無而新之」。二者缺一，便不能「守舊」。[30]

29 陳嘉異，〈東方文化與吾人之大任〉，《東方雜誌》，18:1，頁37；〈東方文化與吾人之大任（續）〉，《東方雜誌》，18:2，頁9、11-12。
30 梁啓超，《新民說》，收入《飲冰室合集·專集之四》（北京：中華書局，1989），第三冊，頁5-6。

　　因此，眞能「守舊」者本不必懼怕梁漱溟所說的「新化」，但那時多數篤舊者似無此見識（陳嘉異的說法出於梁漱溟論說之後）。在這樣的背景下，梁漱溟清楚地表態說，由於「舊派並沒有宣導舊化，我自無從表示贊成；而他們的反對新化，我只能表示不贊成」。對上述陳獨秀、胡適等新派所宣導的精神，他則「都贊成」。因爲「這兩種精神完全是對的，只能爲無條件的承認」，即其所謂「對西方化『全盤承受』」。他甚至說：「怎樣引進這兩種精神實在是當今所急的；否則，我們將永此不配談人格，我們將永此不配談學術。」[31]

　　基於晚清以來中國「所受病痛」的經歷，梁漱溟對以科學和民主爲表徵的西方化，表示了高度的贊同。且這裏大致對應著德先生和賽先生的「人格」和「學術」，顯然已超越於富強而上升到整體的文化層面。則其讚賞的程度，恐怕還超過不少新派。儘管如此，梁漱溟對西方化仍「不敢無條件贊成」，因爲「西洋人從來的人生態度到現在已經見出好多弊病，受了嚴重的批評」，而陳獨秀和胡適宣導的賽恩斯、德謨克拉西、批評的精神等，都「沒給人以根本人生態度」。仿佛也是「無根的水」，是「枝節的作法」。雖對於中國人「適可以救其偏，卻是必要修正過才好」，也就是「要把從來的西洋態度變化變化才行」。

　　梁漱溟號稱對德謨克拉西和賽恩斯都要「一貫到底」，卻仍要「修正」，其實與他眼中舊派那「折半的通融」相去不遠，不過態度確更積極一些。他並慨歎道：「現在談及中國舊化便羞於出口，孔子的道理成了不敢見人的東西，只爲舊派無人，何消說得！」繞來繞去

---

31 本段與下兩段，梁漱溟，《東西文化及其哲學》，《梁漱溟全集》，卷1，頁532。

說了許多，他終於說出了老實話——他想要做的，就是讓孔子的道理可以見人。然而舊派無人，所以他不能不站出來說話。[32]

　　這樣看來，梁漱溟雖明確表態不贊成舊派而贊成新派，其實立場偏向舊派，頗有幾分代舊派出頭以宣導「舊化」的意思。十多年後他基本承認了這一點。梁漱溟說：

> 民國六年，我應北京大學校長蔡孑民先生之邀入北大教書，其時校內文科教授有陳獨秀、胡適之、李大釗、高一涵、陶孟和諸先生。陳先生任文科學長。茲數先生即彼時所謂「《新青年》派」，皆是宗尚西洋思想，反對東方文化的。我日夕與之相處，無時不感覺壓迫之嚴重。[33]

　　這一追述比他在前引啟事中說北大從校長蔡元培到主講諸先生「皆深味乎歐化而無味於東方之化」要直截明瞭得多。他特別指出，當時北大文科教授中有講程朱老莊以及其他中國學問的學者，面對《新青年》非常鋒利地批評中國傳統文化，「他們不感覺到痛苦，仿佛認為各人講各人的話，彼此實不相干；仿佛自己被敵人打傷一槍，猶視若無事也」。而他自己則極感壓迫，「非求出一解決的道路不可」。《東西文化及其哲學》一書，就是這樣被「問題逼出來」的。[34]

---

32 不過究竟何為「孔子的道理」，他與當時被視為舊派的那些人是不一樣的，在他看來，「真的國故便是中國故化的那一種精神——故人生態度」，而不必是「君臣父子夫婦之道及其他關於一般道德之說明」。梁漱溟，《東西文化及其哲學》，《梁漱溟全集》，卷1，頁532。

33 本段與下段，梁漱溟，〈自述〉（1934年），《梁漱溟全集》，卷2，頁11-12。

34 不過據梁漱溟晚年的回憶，這壓迫之下的反抗，似乎還不全是發自內心，他心裡其實更親近新思潮。他說：「自己雖然對新思潮莫逆於心，而環境氣氛卻對我這講東方古哲之學的無形中有很大壓力。就是在這壓力下產生出來我《東西文化及其哲學》一書。」梁漱溟，〈我的自學小史〉（1974

梁漱溟多次說過自己的思考和論述都是以心中的「問題」爲中心的，他感覺到的嚴重「壓迫」，就是他面臨的「問題」，也就是北大校園裏宗尙西洋思想、反對東方文化的一邊倒傾向。那些教中國文化的教授們可以與此相安無事，或許是表現學術爭鳴的風度，但梁漱溟顯然以爲在「大是大非」面前，必須有人站在中國文化一邊說話。[35]

略帶諷刺意味的是，錢穆稍後指出，由於梁漱溟受陳獨秀「議論的影響太深」，他雖有意「爲新文化運動補偏救弊」，卻又不能對東西文化「有嚴正之區分」。因害怕「遭陳獨秀派大聲的笑罵」，故「不敢說東西文化的調和」。他提出要批評地把中國態度拿出來，其實「仍是敷衍陳獨秀一派的議論」。梁漱溟在自己書中說別人的態度「糊塗疲緩不眞切」[36]，錢穆則將此語還贈梁漱溟，說正因其態度「糊塗疲緩不眞切」，故「既不足以推翻陳獨秀派的主張，也不能使陳獨秀派心服」。而其言論對於時代思潮之影響，「亦不能有若何積極的強有力之意味」。[37]

梁漱溟覺得自己比那些失語的舊派更能說話，但在他人眼裏仍顯得無力。反證出陳獨秀一方確因「理直氣壯」而所向無敵，複因所向無敵而更顯得「理直氣壯」。這樣一種力量對比的強弱，在錢穆眼

年），《梁漱溟全集》，卷2，頁698。按此文大部分寫於1934年，但這是1974年補寫的。
[35] 用蔡元培當時不限制師生在校外立說的區分來說，學術「自由爭鳴」的範圍限於校內，而《新青年》的批評是在校外，在校內「視若無事」的教授也可以在校外進行反擊。實際的區分當然並不這樣清楚，反傳統的言說不少也在校內發表，而梁漱溟同樣利用了大學的講壇以發佈其言說。
[36] 梁漱溟，《東西文化及其哲學》，《梁漱溟全集》，卷1，頁342。
[37] 本段與下段，錢穆，《國學概論》（1931年）（臺北：臺灣商務印書館，1990，臺十五版），頁357-358。

裏，「亦可見當時思想界空氣之一斑」。不過，對於梁漱溟關注的
「人生」問題，新派也同舊派一樣遲遲提不出具體答案，或不得不以
「展緩判斷」爲推託。從這一視角看，表面得意的新派，其實和舊派
有著共同的困惑，實亦處於另一種「失語」狀態。[38] 然而至少在北大
校園裏，那一邊倒的西化傾向顯然得到校長蔡元培的支持，頗有自上
而下之勢。而蔡先生對梁漱溟有知遇之恩，所以他的發言不得不以曲
線方式婉轉出之。

二、梁漱溟的曲線救文化

梁漱溟後來有一句簡明的概括：「中國問題不起於中國；今天的
問題不始於今天；政治問題不出在政治上。」這一判斷大致宣告了他
對問題的「解決之道」，即「從綜合比較研究中得之」。[39] 此所謂「綜
合比較」，代表著梁漱溟解決問題的基本取向：不限於政治乃意在文
化，不限於今天意味著包括過去和未來，不限於中國則指向了世界
（主要是他關注的東方與西方）。

徘徊於東西以及中印文化之間，梁漱溟試圖既解決中國當下的問
題，又涵容他心目中世界文化的主要趨向，要讓「古文明之希臘、中
國、印度三派」於其設想的三階段中「次第重現一遭」。他雖自稱
「並非有意把他們弄得這般齊整好玩」，[40] 恐怕多少有些「集大成」的
意思在。在此「集大成」的心態下，梁漱溟想要面面俱到，仿佛不偏

---

38 此承《思想史》匿名審稿人提示，特此致謝！
39 梁漱溟，〈預告選災，追論憲政〉（1947年），《梁漱溟全集》（山東：山
　東人民出版社，1993），卷6，頁720。
40 梁漱溟，《東西文化及其哲學》，《梁漱溟全集》，卷1，頁527。

不倚；然從其文化翻身觀看，他雖主張先全盤西化，卻有今人所謂
「借殼上市」的意圖，實僅半心半意。

　　他後來說，「我寫文章的方法，多半爲辯論體裁，先設身處地將
別人的意見，敍述得有條不紊、清清楚楚，而後再轉折說出我的意
見」。如在《東西文化及其哲學》一書中，「我對於西洋文化的優點
先闡明無遺，東方的不行處說個淋漓痛快，然後歸折到東方文化勝過
西洋文化之處」。[41] 這一自供明確提示了他那不偏不倚表像下的偏與
倚。

　　在這勝過西方的東方文化中，梁漱溟還有進一步的偏與倚。他爲
世界規劃的發展三段論，是先西洋化，然後中國化，最後印度化。然
而到《東西文化及其哲學》出到第八版時，便坦言「這書的思想差不
多是歸宗儒家」。[42] 再後來他總結自己「人生思想之轉變或是哲學的
變化」之三時期則說，第三期是「由佛家思想轉入於儒家思想」，亦
即「發表《東西文化及其哲學》一書之際」。[43] 換言之，梁漱溟思想
轉變的三時期與其規劃的世界發展三階段，實相逆反。

　　轉變後的梁漱溟把人生態度分爲三種，即逐求、厭離和鄭重，第
一種是「世俗的路」，爲「人對於物的問題」，第二種是「宗教的
路」，爲「人對於自己本身的問題」，第三種是「道德的路」，爲「人
對於人的問題」，分別由近代西洋人、印度人和中國人爲代表（印度
人中「最通透者爲佛家」，而中國把道德這條路發揮得最到家的爲儒
家）。儘管「每種態度皆有淺深，淺的厭離不能與深的逐求相比」；

41 梁漱溟，〈自述〉（1934年），《梁漱溟全集》，卷2，頁13。
42 梁漱溟，〈《東西文化及其哲學》第八版自序〉（1929年），《梁漱溟全
　　集》，卷1，頁324。
43 梁漱溟，〈自述〉（1934年），《梁漱溟全集》，卷2，頁9。

三者比較而言，則「當以逐求態度爲較淺；以鄭重與厭離二種態度相較，則鄭重較難」。深淺和難易決定著次序的先後，他現在以爲，「從逐求態度進步轉變到鄭重態度自然也可能，但我覺得很不容易；普通都是由逐求態度折到厭離態度，從厭離態度再轉入鄭重態度。宋明之理學家大多如此，所謂出入儒釋，都是經過厭離生活，然後重又歸來盡力於當下之生活」。他個人的經歷亦然，「十幾歲時極接近於實利主義，後轉入於佛家，最後方歸轉於儒家」。[44]

　　可知梁漱溟後來對人類發展階段的認識，已基本認同於自己的思想經驗。關鍵是他說其思想經歷的第三期恰在發表《東西文化及其哲學》之時，意味著他在書中設想的人類發展三階段，與自己思想發展階段實不相合，多少也是一種曲線的表述。這就揭示出，不論他書中所言之「印度化」是否得佛法眞意[45]，那人類社會發展的第三也是最後階段，頗有些無的放矢的意味，實甚虛無縹緲。[46] 而其後來的論述更證明，若不是他甫寫完書就轉變了思想，則其書中的二、三階段，本就是一種曲線的倒裝安排。

　　對梁漱溟書中的三段論，當時便有不同的看法。張東蓀爲梁著所寫的書評，似說梁漱溟「只排斥了印度化，對於西方和中國的兩種化

44 梁漱溟，〈朝話・三種人生態度〉（1932-1935年），《梁漱溟全集》，卷2，頁81-83。
45 他曾受到呂澂和太虛法師指責，以爲其未曾得佛法眞意。參見羅志田，〈異化的保守者：梁漱溟與「東方文化派」〉，《社會科學戰線》，3（吉林，2016），頁64-78。
46 如他自己所說，「印度人的那種特別生活差不多是一種貴族的生活，非可遍及于平民，只能讓社會上少數居優越地位、生計有安頓的人」去嘗試。也只有在未來世界「大家的生計都有安頓」而近于貴族生活時，才可能普及。梁漱溟，《東西文化及其哲學》，《梁漱溟全集》，卷1，頁528。

都容留著」。嚴既澄認爲這可能是誤解，蓋在西方、中國、印度「三
轉折」中，「梁君的意思，還是著重『批評的把中國原來態度重新拿
出來』一條」。[47] 太虛法師曾指責梁漱溟陽尊佛而陰行儒，並且「生
吞了近代西洋化，讓儒家出來獨霸」，[48] 顯系有感而發，不無所見。
兩人有相近的「瞭解之同情」，誠可謂梁漱溟的知音。然而嚴既澄的
基本觀念本相對接近梁漱溟，太虛法師則對梁漱溟持嚴厲批評態度，
似此對立的統一，還眞有些難得。

　　蓋就世界而言，中國固然還需經歷「西方化」的階段，西方豈不
已到「中國化」的時刻了！中西不過互補，而「印度化」還遙遠。則
梁漱溟說的雖是人類世界，其實處處針對中國。其實際的側重，就是
要比照歐洲的文藝復興，「把中國原來態度重新拿出來」，的確偏向
以儒家爲代表的「中國化」一邊。後者才是其東方化的核心，其他兩
化，多少都有鋪墊的成分在。惟輕重有不同，對印度化是尊而不
親，[49] 對西洋化則不得不先有實際的讓步，雖有「借殼上市」的意
味，仍有深意在。

　　梁漱溟對中、西、印三方明明有偏有倚，卻要顯出不偏不倚[50]，
大體也是一種曲線的表述。他之所以如此，還有更長遠的原因，即從

---

47 嚴既澄，〈評《東西文化及其哲學》〉，《民鐸》，3:3（上海，1922），頁 10
　（文頁）。

48 太虛，〈致吳稚暉先生書〉，《海潮音》，9:1（杭州，1928），頁 12。

49 現在基本可以說，梁漱溟所說的「印度化」，恐怕針對他自己的成分超過
　針對眾人，確有些虛晃一槍的意味。但虛到什麼程度，到他晚年也還說不
　甚清。可參閱艾愷採訪，梁漱溟口述，一耽學堂整理，《這個世界會好
　嗎？梁漱溟晚年口述》（上海：上海東方出版中心，2006）。

50 錢穆就認爲，梁漱溟明明說自己立定主意要爲釋迦打抱不平，卻又「把自
　己研究的印度化盡情排斥」，是想要「表示他態度的公平」。錢穆，《國學
　概論》，頁 356。

清末開始的傳統隕落和權勢轉移。其結果，凡爲中國傳統說話者，往往先對西方表示某種程度的敬意。

　　如宋恕在1889年說，孔子、老子、如來和華盛頓，教雖不同，然「救世之心同」，故皆是「聖人」。則

> 士生今日，可謂甚幸，自察其性之所近，專師孔子可也，
> 專師老子可也，專師如來可也，專師華盛頓可也。師孔而
> 兼師老可也，師老而兼師如來可也，師如來而兼師華盛頓
> 可也。苟天才殊高，兼師四聖人亦可也。[51]

　　宋恕要尊崇東方的聖人，就要連著西方的聖人一起尊崇。其說看似於東西不偏不倚，然那些中國或東方的聖人已久違，而華盛頓則近人也。東西之間的優劣，不亦明乎！且不論宋恕是否眞想要共尊東西兩方的聖人，他可說是梁漱溟思路的先驅。梁漱溟的態度比宋恕要積極得多，明言是要借西化實現中國化的「翻身」。但中國化的「翻身」必須借助於全盤西化，權勢的轉移也是極爲明顯的。

　　而民初中國傳統隕落的表現更是多方面的。梁漱溟注意到，當時新舊之外，「社會上還有隱然成一勢力的佛化派」，「好多人都已傾向于第三路的人生」。這是一些「不注意圖謀此世界的生活而意別有所注的人」，入民國「十年來，這樣態度的人日有增加，滔滔皆是」。造成這樣的現象，除了連年變亂和生計太促使人不能樂其生的外在原因，「數百年來固有人生思想久已空乏，何堪近年複爲西洋潮流之所殘破。舊基驟失，新基不立，惶惑煩悶，實爲其主因。」[52]

---

51 宋恕，〈援溺說贈畢嚕翰香〉（1889年），收入胡珠生編，《宋恕集》（北京：中華書局，1993），上冊，頁193。

52 不過梁漱溟雖以「佛化派」爲標籤，卻把扶乩、拜神、煉丹、修仙等樣人與吃齋、念佛、參禪、打坐的佛教徒「都統括在內」（梁漱溟，《東西文

　　換言之，西潮的入侵至少是「佛化」流行的助因，兩者在不同程
度上都構成了對「孔化」的衝擊。其結果，「在今日歐化蒙罩的中
國，中國式的思想雖寂無聲響，而印度產的思想卻居然可以出頭露
面。現在除掉西洋化是一種風尚之外，佛化也是範圍較小的一種風
尚。」[53] 梁漱溟最感不滿的是，「今天的中國，西學有人提倡，佛學有
人提倡，只有談到孔子羞澀不能出口」。[54]

　　可以看出，儘管梁漱溟已將印度化（即佛化）的重心落在中國，
但他內心裏仍把佛化放在「孔化」之外的位置上，其內外輕重是明顯
的，確不無太虛法師所謂「尊自民族斥他民族」的意味。而他對中國
「舊化」潛存的不平之氣，不僅直接指向歐化，多少也針對著他似曾
青睞的「印度化」（實即佛化）。

　　這樣一種「狹隘」立場的表露雖然隱晦，仍揭示了一個邏輯上的
問題，蓋佛化和孔化都是梁漱溟所謂「東方化」的組成部分，而佛化
和歐化在面對孔化時的互補和互助顯然與其東方化與西方化對應的基
本概念有所衝突。而佛化這樣一種可以變換而隱居於歐化和孔化之間
的位置，進一步提示出中國化在其東方化中的核心地位。在梁漱溟的
三段論中，西洋化是中國化翻身的手段，印度化有些伴敬而實遠，其
重心的確是以孔化為核心的中國化。他自供說：

　　　　我又看著西洋人可憐，他們當此物質的疲敝，要想得精神
　　　　的恢復，而他們所謂精神又不過是希伯來那點東西，左沖
　　　　右突，不出此圈，真是所謂未聞大道。我不應當導他們於

　　化及其哲學》，《梁漱溟全集》，卷1，頁531、533）。這樣的歸類，恐怕
　　會令佛門中人非常不滿。
53 梁漱溟，《東西文化及其哲學》，《梁漱溟全集》，卷1，頁533。
54 梁漱溟，〈東西文化及其哲學·自序〉，《梁漱溟全集》，卷1，頁544。

　　孔子這一條路來嗎？我又看見中國人蹈襲西方的淺薄，或
　　亂七八糟，弄那不對的佛學、粗惡的同善社，以及到處流
　　行種種怪秘的東西，東覓西求，都可見其人生的無著落。
　　我不應當導他們於至好至美的孔子路上來嗎？[55]

　　而且，無論西洋人還是東方人，可以說「都未曾嘗過人生的眞味」，所以他必須站出來把他「看到的孔子人生貢獻給他們」。由於東西方人都不曉得「孔子之眞」，「若非我出頭宣導，可有哪個出頭」？所謂中國人也不曉得「孔子之眞」，大概就針對著他所說不能提倡舊化的舊派，他不得不代舊派出頭的苦心，於此表露無遺。

　　由於走在曲線救文化的路上，梁漱溟可謂費盡心思。很多時候，表述的意義也受到表述結構的影響。前引他自述其書的篇章佈局，即先說西洋文化的優點和東方的不行，「然後歸折到東方文化勝過西洋文化之處」，以爲中國的「舊化」張目，就是一例。通過苦心經營的陳述次序，貌似公允平正的論述就展現出了帶有傾向性的論旨。

　　這一點被李石岑看破，他指出：梁漱溟全書的鋪陳結構隱含遞進之意，先說承受西方化，再說要拿出中國化，實際支持了那些維護國粹者，「使他們走『第一路』的或者還不如走『第二路』的踴躍」。如果把書中「上半部講『賽恩斯』、『德謨克拉西』如何好如何吃緊的地方，放在下半部；下半部講『調和』、『仁』、『樂天知命』、『無可無不可』如何好如何吃緊的地方，放在上半部；那便使我國一般頭腦不清楚的人，更易受到許多的好影響了」。李石岑婉轉地說，「可惜梁君沒有想到這點」，實則他可能已看出梁漱溟的謀篇佈局是有意

---

55 本段與下段，梁漱溟，〈東西文化及其哲學・自序〉，《梁漱溟全集》，卷
　　1，頁543-544。

爲之。[56]

　　後來梁漱溟把他的意思表述得更明確：

> 我說話時常常不願說一面理，譬如講近代西洋政治制度
> 時，先說明其牽掣均衡的巧妙處，但我的意思卻不在這
> 裏。這裏是賓；其與我之主張結論相去不知多少路遠，在
> 這底下要轉彎的；因爲我的思想經過了許多變化，只要憑
> 此曲折以襯托出我的正面意思而已。若還以爲我的主張是
> 這麼樣，便是一個大錯誤。[57]

　　梁漱溟本以爲，若「看不出別人的不對，就說不出自己的對」。[58]
到 1926 年他更具體提出，要看孔子的「心理學的見解站得住站不
住」，就要「先拿孔子的心理學來和現在的心理學相較量、相勘
對」。他承認當時流行的幾個心理學派雖彼此各不相下，「卻沒有一
個不是和孔子的心理學見解相反對者」。換言之，「假如今日心理學
界有共同趨勢，或其時代風氣可言，那麼就是和孔子的心理學見解適
不相容的一種趨勢、風氣」。在這樣的時代背景下，如果「不能推翻
今日的心理學，而建樹孔子的心理學，亦即不必來相較量、勘對」。[59]

　　這就清楚地表明，梁漱溟拿西方化來與東方化比較，是爲了「推
翻」當日獨領風騷的西方化，而「建樹」屈居下風的東方化。[60]所謂

---

56 李石岑，〈評《東西文化及其哲學》〉，《民鐸》，3:3，頁 10-11（文頁）。

57 梁漱溟，〈朝話・研究問題所需的態度〉（1932-1935 年），《梁漱溟全
　集》，卷 2，頁 62。

58 梁漱溟講，陳政記，〈東西文化及其哲學講演錄〉（1920 年），《梁漱溟全
　集》，卷 4，頁 585。

59 梁漱溟，〈《人心與人生》自序〉（1926 年），《梁漱溟全集》，卷 1，頁
　328。

60 那時把梁漱溟當作「東方文化派」抨擊的共產黨人，與他的看法卻有異曲

「憑此曲折以襯托出我的正面意思」，已道破一切，李石岑眞是他的知音。不過，想要曲線救文化的梁漱溟，卻因其從小在新學環境中成長的經歷，面臨著雖尊孔卻不甚知孔、欲尊西而不通西學的雙重尷尬。這大大降低了其主張的說服力，使得本以曲折襯托正面意思的他進一步難以自明。這方面的內容，只能另文探討了。

同工之處。惲代英便主張，「歐美人的生產方法是不可不學的」，但「我們所以學歐美，正是因爲要與歐美敵對，要打倒歐美加於我們的經濟壓迫」。參見惲代英，〈讀《國家主義的教育》〉，《少年中國》，4:9（上海，1924），頁3-4（欄頁）。

To Save Chinese Culture Circuitously:
Liang Shuming's Attempt to Champion the "Traditionalization" of China

Lo Zhitian

Abstract

It is clear that in early republican China traditionalists had completely lost their voice, even to the point of being unable to represent themselves. As a result, those who wanted to champion Chinese culture had to do so in a circuitous manner. Liang Shuming is an obvious representative of this approach. He was a forerunner of the later idea of total Westernization, and yet also wanted to revive Chinese culture. He was dissatisfied with both the traditionalists and modernizers. He disliked the way the modernizers used "Chinese culture" as an empty term of polite conversation, and disagreed with their rationalist approach of "analysis without value judgment." His dissatisfaction with the traditionalists was due to the fact that they merely opposed the position of the modernizers but were unable to promote "traditionalization" themselves. Moreover, he thought the traditionalists failed to understand the "fundamental spirit of traditionalization." Thus although Liang was more of a modernizer than many of his contemporaries, he still championed traditional culture on behalf of the voiceless traditionalists. He even had the ambition to "overthrow" the fashionable trend of Westernization, and "build up" the hitherto defeated "Easternization" into a stronger position.

Keywords: Liang Shuming, *Eastern and Western Cultures*, modernizers and traditionalists, cultural competition, cultural voicelessness

徵引書目

太虛，〈致吳稚暉先生書〉，《海潮音》，9:1（杭州，1928），頁1-23。

王鴻一，〈三十年來衷懷所志之自剖〉（1929年），《村治月刊》，1:11（北平，1930），頁1-4。

王鴻一先生公葬辦事處編，《王鴻一先生遺著選輯》，山東：王鴻一先生公葬辦事處，1936。

石川禎浩，〈李大釗早期思想中的日本因素——以茅原華山爲例〉，《社會科學研究》，3（成都，2007），頁141-149。

艾愷著，王宗昱、冀建中譯，《最後的儒家——梁漱溟與中國現代化的兩難》，江蘇：江蘇人民出版社，1996。

艾愷採訪，梁漱溟口述，一耽學堂整理，《這個世界會好嗎？梁漱溟晚年口述》，上海：上海東方出版中心，2006。

余英時，〈中國近代思想史上的胡適——《胡適之先生年譜長編初》序〉，《現代學人與學術》，收入沈志佳編，《余英時文集》，廣西：廣西師範大學出版社，2006，卷5，頁239-286。

宋恕，〈援溺說贈畢嚕翰香〉（1889年），收入胡珠生編，《宋恕集》，北京：中華書局，1993，上冊，頁193-194。

李石岑，〈評《東西文化及哲學》〉，《民鐸》，3:3（上海，1922），頁1-18。

梁啓超，《新民說》，收入《飲冰室合集·專集之四》，第三冊，北京：中華書局，1989。

梁漱溟，〈《人心與人生》自序〉（1926年），《梁漱溟全集》，濟南：山東人民出版社，1989，卷1，頁327-329。

＿＿＿＿，〈《東西文化及其哲學》第八版自序〉（1929年），《梁漱溟全集》，卷1，頁324-326。

＿＿＿＿，〈東西文化及其哲學·自序〉，《梁漱溟全集》，卷1，頁542-545。

＿＿＿＿，《東西文化及其哲學》，《梁漱溟全集》，濟南：山東人民出版社，1989，卷1，頁321-547。

＿＿＿＿，〈自述〉（1934年），《梁漱溟全集》，濟南：山東人民出版社，1990，卷2，頁1-35。

＿＿＿＿，〈我的自學小史〉（1974年），《梁漱溟全集》，卷2，頁659-699。

＿＿＿＿，〈朝話·三種人生態度〉（1932-1935年），《梁漱溟全集》，卷2，頁81-83。

＿＿＿＿，〈朝話·研究問題所需的態度〉（1932-1935年），《梁漱溟全集》，

卷 2，頁 61-62。

＿＿＿＿＿，〈在孔子哲學第一次研究會上的演講〉（1918 年 11 月 5 日，穀源瑞筆錄），《梁漱溟全集》，濟南：山東人民出版社，1991，卷 4，頁 549-552。

＿＿＿＿＿，〈吾曹不出如蒼生何〉，《梁漱溟全集》，卷 4，頁 519-537。

＿＿＿＿＿，〈啓事〉（1918 年 10 月 30 日），《梁漱溟全集》，卷 4，頁 547。

＿＿＿＿＿，〈徵求研究東方學者〉（1918 年 10 月 4 日），《梁漱溟全集》，卷 4，頁 578。

梁漱溟講、陳政記，〈東西文化及其哲學講演錄〉（1920 年），《梁漱溟全集》，卷 4，頁 578-623。

梁漱溟，〈預告選災，追論憲政〉（1947 年），《梁漱溟全集》，山東：山東人民出版社，1993，卷 6，頁 699-722。

陳嘉異，〈東方文化與吾人之大任〉，《東方雜誌》，18:1（上海，1921），頁 18-38。

＿＿＿＿＿，〈東方文化與吾人之大任（續）〉，《東方雜誌》，18:2（上海，1921），頁 9-25。

惲代英，〈讀《國家主義的教育》〉，《少年中國》，4:9（上海，1924），頁 1-15。

鄧中夏，〈中國現在的思想界〉（1923 年 11 月），《鄧中夏文集》，上海：人民出版社，2014，上冊，頁 288-291。

魯迅，〈魏晉風度及文章與藥及酒之關係〉，《魯迅全集》，北京：人民文學出版社，1981，卷 3，頁 486-507。

錢穆，《國學概論》，臺北：臺灣商務印書館，1990，臺十五版，頁 357-358。

羅志田，〈對共和體制的失望：梁濟之死〉，《近代史研究》，2006:5（北京，2006），頁 1-10。

＿＿＿＿＿，《權勢轉移：近代中國的思想與社會（修訂版）》，北京：北京師範大學出版社，2014。

＿＿＿＿＿，〈文化翻身：梁漱溟的憧憬與困窘〉，《近代史研究》，2016:6（北京，2016），頁 49-68。

＿＿＿＿＿，〈異化的保守者：梁漱溟與「東方文化派」〉，《社會科學戰線》，3（吉林，2016），頁 64-78。

嚴既澄，〈評《東西文化及其哲學》〉，《民鐸》，3:3（上海，1922），頁 1-10（文頁）。

嚴復，〈論中國分黨〉（1898 年），收入王栻主編，《嚴復集》，北京：中華書局，1986，冊 2，頁 487-490。

【論著】

近代英華字典環流：
從羅存德，井上哲次郎到商務印書館[*]

沈國威

男，遼寧人

日本關西大學外語學部教授；東西學術研究所研究員

1981年北京外國語學院研究生班畢業後，任職北京語言學院。1985年作為日本文部省獎學金留學生來日，1991年大阪大學博士課程修了，1993年2月，以論文《近代日中語彙交流史》獲博士學位。1991年起在日本大學任教職至今。

研究方向為：詞彙學、中日詞彙比較研究、漢語詞彙教學法、中日近代詞彙交流史。近十年來，在「漢字文化圈近代新詞的誕生：創造、交流與共用」的框架下審視現代漢語詞彙體系的形成問題，近期對近代民族國家的成立與國語的形成、兩者之間互動關係多有探索。

* 本文初稿曾在「宮廷典籍與東亞文化交流」國際學術研討會（2013年7月13日，北京故宮博物院）上發表。2015年8月為臺灣中央研究院近代史研究所的「英華字典與近代中國」學術研討會，增寫了第四章，大致廓清了「羅存德」資訊的來龍去脈。筆者特別感謝與會學者給予的寶貴建議。

近代英華字典環流：
從羅存德，井上哲次郎到商務印書館

摘要

　　羅存德的《英華字典》（1866-1869）代表了19世紀漢外辭典的最高水準。但由於種種原因，這本辭典當時在中國並沒有發揮應有的作用，而是大量輸入日本，對日本近代英語知識，乃至譯詞等都產生了巨大的影響。成為明治期編纂英和辭典主要參考書的《英華字典》，還多次以翻譯、翻刻的形式在日本出版，其中最重要的是井上哲次郎的《訂增英華字典》（1883-1884）。進入20世紀以後，商務印書館參照井上訂增的《英華字典》編輯了《華英音韻字典集成》（1902），但這一事實被誤解為編纂者們直接參考了羅存德的《英華字典》。本文通過譯詞的對比，梳理了三種辭典之間的傳承借鑒關係，並由此透視19、20世紀之交，中外出版印刷方面的文化交流及中國通過日本獲得西方新知識的歷史場景。

關鍵詞：英華字典、日語借詞、羅存德、井上哲次郎、謝洪賚

一、小引

　　以商務印書館館史研究著名的汪家鎔先生在他的最近一篇論文中指出：「《商務書館華英音韻字典集成》出版於1902年，是中國人編纂的第一部分音節的英漢雙解詞典」。[1]在此之前，西人編纂的辭典有很多也是採用英漢雙解形式的，例如馬禮遜、麥都思、衛三畏、羅存德等人的辭典。但是因爲他們編纂辭典的主要目的是說明來華的西方人士學習漢語，故無需在英語的分節等編排上下太多的功夫。而以《字典集成》（初版1868；第2版1875；第3版1887）名噪一時的鄺其照，儘管他曾嘗試著在幾種英語學習書籍中導入重音和音節分寫的方法，[2]但《字典集成》的英華辭典部分只是簡單地列出了兩、三個對譯的譯詞而已，英語詞既不分音節，釋義又過於簡單。鄺其照之後，另外幾種中國人編纂的英華辭典，如譚達軒的《華英字典彙集》（初版1875；第2版1887；第3版1897）、莫若濂的《達辭》（1898）、馮鏡如的《新增華英字典》（初版1897；第2版1899）等都沒有採用音節分寫的方式。作爲辭典，《商務書館華英音韻字典集成》（以下根據行文略爲《音韻字典》）確實「是中國人編纂的第一部分音節的英漢雙解詞典。」可以說這本世紀肇始出版的字典開啓了英漢雙語詞典編纂的新紀元。商務爲何能做到這一點？嚴復在《音韻字典》的序中說：「即彼中善本。如納韜耳、羅存德、韋柏士特諸家之著。薈萃綴譯。以爲是編。」編輯英語詞典時參照納韜耳、韋柏士特等大家的成

1　汪家鎔，〈《商務書館華英音韻字典集成》——國人編纂的第一部大型英漢雙解詞典〉，《出版科學》，4:18（武漢，2010），頁103-106。
2　內田慶市、沈國威編《鄺其照・字典集成：影印與解題》（大阪：關西大學亞洲文化研究中心，2013）。

果毫不奇怪，令人稍感到意外的是嚴復提到了羅存德（W. Lobscheid, 1822-1893）。無疑嚴復指的是羅氏的《英華字典》（1866-1869），但是該辭典顯然不能稱之爲「彼中」善本，因爲這部繼馬禮遜的《字典》（1815-1823）以後最大、最貴的辭典不是在歐美，而是在香港出版的。嚴復之後，商務的《音韻字典》就這樣同羅存德的《英華字典》掛上了鉤。筆者曾反覆指出《音韻字典》的編纂者們並沒有直接參照羅氏的字典，[3] 但是某些誤解仍在不斷重複著。[4] 本文在廓清上述數種辭典出版情況的基礎上，通過譯詞的對比，梳理羅存德、井上哲次郎及中國人編纂的數種辭典之間的傳承借鑒關係，證明《音韻字典》直接參考的不是羅存德的《英華字典》，而是井上的《訂增英華字典》；並由此透視 19、20 世紀之交，中外出版印刷方面的文化交流及中國通過日本獲得西方新知識的歷史場景。

二、羅存德及其《英華字典》

　　19 世紀在中國出版的爲數眾多的英華辭典中，來華德國傳教士羅存德的《英華字典》（1866-1869）是一本值得大書特書的辭典。這本辭典代表了 19 世紀西人漢外辭典編纂的最高成就，對其後的英漢辭典以及日本的近代英日辭典的編纂、譯詞的形成都產生了極大的影響。關於著者羅存德，故友那須雅之曾有過深入的調查，[5] 最近，熊英

3　沈國威，《近代中日詞彙交流研究》（北京：中華書局，2010）；沈國威編，《近代英華華英辭典解題》（大阪：關西大學出版部，2012），頁 1-16。

4　元青在〈晚清漢英、英漢雙語詞典編纂出版的興起與發展〉（《近代史研究》，2013:1（北京，2013），頁 94-106）中說「該詞典是以羅存德《英華字典》爲藍本增訂的，內容豐富」。

5　那須雅之，〈『英華字典』を編んだ宣教師ロブシャイト略伝（上中下）〉，

(北京外國語大學博士生)、賀楠(關西大學博士生)等又沿著那須留下的足跡進行了追加性調查,羅存德生平事蹟已大致廓清。在此僅根據上述研究的成果簡述如下:

羅存德於1822年3月19日出生於德國西北部的一個村莊,父親是個製鞋匠人。羅的雙親都是虔誠的基督徒,並希望兒子能成爲一位牧師。1829年羅存德7歲時母親去世,父親於兩年後再婚,但1833年父親也不幸去世。這樣,羅存德在11歲時便不得不繼承了製鞋的家業。在兩位叔叔的幫助下,羅存德到18歲爲止一直在公立學校學習。

1844年,22歲的羅存德作爲公費生進入Rheinische Missionsgesellschaft(R. M. G.)系統的神學校,學習神學和醫學直到1847年。在學期間,羅存德的外語才能受到了高度評價。恰好在那時,R. M. G.響應該會派往香港的傳教士郭實臘(C. Gutzlaff, 1803-1851)的要求,派遣兩名牧師:葉納清(F. Genahr, 1823-1864)和柯士德(H. Kuster)去中國協助郭實臘傳教。然而,柯士德到中國後旋即病篤去世,R. M. G.遂決定增派羅存德赴華。

1848年5月28日,羅存德到達香港,在郭實臘的領導下從事傳教活動,後來又在伶仃灣等地開設醫院,進行醫療傳教。1850年羅存德經由英國回國治病。在家鄉羅存德與Kind Alwine結婚,並脫離禮賢會。1853年9月,羅存德作爲福漢會派往中國的第一名傳教士攜夫人再次來華,於1854年2月18日到達香港。羅存德爲福漢會工作到1857年,後來該會因資金短缺停止活動。第二次來華後,羅存德

《しにか》,9:10(大阪,1998),頁96-101;9:11(大阪,1998),頁100-105;9:12(大阪,1998),頁106-110。

的主要精力似乎轉移到了教育和文化出版活動方面。羅一生共出版圖
書40餘種。[6]

　　1854年12月，羅存德作爲漢語和德語的翻譯與衛三畏等一同乘
阿達姆率領的第三次日本遠征艦隊前往日本，參與日美和約的換文簽
字活動。這時，他向日本負責翻譯的堀達之助贈送了麥都思的兩種辭
典 *Chinese English Dictionary*（1842-1843），*English and Chinese
Dictionary*（1847-1848）。

　　1856年，羅存德成爲倫敦會的會員，1857年又被英國政府任命
爲香港政府的視學官（Government Inspector of School），與理雅各
（J. Legge）一起參與香港的教育行政。當時香港已經成立了13所公
立學校（Government School），設置在維多利亞（Victoria）的大書院
（Central School）統管這些學校。羅存德首先著手的工作是爲中國的
學童編寫教材。[7]

6　參見那須雅之，〈『英華字典』を編んだ宣教師ロブシャイト略伝（上中
　　下）〉，及 A. Wylie, *Memorials of Protestant Missionaries to the Chinese*,
　　Presbyterian Mission Press, 1867.（臺灣成文書局復刻版），頁 184-186。偉
　　烈氏輯錄了羅存德的著作21種，其中漢語著作12種，英文著作9種。正
　　文部分沒有提及羅存德《英華字典》，但書後 Omissions 中有如下補充資
　　訊：Anglo-Chinese Dictionary; with Punti and Mandarin Pronunciation. 4to.
　　Only two out of four parts are yet published. It is advertised to be completed
　　about December, 1868; the whole comprising 2000 large quarto pages.（p.282）
　　蒙臺灣大學蔡祝青教授示教。偉烈此書的資訊截止於1867年，關於《英華
　　字典》1868年編竣的預告來自羅存德字典第二卷卷首的前言。參見沈國威
　　編，《近代英華華英辭典解題》（大阪：關西大學出版部，2012），頁94。
7　羅編纂有以下數種教科書：《千字文》（*Thousand Character Classic*）1857，
　　Hongkong；《麥氏三字經》（*Medhurst's Trimetrical Classic*）（香港：出版
　　者不詳，1857），頁16；《四書俚語啓蒙》（*The Four Books with Explanation
　　in the Local Dialect*）（香港：出版者不詳，1860），頁31；《幼學詩釋句》

　　羅存德從1864年開始著手《英華字典》的編纂工作。1869年字典完成前夕，羅存德與China Missionary Conference因教義發生對立，被褫奪神職，同年9月以後黯然返歐回國。羅氏回國後，爲了消除羅的影響，出版社（Daily Press Office）接受有關方面的命令刪去了《英華字典》的三個序言（詳細參見那須雅之前揭論文）。

　　羅存德於1874年作爲牧師移居美國，1893年12月24日在美國去世。

　　《英華字典》於1866年10月出版第一冊Part I，以後每年一冊至1869年四冊（Part I- IV）出齊。裝訂形式有四冊分訂本和二冊分訂本（不計在日本重新裝訂的一冊合訂本）。

　　第一冊卷首有羅氏的英文序言，日期爲1866年4月28日。英文序之後是一篇漢文序言，署：同治丙庚夏四月翰生張玉堂書於九龍官署西齋，鈐有「武功將軍」、「玉堂之章」印二枚。[8]「武功將軍」爲清代武官名，從二品，可知張玉堂是當地的行政軍事長官。張在序中對羅的字典大加讚揚說：

> 其中俚語文言無不悉載、前人所略者譯之不厭其煩、所贅
> 者刪之不嫌其簡、訪諮至於遢言、搜羅不遺俗字、重抽舊
> 緒、別出新詮、博采傍稽、合參互證。

　　張玉堂序中還有「無事常到九龍過訪」的表述，可知辭典的編輯是在香港一帶進行的，羅存德英文序中的Punti（本地）也可以確定爲

（*Odes for Children with notes*）（香港：出版者不詳，出版日期不詳），頁17。

8　第一冊封面與扉頁之間挾有一個出版商的聲明，日期爲1866年10月15日，由此可知脫稿至印刷完成用了半年時間。參見沈國威，〈大阪外大圖書館 《英華字典》〉，《國語學》，170（大阪，1993），頁69-72。

廣州方言。

　　羅的字典之前，有過馬禮遜的《字典》（1815-1823，主要爲外國人學中文用）、麥都思的《漢英辭典》（1842-1843）、《英漢辭典》（1847-1848）和衛三畏的《英華韻府歷階》（1844）。張序中的「前人所略者詳之……」云云，是否意識到上述辭典不得而知。但是關於俚語、俗字的評價是符合《英華字典》的實際情況的；而「重抽舊緒、別出新詮」則是對羅存德譯詞創造的極好概括和總結。[9]這就是說羅在編纂字典時，除了新造以外，採用原有的舊詞（重抽舊緒），或對舊詞賦予新義（別出新詮）是該辭典譯詞創造的主要方法。這同時說明了《英華字典》的新概念移入還可以在舊詞新義的範圍內進行。而 19 世紀末，政治、經濟、自然、人文科學等領域全面開始導入西方新概念，僅靠舊詞新義便已經無法對應了。維也納的奧地利國家圖書館裡收藏有羅存德獻給奧地利皇帝的四卷本《英華字典》，第二卷前有一個序，爲其他版本所不見者，落款日期爲 1867 年 6 月 15。[10]第四冊 Part IV 前也有一個序言，落款日期爲 1869.2。當時《英華字典》全四冊已經完成，只待印刷了，因此可以說這是一篇跋文。在這裡，羅氏對整個字典編輯工作進行了回顧：羅存德說，《英華字典》收錄了 5 萬以上的英語單詞，譯詞使用了 60 萬以上的漢字。羅認爲僅僅標示出等價的譯詞的做法常常不能從根本上滿足學習者、使用者的需要，爲此，他儘量給出了每個單詞的各種實際的使用情況。

　　由於羅存德的突然離去，以致該字典在中國國內的流通受到了極

9　沈國威，《近代日中語彙交流史》（東京：笠間書院，1994），頁 136-146。
10　沈國威，〈奧地利國家圖書館藏近代漢譯西書〉，《或問》，10（關西，2005），頁 247-254。

大的影響，現在在中國國內幾乎很難看到他的字典和著作。但是，羅
存德字典出版當時正值日本處於學術轉型期，蘭學家轉向英語，需要
學習英語的工具書，羅存德接受了大量來自日本的訂單。現在，僅以
公共圖書館計日本就有30家以上的圖書館收藏《英華字典》達70餘
套之多。[11]《英華字典》衍生了多本英和辭典，如柴田昌吉、子安峻編
《附音插圖英和字彙》（1873）全面參考了羅存德的譯詞，津田仙、
柳澤信大、大井鎌吉編《英華和譯字典》（2卷，1879）、井上哲次郎
訂增《訂增英華字典》（1884）則是羅存德辭典的翻刻版。由於《英
華字典》對日本近代英語學習史、日語詞彙史的影響巨大，所以日本
學界很早就開始對該字典，或利用該字典進行相關領域的研究。[12]
1995年佐藤武義、成澤勝使用日本東北大學藏《英華字典》出版了
CD-ROM復刻版，1996年那須雅之從東京美華書院出版了二冊復刻
本，[13]並撰寫了題為〈『英華字典』初版の原姿について——その構成
内容をめぐって〉的解說。羅存德在中國乃至亞洲近代傳教史上的地
位如何？他的《英華字典》究竟為近代以後的漢字文化圈新詞的提供
了什麼？等問題都需要我們進行更深入的研究。

---

11 宮田和子〈十九世紀の英華・華英辭典目録——翻訳語研究の資料とし
　て〉，《国語論究6近代語の研究》（東京：明治書院，1997），頁1-101。
12 森岡健二，《近代語の成立・明治期語彙編》（東京：明治書院，1969）；
　那須雅之，〈W. Lobscheid小伝——《英華字典》無序本とは何か〉，《文
　学論叢》，109（名古屋，1995），左頁1-20；那須雅之，〈Lobscheidの
　《英華字典》について——書誌学的研究（1）〉，《文学論叢》，114（名古
　屋，1997），左頁1-26；那須雅之，〈Lobscheidの《英華字典》について
　——書誌学的研究（2）〉，《文学論叢》，116（名古屋，1998），左頁1-25。
13 那須父親經營一家小印刷廠，「東京美華書院」是那須為其極具野心的19
　世紀英華字典複刻計畫而設立的出版社。後那須因病去世，實際出版的只
　有《英華字典》一種。

三、井上哲次郎及其《訂增英華字典》

《訂增英華字典》的署名編纂者，日本近代著名學者、哲學家井上哲次郎（1856-1944）是福岡縣人，幼時以漢學啓蒙，14歲學英語，後入東京大學學習哲學。1884年7月至1890年10月赴歐洲留學，回國後任東京大學教授。署井上哲次郎訂增的《訂增英華字典》扉頁和版權頁如下圖。

圖1　扉頁　　　　　　　　　　　　　圖2　版權頁

　　從版權頁的資訊可知，《訂增英華字典》於1883年（明治16年）7月12日取得版權後，9月29日印出了1-184頁，其後分6次出版，1884年7月28日始出合訂本。而井上已於同年2月赴德留學了，也就是說井上並沒有等到字典全部出齊就離開了日本。故扉頁和版權頁是否經過井上確認也不得而知。扉頁上寫原著者「羅布存德」，版權頁寫"ロブスチード"（假名復原音為"robusuchido"），這是對羅存德原文名Lobscheid的英文式轉寫，並想當然地把羅存德誤認英國人。《訂增英華字典》漢文扉頁1頁、英文扉頁1頁、井上的漢文敘3頁、正文1-1210頁、Appendix共22項，1211-1357頁、Errata等2頁。井上漢文敘有云：

圖3　井上哲次郎〈英華字典敘〉

五萬三千黌無不教郭索之文。嗚呼，西學之行於我邦，未
曾有盛於今日也。而英學實爲之最矣。蓋英之文運天下殆
無比。此我邦人之所以修其學也歟。雖然，治物之工，皆
先利其器，獨修英學者不先求字典之完備者而可乎？我邦
雖既有二三對譯字書，而大抵不完備。詳於此者，則略於
彼。備於彼者，則洩於此。不啻意義未盡，譯語亦往往欠
妥，意義既盡，譯語又妥而最便象胥家者，其唯西儒羅存
德氏所著英華字典耶。世之修英學者，據此書以求意義，
則無字不解，無文不曉，左右逢原，何所不通之有。但此
書乏坊間，而價極貴。學者憾其難得書肆，藤本氏有見於
此，乃欲刷行此書以便學者。謀之于余，余贊其舉曰，今
夫修英學、磨智識者益多，則我邦之文運駸駸乎進，遂至
與英國東西對立，分鑣並馳，亦未可知也。而此書豈爲無
禆益于修英學者哉。及印刷成，不揣無文，書其由以爲
序。明治十六年秋八月巽軒井上哲提

　　作「敘」的時間是1883年8月。「敘」前面有英文扉頁如下頁。
英文扉頁基本上襲用羅存德字典的扉頁，僅增加了訂增者和出版社的
資訊。關於訂增者，扉頁印有：Revised and enlarged by TETSUJIRO
INOUYE, BUNGAKUSHI（文學士）。井上獲得東京大學文學士學位
是明治13年，即1880年7月。這個英文扉頁應該是第一部分（1-184
頁）出版時的扉頁。從「敘」中「西儒羅存德」的文字可知井上看到
了卷首有張玉堂序言的版本，因爲《英華字典》只在張的序言中出現
了羅存德的名字。因此筆者以爲，親眼見過實物，又具有德語知識的
井上絕無把羅的名字錯成「羅布存德」的可能。井上對羅存德的字典
推崇備至：「意義既盡，譯語又妥而最便象胥家者，其唯西儒羅存德

氏所著英華字典耶。世之修英學者，據此書以求意義，則無字不解，無文不曉，左右逢原，何所不通之有」。但是井上並沒有對字典訂增的情況加以任何說明。關西大學內田慶市教授架藏本的扉頁粘貼了一張「訂增英華字典新聞評語」，收集了日本 7 家主要報紙的評論。內容大抵是：印製清晰、分期出版及時、訛誤較少，也並未涉及訂增的實際情況。井上晚年作《井上哲次郎自傳》，對這段時間的情況做了如下回憶：明治 13 年初（1880）

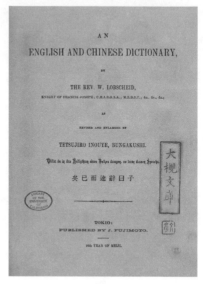

圖 4

即將從東大畢業前夕，同學之間盛傳井上和另一人將被派往歐洲留學。但井上留學事受阻，直至 1884 年 2 月 15 日方才從東京出發赴德。在自傳中，井上對這一期間的著述活動也做了頗為自豪的記錄：東大畢業第二年刊行《哲學字彙》（1881），其後陸續完成《新體詩抄》（1882）、《心理新說》（譯述，1882）、《倫理新說》（1883）、《西洋哲學講義》（1883）、《東洋哲學史》（1883）、漢詩集《巽軒詩鈔》（1884）等。[14] 關於《哲學字彙》編輯出版，井上在《井上哲次郎自傳》中也寫道：

14　井上哲次郎，《井上哲次郎集 第 8 卷懷舊錄・井上哲次郎自傳》（東京：クレス出版，2003），頁 8-12。

下面我想談一下《哲學字彙》的情況。我在東京大學畢業
是明治13年（1880）7月。第二年即從東京大學出版了
《哲學字彙》。明治17年（1884）增補再版出版，至明治
44年（1911），又大加修訂從丸善書店出版了第三版。爲
什麼會編纂出版《哲學字彙》呢。我們當時還是東大的學
生，每當研究哲學，倍感困惑的就是日語裡沒有哲學的術
語。想討論哲學的問題，用日語則很不容易表達，要使用
很多外語的詞才能理解。深深感到無論如何應該制定哲學
術語。當時我們的前輩學者西周已經制定了很多哲學的術
語，但是還不夠。加藤弘之博士也認爲有這種必要性，對
我們大加鼓勵。

所以以我爲主，我們幾個同學開始創造哲學的術語。「哲
學」這個詞是西周創造的，其他一些心理學的詞語也是這
樣。但是倫理學、美學、語言學等方面的術語是我出自我
的手。「絕對」這個詞原來是佛教的術語，我把它定爲
absolute 的譯詞。「世界觀」、「人生觀」等現在經常使用
的詞，也是由我首創的。還有一個「人格」，這個詞過去
也沒有。我把 personality 譯作「人格」。我的同事中島力
造是倫理學教授，他問我，personality 怎麼翻譯才好？我
回答說就譯成「人格」吧。然後中島在倫理學講義上使用
了這個詞，馬上就流行開來，還成了法律的術語。[15] 現在
的人不知道這些事，創制新的學術用語，特別是哲學術語

---

15 「人格」、「世界觀」、「人生觀」等並沒有在《哲學字彙》初版（1881）、
　改訂版（1884）中出現，直到第3版（1912）才被收錄。

是一件很不容易的事情。明治以後，伴隨著學術的發展新
術語的創制是很多人努力的結果，這是一件必須牢記的事
情。

每個新術語創造的詳情在此暫且省略，只補充說明一兩
個。「家族制度」雖然不是一個譯詞，但也是我首先開始
使用的。在羅馬時代，羅馬非常強大，我認爲這是遵循家
族制度的結果。日本的優勢也在家族制度這一點上。而且
日本的家族制度不是一個一個的家族，而是全國成爲一個
大家族。我這樣一發議論，就成了國民道德上的重大問
題，促成了現在家族制度的誕生。「八紘一宇」就是這種
擴大了的家族制度。另外，作爲倫理上的問題，有「大
我」、「小我」的説法。「大我」是佛經裡的詞，而針對
「大我」使用「小我」來討論問題是從我開始的，以前沒
有人使用「小我」。這些都是《哲學字彙》以外的新詞。
這些詞開始爲一般人所使用，爲國語的發展作了貢獻，這
是不能否認的。[16]

　　井上在臨去世前一年完成的《巽軒年譜》明治14年（1881）項
下再次提到「發行《哲學字彙》」，可見他對這本術語集非常重視。
而對《哲學字彙》之後完成的《訂增英華字典》，井上在所有的材料
中絕無涉及。井上似乎對這本他給予了極高評價的辭典訂增本並不滿
意，羅存德資訊的錯誤應該是原因之一。那麼井上都做了怎樣的「訂
增」工作呢？

---

16 井上哲次郎，《井上哲次郎集 第8卷懷舊錄·井上哲次郎自傳》，頁33-
　　34。

圖5　羅存德字典

圖6　井上訂增版

　　通過對比可以知道，整個字典的訂增工作包括：1.去掉羅存德字
典中的 "Punti"（本地）發音和那些方言詞；2.把譯詞按照英語原詞的
字母順序重新排列；[17] 3.加上了詞類的標識；4.卷末增加了22項附
錄，這些附錄主要來自盧公明（J. Doolittle）的《英華萃林韻府》
（1872）。井上實際上做了多少工作不得而知，如果問這些工作非井
上不可嗎？回答則是否定的。從譯詞的角度看，井上的訂增版新增了
6,200條以上的譯詞。[18]根據宮田和子的研究，井上新增的譯詞占總數

---

17 羅存德原字典的排列方式是按照譯詞的廣東話發音排列的。這是因爲該字
　　典的一個重要目的是說〔服〕來華的西人學習當地的語言。

18 福島大學金敬雄教授的未刊博士論文《井上哲次郎の『訂增英華字典』に
　　於ける訳語の修訂についての考察》。衷心感謝金敬雄教授提供的寶貴研

的近9%，主要采自《英華韻府歷階》（1844）《英華萃林韻府》（1872）等中國出版的英華辭典[19]。筆者也未能在金敬雄教授編制的「井上哲次郎訂增譯詞一覽」中找到日本新制、自製的譯詞和術語。幾乎在同一時間段井上主持編寫了《哲學字彙》（1881），但其中的譯詞完全沒有反映在《訂增英華字典》中。

四、《音韻字典》之前的三本英華字典

如前所述，在鄺其照開創性的工作之後，《音韻字典》刊行之前，還有幾種中國人編纂的英華辭典。較重要的有：譚達軒的《華英字典彙集》（初版1875；第2版1884；第3版1897）、莫若濂的《達辭》（1898）、馮鏡如的《新增華英字典》（初版1897；第2版1899）。在討論《音韻字典》之前，先對這三種字典作一簡單考察。

《華英字典彙集》譚達軒（宴昌）編纂，郭羅貴（贊生）校正。文裕堂書局出版。第1版為1875年，第2版1887年，第3版為1897年。筆者僅見第3版。英文扉頁後有作者的英文preface，1頁，署1897年4月1日。以下是編者譚達軒原序，署光緒元年七月下浣；王韜序，亦署光緒元年；校訂者郭羅貴的短序，署1884年4月，郭序似為再版時加入。

英文扉頁上有：expression for every English word，反映了譚的編纂目的和方針。譚還在英文序言中，交代了編纂過程中參考了Webster, Worcester, Walker, Johnson的辭典。

究成果。

19 宮田和子，《英華辭典の總合的研究——19世紀を中心として》（東京：白帝社，2010），頁121-151。

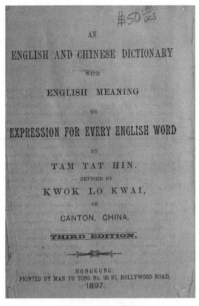

　　圖7　英文扉頁　　　　　　　　圖8　中文扉頁

　　王韜在序言中說及學習西學的重要性，並提到了馬禮遜、麥都思的英漢字典和衛三畏的《華英韻府歷階》。「此外則自鄺以下無譏焉」，言其微不足道。又說譚的字典「可與三西儒相頡頏，如驂之有靳，學西學者當必可奉之為金科玉律」。但並沒有提及羅存德的《英華字典》。原因不得而知。

　　郭在序言中說，應文裕堂主人黃廣征之請，校改譚的字典類集，及通商指南。並說檢舉書中虛實字義，做了詳細注釋。

　　《華英字典彙集》第3版用N、V.T.等英語字母標出了詞性，但沒有詞性略語一覽表。

　　《達辭》，1898年由文裕堂書局出版，上下兩卷，2700餘頁。民

國3年出版《增廣達辭字典》，2241頁。《達辭》沒有漢語扉頁，英語扉頁之後是獻詞、著者序2頁、英語序3頁、關於字典的編纂目的、使用範圍的說明2頁。編者莫文暢，字若廉，其詳細情況可參考高永偉的研究。[20]

　　《達辭》取自孔子的「辭達而已矣」，自謙文字之拙樸，只供實用。羅存德曾用於其《英華字典》（1866-1869）的扉頁。《達辭》的編纂重點放在英文寫作上，長單位、短語多於一般譯詞。

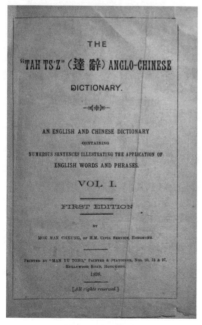

圖9　辭典扉頁　　　　　　　　　圖10　辭典正文

20 高永偉，〈莫文暢和他的《達辭字典》〉，《詞海茫茫——英語新詞和詞典之研究》（上海：復旦大學出版社，2012），頁297-307。

《新增華英字典》（*A Dictionary of the English and Chinese Language, with Merchant and Mandarin Pronunciation*），封面等見以下書影。

圖11 中文扉頁

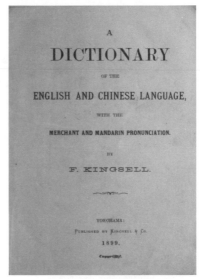

圖12 英文扉頁

筆者所見爲1899年版，1178頁。[21]卷首有編者序2頁、汪康年序3頁，略語表1頁。正文1-1066頁；右起〈英箚指南〉1-79頁。兩篇序言全文如下：[22]

21 英文扉頁無版次説明。「新增」應該是在底本的基礎上「重加增葺」「近日之新字」。或只是重印，並無内容上的增訂。
22 原序爲草書，承復旦大學陳正宏教授及另一位山東某大學教授（姓名失記）賜教得以解讀，謹致謝忱。

馮鏡如序言

《英華字典》翔自業師羅存德牧師，中國之涉獵西學者久已視爲圭臬，後譚達軒、鄺容階諸氏，復撮而小之，刊行於世，購之者眾，而原書幾泯焉無傳矣。兹特將原本重加增葺，有涉蕪穢者，易之以簡明，其近日之新字，爲是書所未收錄者，按序入之，蓋深知近日之業西學者，與時俱深，因風漸廣，其苦於譚鄺諸本之簡率者，當不乏人。惟恐願深才淺，有負初心，天壤達人，匡兹不逮，學者幸甚。編者識

汪康年序言

《英華字典》一書，創自墨克木司及羅存德兩先生，後爲鄺容階、譚達軒諸君仿輯行世。今之業西學者，靡不案置一部，珍同拱璧。惜乎遺缺尚多，未及原書之半，學子搜精抉華，有餘憾焉。南海馮君鏡如，爲羅存德先生高弟，特將是書善加參訂，末以尺牘附編，思行於世，乞序於余。今國家推重西學，士民咸思通變，若夫識各國之政治，譯寰球之近事，或探其伎藝，或窮其新理，或明其律法，或諳其器機，博覽西籍，徹悟西法，他日維新富強胥賴乎是。固宜鼓舞譯學，提倡後進，使通者獲其助，塞者誘其聰，則馮君此書禆益匪淺。故余嘉尚之，樂爲之序。

丁酉八月錢塘穰卿汪康年題

編者馮鏡如（1844-1913），英文 Fung Kingsell，譯名「經塞爾」，號嶽超，祖籍廣東南海（今佛山南海區）人，係清末資產階級民主革命者馮自由之父。早年來日經商，1878年在橫濱山下町（1899年前稱外國人居留地）五十三番地開了一間印刷用品的文經商

店（又名文經活版所，英文名Kingsell ＆ Co.），專營外國文具及印刷事業。[23] 馮鏡如在序言中寫到「業師羅存德」，這說明他早年曾在香港接受過初等教育，其時羅存德正在香港做視學官。這是三種辭典中唯一提到羅存德的。鄒振環在前揭論文中指出，這本辭典是陳少白負責具體編纂的。陳少白並沒有說明參考了哪些先前出版的辭典，但陳說每天工作幾小時，前後大約花費了十個月的功夫。顯然，在這樣短的時間裡，他所能做的也不過是對井上的辭典動動手腳而已。下面是井上辭典和馮鏡如辭典的第1頁。

圖13　井上哲次郎的辭典

圖14　馮鏡如的辭典

---

23 鄒振環，〈清末政治與文化旋渦中的馮鏡如〉，《華東師範大學學報（哲學社會科學版）》，2014:3（上海，2014），頁51-58。

關於兩者的傳承關係，已脫離了本文的主旨，將另文考察。馮的辭典出版後極受歡迎，多次再版。[24]

五、《音韻字典》的版本和著者

如文末附錄2的書影所示，本辭典的中文名爲《商務書館華英音韻字典集成》，扉頁書名由盛宣懷所題；英文名 *Commercial Press English and Chinese Pronouncing Dictionary*。英文扉頁上還有 Comprising 100,000 words and phrases, with translations, pronunciations, etymologies, definitions, illustrations, etc., etc., also a copious appendix 等字句。扉頁上的刊行時間是1903，而版權頁上卻是「光緒二十七年正月首版」，即1901年。考慮到卷首序言的時間均爲1902年3月，第1版於1902年出版較爲合理。扉頁以下爲編纂者商務印書館的序、嚴復序、傳教士李提摩太（Timothy Richard）序、辜鴻銘序、傳教士薛思培（J. A. Silsby）序、例言、詞類略語一覽及說明、正文1-1835頁，附錄共51頁。根據宮田和子的調查，《音韻字典》出版後數年之內大致有以下的版次：

扉頁的 版次與時間	版權頁的的版次與時間
第1版 1902	光緒27年6月版權所有、光緒28年正月首次出版
第2版 1903	光緒27年6月版權所有、光緒28年正月首次出版

24 蔡祝青說多達17版以上。參見蔡祝青，〈文學觀念流通的現代化進程：以近代英華／華英辭典編纂 Literature 詞條爲中心〉，《東亞觀念史集刊》（臺北：政大出版社，2012），第三期，頁273-333。

第3版 1903	光緒27年6月版權所有、光緒28年正月首次出版、光緒29年10月二次重印
第5版 1903	光緒27年正月首版、光緒28年8月再版、光緒29年6月3版、光緒30年10月4版
第5版（？）—	光緒27年正月首版、光緒28年8月再版、光緒29年6月3版、光緒30年10月4版、光緒31年5月5版
第6版 1903	光緒27年正月首版、光緒28年8月再版、光緒29年6月3版、光緒30年10月4版、光緒31年5月5版
第7版（？）—	光緒28年歲次壬寅孟春初版、光緒33年歲次丁未季春7版
第9版（？）1903	光緒28年歲次壬寅孟春初版、宣統2年歲次庚戌孟夏9版

　　刊行後短短的幾年已經達到第9版，可見社會需要之大和受歡迎的程度。另，版權頁其他內容為：原著人羅布存德；[25]增訂者、校閱者均為「企英譯書館」；發行者、印刷者為商務印書館。

　　關於《音韻字典》的編纂者一直是一個迷，扉頁等無編纂者姓名，版權頁上的「企英譯書館」也情況不明。卷首落款時間為「光緒二十八年春季」的〈例言〉第六款為：「附卷列簡筆字解，外國語解各等記號皆講英文者所必需。又以中西地名繁雜，學者每苦檢閱無從，茲以謝君洪賚所輯華英地名表殿之卷末，以為譯學一助」。由此可推測謝洪賚參與了《音韻字典》的編纂。而根據謝洪賚的傳記和商務印書館館史資料，[26]謝洪賚不僅為商務譯注了《華英初階》《華英進

階》英語教科書，還編譯了《華英音韻字典集成》。謝洪賚的傳記材料提供的資訊是：謝洪賚（1873-1916），字鬯侯，別號寄塵，晚年自署廬隱，浙江紹興人。他的父親是基督教長老會的牧師，由於受家庭影響，他自幼信奉基督教。1895年，他以優異成績畢業於蘇州博習書院（東吳大學前身），後在上海中西書院任教，兼做翻譯工作。他是19世紀末我國少數幾個能獨立譯書者之一。他還是商務早期的股東，爲商務創業史上做出了重要貢獻。趙曉陽在論文中詳盡地列出了謝洪賚的著述96種，但是，其中並沒有這本辭典，[27] 謝本身的其他譯著也並不署「企英譯書館」這一名稱。

六、《音韻字典》的底本

　　《音韻字典》的編纂者在〈例言〉中對編纂情況等做了說明。第一條中可見：「英文字典所當重者三事，曰拼法〔或曰正字法〕，曰音韻〔或曰正音法〕，曰解義。本書爲英華字典，更于英文解義之外，增以華文譯義。事益繁重。編者以數年之力，擷數十家字典之精華，成此巨帙」，但參考書目的具體情況不得而知；在第五條則說「釋義爲字典之全神所注，本書並列華英二解，務求簡明，大抵以羅氏爲宗，博采前賢以補之，新增字義間取諸日本字典。」提到了羅氏和日本的辭典。所謂「羅氏」應爲版權頁上的「羅布存德」。卷首有嚴復序言一篇，有云：

《中國現代出版史料》丁編，下卷（北京：中華書局，1997，初版），頁398-399。

27 趙曉陽，〈中國基督教青年會早期文字貢獻者謝洪賚及著述目錄〉，《基督宗教研究》，輯9（北京：宗教文化出版社，2006），頁328-345，《近代中國研究》，http://jds.cass.cn/（2013/05/20）。

商務書館華英音韻字典集成序

海禁開。中土之習西文者日益眾。而尤以英文爲獨多。蓋
商業之盛甲于諸邦。日中之市。人物總至。所以售酤取予。
必通其言語。而後有以廉其情而券其利。洎夫同光之際。
樞府當軸。沿海疆吏。以交涉之日繁。象寄之才。不可獨
出於市井。思有以浚其源而澄其流。於是乎京師海上。訖
於閩粵。所謂同文館廣方言館前後學堂諸制。稍稍興矣。
廿稔以來。中國疆場之事日棘。而政之所宜師資於彼。以
自輔其所不逮者。亦日以殷。聰強早知之士。審不通其語
言。終無以得彼己之實。則往往奮發於旁行斜上之書。考
中西政教學術之異同。此西學之號。所由昉也。洪惟
聖上當陽。歷天步之艱難。深知世運方日趨於通。而塗塞
耳目。自相媕阿者之終歸於無當也。則幡然改易科目。廣
屬學官。

詔求本末兼備之才。與通知外國事者。將尊顯之。於是天
下之士。咸卉然向風。思自進于時之所宜。而無封於其
故。故綜而計之。今之治西文習西學者。蓋千萬於同光之
間者不止也。則亦利祿之路然爾。且夫始於微。終於著。
始於簡約。終於繁富者。天演之道。何適而不然歟。字典
者。群書之總匯。而亦治語言文字者之權輿也。尚憶三十
年以往。不佞初學英文時。堂館所頒。獨有廣州一種。寥
落數百千言。而義不備具。浸假而有五車韻府等書。則大
抵教會所編輯。取便西人之學中國文字者耳。即至晚出數
種。雖較前爲富。然於一字數義。至夫名物動作區別形況
之異用。皆緄而不分。學者叩其所不知。而矇暗愈甚。用

以逐譯。則事義違反。鼠璞相貿。往往多可笑者。故僕疇
囊課教南北子弟。常勖其勉用西文字典。不得以華文字典
之譯義。望文駢疊爲之。初學爲此。蹶蹶其難。必遲又
久。而後從順。此皆字典之不精。致成學之難期。而譯才
之乏至如此也。頃者商務印書館。知時用之所缺。乃延中
西淹通之士。即彼中善本。如納韜耳、羅存德、韋柏士特
諸家之著。薈萃綴譯。以爲是編。雖未謂即臻於精極。要
亦不封於故。而知進于時之所宜者矣。上之有以副
明詔之所欲爲。下之有以佐幼學者之日力。以視坊市前行
之數種。逖乎遠矣。夫始於微。終於著。始於簡約。終於
繁富者。天演之公例也。同類爭存。存其最宜者。又天演
之公例也。然則是編之獨出冠時。而爲世之所實貴而競取
者。又何疑焉。侯官嚴復

　　嚴復說「即彼中善本。如納韜耳、羅存德、韋柏士特諸家之著。
薈萃綴譯。以爲是編。」嚴復是如何知道「羅存德」的？預售價30美
元的羅氏《英華字典》即使在出版當時，中國國內也很少能見到，遑
論時隔30餘年之後的1902年。筆者甚至懷疑嚴復見到過實物，理由
是在本辭典卷首的序言中嚴復只提到了《五車韻府》，而沒有提及
《英華字典》這一專有名。

　　如前所述，《音韻字典》之前中國人編纂的英華字典有鄺其照的
《字典集成》、譚達軒的《華英字典彙集》、莫若濂的《達辭》和馮鏡
如的《新增華英字典》。前三種都沒有提到「羅存德」，但如前所
引，惟馮鏡如則在《新增華英字典》1899年版卷首加了一篇序言，其
中說：

　　《英華字典》翻自業師羅存德牧師，中國之涉獵西學者久

　　已視爲圭臬，後譚達軒、鄺其照諸氏，複撮而小之，刊行
　　於世，購之者眾，而原書幾泯焉無傳矣。茲特將原本重加
　　增茸，有涉蕪穢者，易之以簡明，而近日之新字，爲是書
　　所未收錄者，按序入之。

　　馮鏡如在這裡提到了「譚達軒、鄺其照」，並指出他們的字典是
羅氏字典「撮而小之」的結果。馮說「原書幾泯焉無傳矣」是眞，說
「茲特將原本重加增茸，有涉蕪穢者，易之以簡明」則不可輕信。因
爲馮的這本辭典也只是井上哲次郎《訂增英華字典》的簡縮本。總
之，可以斷定是馮的序言爲辜鴻銘、嚴復等提供了關於羅存德《英華
字典》的某些並不正確的資訊。在《音韻字典》卷首另有一篇辜鴻銘
作的英文 *Introductory Notes*，漢譯內容如下：[28]

　　許多外國學者並不輕視爲學習漢語的外國學生編纂極有幫
　　助的漢英辭典的工作。但是對於學習英語的中國學生來
　　說，除了鄺其照先生以外，還沒有其他人可以幫助他們。
　　鄺其照先生的著作只是羅存德辭典的簡單濃縮和轉錄。羅
　　存德的這部精心之作，據我所知，第一版是在香港印刷
　　的。這部辭典頗有一些不盡人意之處：如釋義使用了廣東
　　口語，又把 "demi-god" 譯成「半個上帝」，成了令人頗爲
　　費解的妙譯。[29] 然而，迄今爲止它還沒有被人修訂完善

---

28 譯文沿用汪家熔，〈《商務書館華英音韻字典集成》——國人編纂的第一
　　部大型英漢雙解詞典〉（《出版科學》，4:18（武漢，2010），頁103-106）
　　的譯文，惟個別字句做了調整。汪家熔在論文中說：「本文刊發列於這本
　　詞典中的商務印書館的《序》、李提摩太的《概述》、嚴復的《序》、辜鴻
　　銘的《緒論》、薛思培的《論英語之重要性》，以免於歷史文獻湮沒。」
　　《嚴復集》未收嚴復的這篇序文。
29 首先指出這一點的是傅蘭雅（於1890年在上海召開的中華全國新教傳教

過。若干年前，井上哲次郎博士在日本重印了這部辭典。
我相信，這部重印的辭典在日本明治維新運動中發揮了極
大的作用。[30]在日本，有許多受過外國教育的本土人才，
他們最近已經出版了更新的大部頭的英和辭典。

在中國，商務印書館——上海的一家由中國人投資和經營
的企業——不惜人力物力，對羅存德的辭典進行修訂，使
其成爲迄今爲止最賅備、最可信賴的英漢辭典而呈現于讀
者面前。從我看到的這本《華英音韻字典集成》來判斷，
它在鄺其照先生辭典的基礎上有了明顯的提高，必能代之
以滿足中國學生學習英語的需求。

最後，我要提請使用這部《華英音韻字典集成》的中國學
生注意，辭典給出的僅僅是對詞的解釋，——有時還是間
接性的表述——而不是給出一一對應的「譯詞」。詞典的
用途是說明學生理解詞語的涵義，但在英譯漢或是漢譯英
時，你所依靠的不應該是辭典，而是在其他方面的學養。

辜鴻銘

1902年3月于武昌

士第2屆大會），羅存德《英華字典》中實際譯詞爲「半上帝」、「半
神」，似並無不妥。井上的譯詞是「半神半人」，今譯與井上同。參見沈
國威，《近代中日詞彙交流研究》，頁139。

30 汪家熔論文所示的翻譯爲「這部重印的字典在日本對於日本民族目前的維
新並沒有發揮相當程度的作用。」辜鴻銘的原文爲 "I believe, it has helped
in no considerable degree the present "Renaissance" of the Japanese nation." 如
照原文字面翻譯，汪先生的譯文是不錯的。但考慮到《訂增英華字典》在
日本明治期所起的巨大作用（例如1899，1906年曾兩次再版），以及辜鴻
銘加以引介的旨趣，似有不妥。筆者的美國同事認爲恐是辜的筆誤，正確
的說法應該是 "in no small degree" 或 "no inconsiderable degree"。

　　辜鴻銘在序中說商務印書館不惜工本對羅氏的辭典進行了修訂，使其成爲「迄今爲止最賅備、最可信賴的英漢辭典」。辜鴻銘的說法並不正確，[31] 如下一節所述，編纂《音韻字典》時使用的底本不是羅存德的原版，而是井上哲次郎的增訂本：《訂增英華字典》（1884）。[32]《音韻字典》英語詞「分節標音」法也是第一次爲國內辭典（包括西人編纂的）所採用，借此學習者有可能準確地讀出陌生的英語詞。嚴復所指責的此前辭典的「名物動作區別形況之異用。皆緄而不分」的狀況也由於標注詞類而得到了解決。作爲在中國出版的辭典《音韻字典》的另一個「首次」是大量地使用了插圖，數量達919幅之多。這些插圖主要取自韋柏士特的辭典（精美的插圖是1864年大規模改訂的韋伯斯特辭典的一大特色）。如果分析《音韻辭典》的來龍去脈大致可以這樣說：英語釋義、分節標音來自韋伯斯特辭典和納韜耳辭典（筆者認爲後者占主要部分）、插圖來自韋伯斯特辭典、漢語譯詞間接地來自羅存德。[33] 需要指出的是，儘管〈例言〉中說「新增字義間

---

31 從「據我所知（as far as I have been able to learn）」的表述中可知辜鴻銘亦沒有見到過羅存德《英華字典》的實物。辜鴻銘在〈緒論〉中說「鄺其照先生的著作只是羅存德辭典的簡單濃縮和轉錄。」鄺氏的著作應爲《華英字典集成》（1887年刊），這是鄺其照《字典集成》（1868）的第3版，第1版刊行時羅存德的字典尚未全部完成，無從濃縮和轉錄（參見內田慶市、沈國威編《鄺其照字典集成影印與解題》）。對此，宮田和子認爲與事實不符，她本人的調查結果證明：鄺其照字典第一版的譯詞與羅存德《英華字典》相重複的不超過50%，第2版以後的比例更低。宮田和子，《英華辭典の總合的研究——19世紀を中心として》，頁193-194。

32 至於井上增訂的《英華字典》在日本明治時期所發揮的作用，筆者認爲主要在於極大地促進了日本的英語學習進程，而不是提供具體譯詞。

33 辜鴻銘在序言中指出「從我看到的這本《華英音韻字典集成》來判斷，它在鄺其照先生辭典的基礎上有了明顯的提高」。但是這一點不容易證明，因爲鄺其照的字典和羅存德的《英華字典》很多譯詞共同來自馬禮遜和麥

取諸日本字典」，從譯詞的實際情況看《音韻字典》還沒有開始系統地參照日本的英和辭典。但這並不影響「薈萃綴譯」的《音韻字典》成為中國第一部近代的雙語辭典，雖然仍沿用「字典」舊稱。[34] 嚴復稱讚該辭典「獨出冠時」。

七、結語：三種辭典傳承關係小議

那麼，羅存德、井上哲次郎、商務印書館3種辭典的傳承關係究竟如何？《音韻字典》是否直接參照了羅存德的《英華字典》？通過對3種辭典的譯詞進行簡單對比，可知三者的關係大概有以下四種類型：

（一）《音韻字典》的譯詞與羅、井上的譯詞相一致，如附錄1中的（3）Aesthetics。附錄1中這一類的情況幾乎都忽略了，其實《音韻字典》的絕大部分譯詞是這種情況的。正是由於羅存德、井上哲次郎辭典的存在，《音韻字典》才得以在短時間內完成。

（二）《音韻字典》使用了羅沒有而井上加入的譯詞。如（17）Bracket，羅存德給出的譯詞是「雙馬號」，「括弧」首見盧公明的《英華萃林韻府》（1872）。井上從盧公明的辭典中吸收了「括弧」，《音韻字典》的譯詞則和井上相同。（28）井上增加了「下議政院」，《音韻字典》也採用了這個譯詞。（11、26）亦屬於這種情況。上面的例子說明了《音韻字典》參照的是井上的訂增版，而不是羅存德的

都思的辭典。

34 但嚴復在致張元濟的信中批評說：「商務〈英華字典序〉，近已草成，其書取名《音韻字典》，『音韻』二字似不可通，當改『審音』二字，或有當也。」王栻主編，《嚴復集》（北京：中華書局，1986），冊3，頁545。

原字典。

　　（三）《音韻字典》在羅、井上的譯詞的基礎上，做了增加或修正，如（2、8、16、21、25、27、29、32、36、37）等。《音韻字典》和井上的《訂增英華字典》有著更大的相似性，例如詞條32 Condenser，井上加入了羅氏字典中沒有的譯詞「縮表」，《音韻字典》在此基礎上又加了「縮度」。

　　（四）《音韻字典》補充、增加了羅、井上的辭典中所不存在的新詞條和譯詞，如（5、6、12-15、20、22、23、24、30、31、34、35、40）等。如〈例言〉所說，「新增字義間取諸日本字典」，例如30、31的「實驗哲學（者）」、35的「宇宙論」等；另一些應該是《音韻字典》的編者們自創的，如40的"Dumb-bells"，「雙鐵球（體操器）」。

附錄1

No	英語	羅存德	井上哲次郎	商務印書館
1.	Abattoir	不收	不收	上海工部局屠殺所
2.	Adjective（in grammar）	勢字	勢字	勢字、容形字
3.	Aesthetics	佳美之理、審美之理	佳美之理、審美之理	佳美之理、審美之理
4.	Allegation	證說、確說、實說、倘塞之詞、推倘、托詞	證說、確說、實說、倘塞之詞、推倘、托詞	結連者、歸合之法、均輪（數學語）
5.	Allochrous	不收	不收	雜色的（礦物語）
6.	Alloxan	不收	不收	酸化尿酸

7.	Ammonium	Ammonia阿摩呢阿〔藥名〕	Ammonia阿摩呢阿〔藥名〕	阿摩呢阿化合物
8.	Ascites	臟脹、水臌	臟脹、水臌	膨脹
9.	Astomatous	不收	不收	無口的（昆蟲學與植物學語）
10.	Astrometeorology	不收。Astrology：星學	不收。Astrology：星學	氣象學
11.	Atom	極微之物，小莫能破之物，纖析無可分	極微之物，至小物的，塵埃，微質，小莫能破之物，纖析無可分	極微之物，極小的物，塵埃，微質，小莫能破之物，纖析無可分
12.	Atomism	不收	不收	分子論
13.	Atomist	不收	不收	分子論者
14.	Balanite	不收	不收	似螺介殼之化石
15.	Bicycle	不收	不收	腳踏車
16.	Blind	牛百葉窗	門簾、百葉窗	百葉窗
17.	Board-school	不收。boarding-school：A school, the scholars of which board with the teacher, 搭爨館、同爨館	不收。boarding-school：A school, the scholars of which board with the teacher, 搭爨館、同爨館	A school, the scholars of which board with the teacher, 寄宿學校、同爨館
18.	Bracket	in printing, nooks, inclosing one or more words, 雙馬號	in printing, nooks, inclosing one or more words, 雙馬號，括弧	a mark used in printing, thus, [ ] which called nooks, enclosing one or more words, 雙馬號，括弧
19.	Britzska	長車、睡車	長車、睡車	長車、睡車＊附插圖

20.	Bureaucratic	不收	不收	自治政體的
21.	Capital	出本、發本	出本、打本、發本	出本、發資本
22.	Capitalization	不收	不收	運轉資本之法
23.	Carmagnole	不收	不收	法國改立爲民主國之歌舞
24.	Cellulated	不收	不收	細胞的
25.	Chartism, n.	In England, the principles of a reform party, 民政之理	In England, the principles of a reform party, 民政之理	In England, the principles of a reform party, 民主之理
26.	Chemistry	正文不收，補遺：（無英文釋義）煉法、煉物之學、煉物之理	Chemistry, n. The science which relates to the elements of matter, the proportions in which they unite, the means of their separation and the laws which govern and affect these agencies. 煉法，錬物之學，錬物之理，錬用法·	Chemistry, n. The science which relates to the elements of matter, the proportions in which they unite, the means of their separation and the laws which govern and affect these agencies. 煉法、煉物之理
27.	Cohesion	不收。Cohesibility, 膠泥之性	The state of being united by natural attraction, 膠固力	The state of being united by natural attraction, 膠固力、凝結力
28.	Commons, n.	in England, the lower house of Parliament, 民委官會	in England, the lower house of Parliament, 民委官會，下議政院	in England, the lower house of Parliament, 民委官會，下議政院

29.	Commonweal, Commonwealth, n.	A state, 國；republic, 民政；the whole body of people in a state, 國民，民，百姓，眾	A state, 國，國家；republic, 民政；the whole body of people in a state, 國民，民，百姓，眾	A state, 國，國家；republic, 民主之政；the whole body of people in a state, 國民，百姓
30.	Comtism	non	non	Comtism, n. The Positivism of Comte, 實驗哲學.
31.	Comtist	non	non	Comtist, n. A disciple of Comte, 實驗哲學者.
32.	Condenser	Condenser, n. A pneumatic engine or syringe, in which air or other elastic fluids may be condensed, 逼緊氣機；a vessel, in which aqueous or spirituous vapours are reduced to a liquid, 擎氣甄，凝氣甄；a condenser of light, 聚光鏡.	Condenser, n. A pneumatic engine or syringe, in which air or other elastic fluids may be condensed, 逼緊氣機；a vessel, in which aqueous or spirituous vapours are reduced to a liquid, 擎氣甄，凝氣甄，凝水櫃；a condenser of light, 聚光鏡；condenser gauge, 縮表.	Condenser, n. A pneumatic engine or syringe, in which air or other elastic fluids may be condensed, 壓緊之汽機；a vessel, in which aqueous or spirituous vapours are reduced to a liquid, 凝氣甄，凝水櫃；a condenser of light, 聚光鏡；condenser gauge, 縮表，縮度.
33.	Constitution, n.	the established form of government in a state, 國政，國法；the constitution of the Taits'ing Dynasty, 大清會典	the established form of government in a state, 國政，國法；the constitution of the Taits'ing Dynasty, 大清會典	the established form of government in a state, 國政，國法；the constitution of the Taits'ing Dynasty, 大清會典

34.	Correlation, n.	不收。	不收。	Reciprocal relation, 互相關係對立，相關
35.	Cosmism, n.	不收。	不收。	宇宙論
36.	Cucurbite, Cucurbit, n.	A chemical vessel in the shape of a gourd, 葫蘆甑	A chemical vessel in the shape of a gourd, 葫蘆甑	A chemical vessel in the shape of a gourd, 葫蘆甑，化學用之蒸器
37.	Current, n.	as of a river, 流，河流	as of a river, 流，河流	as of a river, 流，河流；the passage of the electric fluid from one pole of an air apparatus to the other, 電路
38.	Cut-throat, n.	A murderer, 刺客，刎頸凶匪，兇手	A murderer, 刺客，刎頸凶匪，兇手	Cutthroat, a. murderous, 謀刺的，謀人命的，barbarous 野蠻的
39.	Demi-god	Demi-god, n. Half a god, 半上帝，半神,*；the demi-gods of China, 菩薩，神 *Spirit, term used for God by most of the American missionaries.	Demi-god, n. Half a god, 半上帝，半神,*半神半人；the demi-gods of China, 菩薩，神 *Spirit, term used for God by most of the American missionaries.	Demi-god, n. Half a god, 神仙，神與人之裔；the demi-gods of China, 菩薩。
40.	Dumb-bells	non	non	雙鐵球（體操器）

附錄2：

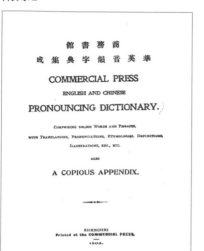

扉頁書影

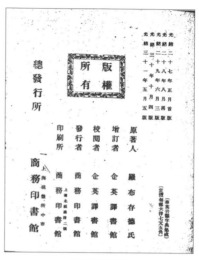

版權頁書影

詞類略語表

正文書影

A Cycle of Modern English-Chinese Dictionaries:
From W. Lobscheid through Inoue Tetsujirō to the Commercial Press

Shen Guowei

Abstract

Wilhelm Lobscheid's *English and Chinese Dictionary* (1866-69) was the pinnacle of achievement in nineteenth-century Anglo-Chinese lexicography. While it was scarcely used in China, many copies were imported into Japan, where it had a major impact on the acquisition of knowledge of the English language and the compilation of English-Japanese dictionaries in modern Japan. Lobscheid's dictionary went through a number of editions in Japan— both reprints and translated versions—of which the most significant was Inoue Tetsujirō's *Teizō Eika jiten* (Revised and Expanded English-Chinese Dictionary, 1883-84). Then, at the beginning of the twentieth century, the Commercial Press of Shanghai published *The Commercial Press English and Chinese Pronouncing Dictionary* (1902), based on Inoue's revised and expanded version of Lobscheid. Prior research has mistakenly assumed that the editors directly consulted Lobscheid's original dictionary, but this paper clarifies the relationships among these three works through a detailed examination of changes in the vocabulary used in translation.

Keywords: English-Chinese dictionaries; Japanese translations; Wilhelm Lobscheid; Inoue Tetsujirō, Xie Honglai

徵引書目

井上哲次郎，《井上哲次郎集 第8卷懷舊錄·井上哲次郎自傳》，東京：クレス，2003。

元青，〈晚清漢英、英漢雙語詞典編纂出版的興起與發展〉，《近代史研究》，2013:1（北京，2013），頁94-106。

內田慶市、沈國威編，《鄺其照·字典集成：影印與解題》，大阪：關西大學亞洲文化研究中心，2013。

內部資料，《商務印書館出版中外文辭書目錄1987~1963.9》，北京：商務印書館，1963。

王栻主編，《嚴復集》，北京：中華書局，1986，冊3。

汪家熔，〈《商務書館華英音韻字典集成》──國人編纂的第一部大型英漢雙解詞典〉，《出版科學》，4:18（武漢，2010），頁103-106。

沈國威，〈大阪外大圖書館《英華字典》〉，《國語學》，170（大版，1993），頁69-72。

_____，《近代日中語彙交流史》，東京：笠間書院，1994，頁136-146。

_____，〈奧地利國家圖書館藏近代漢譯西書〉，《或問》，10（關西，2005），頁247-254。

_____，《近代英華華英辭典解題》，大阪：關西大學出版部，2012。

_____，《近代中日詞彙交流研究》，北京：中華書局，2010。

那須雅之，〈『英華字典』を編んだ宣教師ロブシャイト略伝（上中下）〉，《しにか》，9:10（大阪，1998），頁96-101；9:11（大阪，1998），頁100-105；9:12（大阪，1998），頁106-110。

_____，〈W. Lobscheid 小伝──《英華字典》無序本とは何か〉，《文学論叢》，109（名古屋，1995），左頁1-20。

_____，〈Lobscheidの《英華字典》について──書誌学的研究（1）〉，《文学論叢》，114（名古屋，1997），左頁1-26。

_____，〈Lobscheidの《英華字典》について──書誌学的研究（2）〉，《文学論叢》，116（名古屋，1998），左頁1-25。

金敬雄，〈井上哲次郎の『訂増英華字典』に於ける 語の修訂についての考察〉，博士論文未刊稿。

胡貽穀，《謝廬隱略傳》，上海：青年協會書報部，1917。

宮田和子，〈十九世紀の英華·英辭典目錄──翻訳語研究の資料として〉，《国語論究6近代語の研究》，東京：明治書院，1997，頁1-101。

宮田和子，《英華辞典の総合的研究——19世紀を中心として》，東京：白帝社，2010。

高永偉，〈莫文暢和他的《達辭字典》〉，《詞海茫茫——英語新詞和詞典之研究》，上海：復旦大學出版社，2012，頁297-307。

森岡健二，《近代語の成立・明治期語彙編》，東京：明治書院，1969。

鄒振環，〈清末政治與文化旋渦中的馮鏡如〉，《華東師範大學學報（哲學社會科學版）》，2014:3（上海，2014），頁51-58。

趙曉陽，〈中國基督教青年會早期文字貢獻者謝洪賁及著述目錄〉，《基督宗教研究》，輯9，北京：宗教文化出版社，2006，頁328-345，《近代中國研究》，http://jds.cass.cn/（2013/05/20點閱）。

蔡祝青，〈文學觀念流通的現代化進程：以近代英華／華英辭典編纂Literature詞條爲中心〉，《東亞觀念史集刊》，第3期，臺北：政大出版社，2012，頁273-333。

蔣維喬，〈創辦初期之商務印書館與中華書局〉，張靜廬輯註，《中國現代出版史料》，丁編，下卷，北京：中華書局，1959年，初版，頁395-400。

羅存德，《千字文》，香港：出版者不詳，1857。（*Thousand Character Classic, Hong Kong*, 1857）。

_____，《四書俚語啓蒙》，香港：出版者不詳，1860。（*The Four Books with Explanation in the Local Dialect*, Hong Kong, 1860）。

_____，《幼學詩釋句》，香港：出版者不詳，1860。（*Odes for Children with notes*, Hong Kong, 出版年不詳）。

_____，《麥氏三字經》，香港：出版者不詳，1857。（*Medhurst's Trimetrical Classic*, Hong Kong , 1857）。

Wylie, A. *Memorials of Protestant Missionaries to the Chinese: Giving a List of their Publications and Obituary Notices of the Deceased*, Shanghae: American Presbyterian Presbyterian Mission Press, 1867.（Taipei: Ching-Wen Publishing Company, 1967）。

【論著】

雙語辭典與詞源考索：
以「啓蒙運動」為例的討論[*]

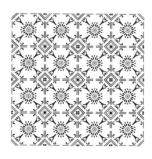

陳建守

陳建守，國立臺灣大學歷史所博士，現爲中央研究院近代史
研究所助研究員。研究興趣在於探究詞彙與概念如何透過翻
譯的方式，進入近代中國的歷史情境當中。

* 本文承蒙審查人細心糾謬，提供許多寶貴的修改意見，特此致謝。

雙語辭典與詞源考索：
以「啓蒙運動」為例的討論

摘要

　　本文利用中央研究院近代史研究所建置的「英華字典資料庫」，並旁及相關的辭典，探究「啓蒙運動」如何成為 "Enlightenment" 的譯法。「啓蒙」和「運動」的語義場域與「文明」、「開化」和「進步」休戚相關，在語義的層面上，「啓蒙」和「運動」是關聯詞彙，甚至可視之為同義詞。「啓蒙」在漢語字詞中的傳統意涵為「啓發蒙昧」一類之意，從日文轉手而來的「運動」是促成「啓蒙」這項詞彙由傳統名詞成為現代名詞，並促使「啓蒙運動」得以對譯 "Enlightenment" 的關鍵。

關鍵詞：英華字典、啓蒙、啓蒙運動、進步、文明開化

一、前言

　　1928年，孫俍工編纂的《文藝辭典》，[1] 交由上海民智書局出版，內中有一條名爲「啓蒙思潮」的詞條，後面所附上的原文爲 "Enlightenment"，明顯指涉歐洲的啓蒙運動，如此道出：

> 「啓蒙思潮」是次於文藝復興和宗教改革所發生的一種思潮。這思潮的根本是一種科學研究的自由精神與現世調整的強烈的要求。……換言之，卽是從十七世紀末到十八世紀前半的歐洲啓蒙思潮可以說是燃燒着怎麼地調整現世，支配現世，怎樣地整頓自然社會以及人事的關係，使有秩序條理的欲望。再換句話說，啓蒙期的根本思潮，是把文藝復興期的先覺者所思慮煩悶的「善生善死」的欲望，更成爲具體的澈底的事物，這是很可以看得出來的。然而這種科學採求的精神的橫溢，所謂現實調整的欲望的根本思潮發現在外面的，有怎樣的特色呢？那沒有別的，只有「經驗的」這一句話。卽是把一切訴之於自己的經驗，徵之於實際的事實而使其解決。能代表這種特色的人物，要算英國的霍布斯（Hobbes）〔1583-1679〕、陸克（Locke）〔1632-1704〕、亞丹·斯密司（Adam smith）〔1723-1790〕，法國的福耳特耳、狄德羅等了……這「啓蒙思潮」在文藝上給與近代自然主義底影響很大。這是明白自

1　根據陳力衛的說法，孫俍工這部辭典採納國內外文藝類詞彙三千多條，在當時的學界影響甚鉅。見陳力衛，〈近代辭典的尷尬：如何應對洪水般的日語新詞？〉，《東北亞外語研究》，2（大連，2014），頁7。

　　　然主義底要素是怎樣的人，所不能否認的。[2]

相隔四年，一本署名「戴叔清」編纂的《文學術語辭典》，[3]在上海文
藝書局出版，內中收有一條「啓蒙文學」（Enlightenment Literature）
的詞條，該條如此道出：「啓蒙文學是打破舊的文學，建立新的文學
之初步的文學。不過，一時代有一時代的啓蒙文學。如我國五四運動
期的白話文學，也是那時的啓蒙文學。」[4]《文學術語辭典》所使用的
「啓蒙文學」一詞，在1924年已有論者將之與晚清的另一個詞彙「革
新文學」連用，成爲「革新啓蒙文學」。[5]「啓蒙文學」的下一項詞條名

2　孫俍工編，《文藝辭典》（上海：民智書局，1928），頁613-615。

3　「戴叔清」疑爲阿英的筆名。阿英原名錢德富，後多以阿英爲筆名進行寫
　　作，除了戴叔清這項筆名之外，還使用過多達20個不同的筆名。有學者
　　整理出阿英各項筆名使用的年代：寒星（1928）、牟殊（1928）、島田
　　（1928）、若英（1930）、張若英（1930）、錢謙吾（1930）、若盧
　　（1930）、方英（1931）、黃英（1931）、戴淑清（1931）、阿英（1932）、
　　黃錦濤（1932）、戴渭清（1932）、徐衍存（1933）、張鳳吾（1933）、鳳
　　吾（1933）、阮無名（1933）、殊（1934）、魏育（1934）、寒峰（1934）、
　　王英（1935）、吳均（1936）、德均（1936）、李晦（1936）、李饒
　　（1936）、遂初（1936）、鷹隼（1938）、寒峰居士（1938）、魏如晦
　　（1939）、李健吾（編輯《離騷》雜誌借用一次）、丁君吾（電影《時代的
　　兒女》編劇夏衍、鄭伯奇、阿英三人用名）、南強編輯部（1932年《上海
　　事變與報告文學》編輯時寫序用）。見關家錚，〈阿英與20世紀30年代的
　　俗文學研究〉，《民俗研究》，2005年期1（濟南），頁135-153。

4　戴叔清，《文學術語辭典》（上海：文藝書局，1932），頁115。

5　原文如此：「路易十四世『朕即國家』說實可代表帝王之專制。當此勃興
　　之自由精神，打算打破國家之束縛，也是當然的，旣從英國經驗學派所發
　　生之自由思想，以及盧梭等爲中心之革新啓蒙文學，旣溢於民眾胸裡，近
　　代德莫克拉西運動的烽火旣舉，十八，十九兩世紀是自我覺醒的絕頂。」
　　見祁森煥，〈Proletcnlt運動和教育〉，《晨報副鐫》（北京），186號，1924
　　年8月9日，2版。

爲「啓蒙思潮」，[6]內容則完全襲自孫俍工編纂的《文藝辭典》。同樣
蒐羅文學術語和文藝思潮的辭典，郝祥輝編纂的《百科新辭典：文藝
之部》，[7]就沒有列出與 "Enlightenment" 相關的詞條。《百科新辭典：
文藝之部》出版於1923年，距離《文藝辭典》尚有5年的差距。由商
務印書館編譯所所長王雲五發起的《百科名彙》（*Encyclopedic
Terminology*）編纂工作亦可提供一項旁證，該書是以嚴復當年主導的
「中國科學名詞審查委員會」的科學名詞爲張本，進行英漢對照的編
譯工作。[8]內中對於 "Enlightenment" 的相關描述，就有：

> Enlightenment or clearing-up 啓明。

> Enlightenment, philosophy of 啓明時代之哲學。[9]

在這本審定名詞的工具書中，"Enlightenment" 被翻譯爲「啓明時
代」，而非我們現今通用的「啓蒙運動」。本文想要處理的就是這樣
的課題："Enlightenment" 是如何逐漸對譯爲「啓蒙運動」的這段歷
史。

　　根據劉禾所云，我們可以得知透過翻譯而引進近代中國歷史脈絡
中的詞彙在當時扮演了重要的角色，[10]「詞彙」和「概念」是日常生活

6　戴叔清，《文學術語辭典》，頁115-118。
7　郝祥輝編，《百科新辭典：文藝之部》（上海：世界書局，1923）。
8　王雲五編，《百科名彙》（上海：商務印書館，1931），頁1。
9　王雲五編，《百科名彙》，頁141。
10　劉禾的創獲在於提出「跨語際實踐」的視角，認爲翻譯並非僅止於兩種語
　　言文字之間的轉換，更應該注意翻譯活動背後的歷史脈絡。劉禾所談論的
　　乃是一種語言脫離原有的文化脈絡，進入了另一種文化（語言）脈絡中的
　　所產生的創造、改譯甚至是更動。原生的詞彙，在脫離原本的脈絡進入另
　　一種歷史情境後，其意義可能全然被改變，而成爲與原生詞彙完全「異
　　義」的新詞。見劉禾著，宋偉杰等譯，《跨語際實踐：文學，民族文化與
　　被譯介的現代性（中國，1900-1937・修訂譯本）》（北京：生活・讀書・

中細微的元素，但卻是人類用以表述形構想法或是描摹具體事物，最
基本的要素。就如同王汎森所言，傳統中國往近代轉型的過程中，必
需借助諸多「概念工具」，去操作新式的「思想資源」。所謂的「概
念工具」便是近代中國大量湧現的「新名詞」。[11]德國概念史家科塞雷
克（Reinhart Koselleck, 1923-2006）提醒我們，當研究者欲從事概念
史研究時，不可或缺的是對每個時期的辭典（德語辭典、雙語辭典和
多語辭典），以及百科全書、手冊和類屬辭典中適當的條目進行系統
地考查。[12]嚴復曾經提出，辭典是替諸般名詞尋找「歸宿」的落腳
處，[13]對於編纂辭典的出版者來說，辭典更是「啓迪智識之利器」。[14]
猶如臺灣的雙語辭典研究者蔡祝青所云，辭典是詞彙與概念對應關係
已臻穩定的文本，一個詞彙／概念被收錄至辭典當中，就最低限度意

新知三聯書店，2008），頁35-38、55-56。

11 王汎森，〈「思想資源」與「概念工具」——戊戌前後的幾種日本因素〉，
收載氏著，《中國近代思想與學術的系譜》（臺北：聯經出版事業公司，
2003），頁188-191。王汎森在另一篇文章提出，近代中國「感覺世界」
（structure of feeling）和「自我感知的框架」（frames of self-perception）的
變化是值得注意的課題。形形色色的新思想、新概念、新名詞錯綜複雜地
影響「自我感知的框架」，生活在這個由新概念、新名詞交織而成的政治
文化之下的人，看待世界和行動的方式都出現變化。名詞和概念便成爲形
塑個人與社會的重要思想資源。見王汎森，〈中國近代思想文化史研究的
若干思考〉，《新史學》，14:4（臺北，2003），頁189-190。

12 Melvin Richter, "The *Geschichtliche Grundbegriffe*: Relating Political and Social
Concepts to Structural Change," in *The History of Political and Social Concepts:
a Critical Introduction*（New York: Oxford University Press, 1995), p. 39.

13 嚴復在爲《普通百科新大辭典》寫的序言中，提到「識之其必有兆也，指
之其必有櫜也」。要替諸般名詞找其「歸宿」的工作，就落在辭典之上。
見嚴復，〈《普通百科新大辭典》序〉，收入於王栻主編，《嚴復集》（北
京：中華書局，1986），冊2，頁276-277。

14 作新社，〈緒言〉，收載氏編，《東中大辭典》（上海：作新社，戊申
〔1908〕年），頁5。

義而言，這個新詞彙、新概念已進入階段性自我意義的完滿自足，並
且從此封鎖確立的過程（即使這可能是暫時的），同時也標誌著該詞
彙／概念在其歷史情境中佔有一席之地。[15] 本文目的是想要以
"Enlightenment"（現今通譯為啓蒙運動）為例，利用中央研究院近代
史研究所建置的「英華字典資料庫」，並旁及筆者所蒐羅的相關辭
典，探究「啓蒙運動」如何成為 "Enlightenment" 的譯法。本文認為
「啓蒙運動」所構築的、相對穩定的概念網絡，正是體現在辭典之
上。辭典無疑是為新名詞、新概念提供意義落實的重要載體，釐清
「啓蒙運動」在辭典當中規範化、標準化的時間點，將有助於掌握
「啓蒙運動」的發展歷程。

二、「英華字典資料庫」中的「啓蒙運動」

「啓蒙」的語義場域

　　中央研究院近代史研究院耗時多年所建置的「英華字典資料
庫」，是一項可供全文檢索的資料庫，這套資料庫收錄1815年至1919
年間極具代表性的早期英華字典，由外籍宣教士及語言學家，如馬禮
遜、衛三畏、麥都思、羅存德、井上哲次郎、鄺其照、顏惠慶、翟理
斯、赫美玲等人編纂而成，對於本研究極富幫助。[16] 倘若我們利用現

---

15 蔡祝青，〈文學觀念流通的現代化進程：以近代英華／華英辭典編纂
　　"literature" 詞條為中心〉，《東亞觀念史集刊》，3（臺北，2012），頁281。
16 下文徵引這套資料庫的檢索結果時，不另行標記註腳，以（《書名》，年代）
　　的方式標明。關於這一套辭典的特色，蔡祝青有簡明的介紹。見蔡祝青，
　　〈文學觀念流通的現代化進程：以近代英華／華英辭典編纂 "literature" 詞條
　　為中心〉，頁284-306。

今通行的用法「啓蒙運動」進行檢索，則無法找到任何的資訊。本文將「啓蒙運動」拆成「啓蒙」與「運動」這兩項用法，利用這套資料庫進行這樣的檢索。先就「啓蒙」一詞進行檢索，可以在24個條目底下，搜尋到53筆解釋。這24個條目以出版年代的先後次序而論，分別是："TO INSTRUCT"、"TO TEACH"、"TO ENLIGHTEN"（《麥都思英華字典》，1847-1848）。「啓」、「蒙」（《馬禮遜五車韻府》，1865）。"Initiation"、"Instruct"、"School"、"Teach"、"Enlighten"、"Initiate"、"Primary"、"Initiating"、"Rudiment"（《羅存德英華字典》，1866-1869）。"Enlighten"（《盧公明英華萃林韻府》，1872）。"Instruct"、"School"、"Teach"、"Enlighten"、"Initiate"、"Primary"、"Rudiment"（《井上哲次郎訂增英華字典》，1884）。"School"、"Enlighten"、"Initiate"、"Primer"、"Rudiment"（《鄺其照華英字典集成》，1899）。"Fable"、"Initiation"、"Instruct"、"Teach"、"Clarify"、"Irradiate"、"Luminary"、"Primary"、"School-master"、"Exoteric、Exoterical"、"Initiative"、"Primer"、"Rudiment"、"Uninitiated"、"Institutist"、"Propædeutic"（《顏惠慶英華大辭典》，1908）。「啓」、「蒙」（《翟理斯華英字典》，1912）。"Initiation"、"Edification"、"Initiate"、"Initiative"、"Primer"（《商務書館英華新字典》，1913）。"Enlighten"、"Rudiment"（《赫美玲英漢字典》，1916）。這十套辭典內容中，幾乎所有關於「啓蒙」的描述，都當成動詞使用，意義則是「啓迪蒙昧」或是「教導」的用法。作爲形容詞或名詞使用時，仍是從動詞轉化而來的用法，如「啓蒙的」或「啓蒙者」。

在「英華字典資料庫」中「啓蒙」一詞對應的英文是"Enlighten"，若是我們以英文的"Enlightenment"進行搜尋，則可以得到17筆資料，共計11項條目，分別爲："Enlightenment"（《羅存德英

華字典》，1866-1869）。"Enlightenment"（《盧公明英華萃林韻府》，1872）。"Enlightenment"（《井上哲次郎訂增英華字典》，1884）。"Light"、"Enlightenment"、"Illuminati"、"Obscurant"（《顏惠慶英華大辭典》，1908）。"Aufklärung、Auskunft"、"Erleuchtung, innere"（《衛禮賢德英華文科學字典》，1911）。「羊」、「昭」、「菩」、「攜」、「諦」（《翟理斯華英字典》，1912）。"Enlightenment"（《商務書館英華新字典》，1913）。"Enlightenment"（《赫美玲英漢字典》，1916）。在這些與"Enlightenment"相關的條目中，釋義主要分爲三個部分：第一個部分是以「照亮」、「明照」這類型直接針對"Enlightenment"字義翻譯的解釋；第二部分則是與宗教相關的條目，如「大覺」或「菩提」（bôdhi or sambôdhi, ——supreme wisdom or Enlightenment, necessary to the attainment of Buddhahood）這樣的釋義：最後一部分則是「開明」、「文明」、「文化」、「高明」、「知識」、「光明派」和「自信所得道學較他教派更光明者之教黨」這樣的釋義。這三種類型釋義都未出現指稱歐洲的「啓蒙運動」。而以德文"Aufklärung"進行搜尋，就僅得到一筆結果，出現在衛禮賢編纂的《德英華文科學字典》當中。"Aufklärung"在這本辭典中，有兩種釋義：「解釋、註釋、講」（information, explanation）、「文明、文化、開化」（enlightenment, civilisation）（《衛禮賢德英華文科學字典》，1911）。由此可以發現，我們現今熟知的"Aufklärung"尚未被對譯爲「啓蒙運動」，而從英文釋義來看，"Aufklärung"被對譯爲"enlightenment"，但漢語解釋是「文明、文化、開化」，而非「啓蒙運動」。這得以窺見"enlightenment"對譯爲「文明、文化、開化」，可以推估的是在「啓蒙運動」這項譯法出現之前，"enlightenment"是以「文明、文化、開化」的語義在漢語世界被認識的。

在顏惠慶的《英華大辭典》中，出現了「光明派」和「自信所得
道學較他教派更光明者之教黨」這樣的釋義，對應的詞條則爲
"Illuminati"。"Illuminati"這個字與法文的啓蒙運動有關。[17]德國概念史
家科塞雷克曾經提出，研究者針對一個概念進行研究時，需將平行或
相反的概念包含於內，將普遍和特殊之概念加以範疇化，將重疊的兩
個甚至更多的表述方式加以記錄，才得以確立某個特定概念在社會秩
序中的狀態。唯有將流轉衍化的諸種字詞（words）納入同一篇文章
中考慮，意義的交錯、連續或汰除才得以被完整地探詢。[18]對於「概
念史」而言，一個「概念」意味著一個「語義場域」（semantic
field），而不是一個「詞條」（a lexical item）。[19]而所謂「語義場域」

---

17 這個詞彙的相關詞彙爲 "Illuminati"，這個詞彙爲 "enlightened" 之意，一開
始時是用來形容1776年所創立的一個秘密社團 Bavarian Illuminati 的意識
型態與教規。該社團宗旨在於反對宗教迷信、偏見、國家權力的濫用、宗
教介入公眾生活以及鼓吹提倡婦女的教育與性別平等，於1780年代早期
發展臻於興盛。一般咸認，該組織是由參與啓蒙運動的自由思想家所組成
的。在德意志地區，這個組織主要是由懷抱理性精神，主張激進、徹底的
改革理念的官員所組成。這些參與者希冀透過滲透各邦的文武官僚組織，
增加同道的數量，在逐漸能影響各邦的決策與行政之後，進一步落實改革
的理想。見James Schmidt, "Inventing the Enlightenment: Anti-Jacobins,
British Hegelians, and the Oxford English Dictionary," *Journal of the History of
Ideas* 64:3 (July, 2003), p. 434。夏克勤，〈德意志與啓蒙運動
（Aufklärung）──一個初步的反思〉，《新史學》，12：3（臺北，2001年9
月），頁149註35。
18 Reinhart Koselleck, "Introduction and Prefaces to the *Geschichtliche
Grundbegriffe*," trans. Michaela Richter, *Contributions to the History of
Concepts* 6:1 (Summer, 2011), p. 23.
19 Iain Hampsher-Monk, Karin Tilmans, and Frank van Vree, "A Comparative
Perspective on Conceptual History-An Introduction," in Iain Hampsher-Monk,
Karin Tilmans, and Frank van Vree, eds., *History of Concepts: Comparative
Perspectives* (Amsterdam: Amsterdam University Press, 1998), p. 7.

則是指稱以一系列典型的「同義詞」、「反義詞」和「關聯詞」來定義一個概念，並由此形成一個統一的詞彙群。[20]“Illuminati” 與 “enlightenment” 是一種「關聯詞」的關係。利用 “Illuminati” 進行查詢，所得到的結果都是出現在顏惠慶的《英華大辭典》中。若是以 “Illumination” 進行查找，則可以在13個條目下，搜得36筆結果。這些條目分別是：“Illumination”（《衛三畏英華韻府歷階》，1844）。“Illumination”、“Sparkling”（《羅存德英華字典》，1866-1869）。“Illumination”（《盧公明英華萃林韻府》，1872）。“Illumination”、“Sparkling”（《井上哲次郎訂增英華字典》，1884）。“Sunshine”、“Illumination”、“Irradiation”、“Quietist”、“Theosophism”、“Uninspired”（《顏惠慶英華大辭典》，1908）。“Illumination”、“Beleuchtungsstärke”、“Belichtung”、“Erleuchtung”（《衛禮賢德英華文科學字典》，1911）。「炬」、「煌」（《翟理斯華英字典》，1912）。“Illumination”（《商務書館英華新字典》，1913）。“Light”、“Illumination”（《赫美玲英漢字典》，1916）。在這些釋義中，除了前述的「光明派」之外，仍是以 “Illumination” 字面解釋的「光照」、「熒熒」、「輝煌」和「光明」爲主，比較特別的是出現在顏惠慶《英華大辭典》中的「知識啓明」（Intellectual illumination）。這個釋義對應的單字爲 “Irradiation”，本身就有照耀、發光、輻射和啓迪等意思。“Illumination” 和 “enlightenment” 的字面皆有光明之意，在這裡的「啓明」實則與傳統意義的「啓蒙」相關。

　　若是再進一步以「啓明」進行搜尋，則在24個條目下，共計51

---

[20] Iain Hampsher-Monk, Karin Tilmans, and Frank van Vree, "A Comparative Perspective on Conceptual History-An Introduction," p. 2.

筆用法：“STAR”、“DAY-STAR”（《衛三畏英華韻府歷階》，1844）。
“TO DISTINGUISH”、“MORNING”、“DAY-SPRING”、“LUCIFER”
（《麥都思英華字典》，1847-1848）。「启」（《馬禮遜五車韻府》，
1865）。“Clear”、“Distinguish”、“Interpret”、“Prime”、“Lucifer”、
“Day-star”、“Dayspring”、“Morning-star”（《羅存德英華字典》，1866-
1869）。“Morning”、“Star”、“Lucifer”、“Day-star”（《盧公明英華萃林
韻府》，1872）。“Clear”、“Distinguish”、“Interpret”、“Prime”、
“Lucifer”、“Day-star”（《井上哲次郎訂增英華字典》，1884）。“Day-
spring”、“Lucifer”、“Day star”、“Astronomical and Meteorological
Terms”（《鄺其照華英字典集成》，1899）。“Light”、“Prime”、
“Enlighten”、“Irradiate”、“Lighten”、“Phosphorus”、“Day star”、“
Dayspring”、“Irradiation”、“Morning-star”、“Phosphor”（《顏惠慶英華
大辭典》，1908）。“Morgenstern”（《衛禮賢德英華文科學字典》，
1911）。「啓」（《翟理斯華英字典》，1912）。“Clear”、“Prime”、
“Lucifer”、“Dawning”、“Day-star”、“Dayspring”（《商務書館英華新字
典》，1913）。“Star”、“Morning-star”（《赫美玲英漢字典》，1916）。
這些字典中出現的「啓明」，主要環繞在「啓明星」這樣的描述。
《羅存德英華字典》和《井上哲次郎訂增英華字典》則分別出現以
“Distinguish”和“Interpret”對譯的「啓明」，顏惠慶《英華大辭典》則
出現“Enlighten”的對譯，釋義則爲「開通、開化、教導、啓明（To
instruct）、照亮人心、啓人蒙昧（as, to enlighten the heart or mind）、
明見、高見（enlightened views）」（《顏惠慶英華大辭典》，1908）。

　　若是以「開明」一詞進行搜尋，則在8個條目下，共計12筆用
法：“LIST”（《馬禮遜英華字典》，1822）。“LIST”（《麥都思英華字
典》，1847-1848）。“Statement”（《羅存德英華字典》，1866-1869）。

"List"（《盧公明英華萃林韻府》，1872）。"Statement"（《井上哲次郎訂增英華字典》，1884）。"Backward"、"Light"、"Clarify"、"Irradiate"、"Enlightenment"（《顏惠慶英華大辭典》，1908）。「開」（《翟理斯華英字典》，1912）。這當中只有顏惠慶編纂的《英華大辭典》出現本文討論的意涵，其餘釋義皆爲「檢點」、「開明數目」一類的意涵。在《英華大辭典》中出現「未開明的」、「啓蒙」、「開明」這樣的用法。其中，在"clarify"（to make clear）詞條下的釋義有「啓蒙、開明、提醒、使清醒、使明瞭、使清澄」等用法（《顏惠慶英華大辭典》，1908）。在"Enlightenment"（State of being enlightened）詞條底下，則出現「文明、文化、開明」的釋義（《顏惠慶英華大辭典》，1908）。透過「啓明」和「開明」這兩個詞彙的梳理，我們可以得知無論是「開明」或「啓明」都與「啓蒙」的關聯意義產生連結，與"enlightenment"的關聯詞彙亦產生連結。

（二）「運動」的語義場域

　　「運動」一詞在這套資料庫中，則可以檢索到173個條目，總共254筆解釋。筆者曾經提出「運動」一詞在晚清思想知識界中兼有三義，第一義是謂身體上的活動、體育活動之代稱。第二義乃是觀察者見某物體相對於他的位置發生變化，即稱該物在運動，如機器運動或天體運動之說。最後一義則爲在社會群眾間，有意義的宣傳活動，亦或是指稱集體／群體的行動，較爲接近今日習知的社會行動（social movement）之意。[21]在1822年出版的《馬禮遜英華字典》中，「運動」

21　見陳建守，〈啓蒙如何運動：近代中國「啓蒙運動」的概念史〉（臺北：國立臺灣大學歷史學研究所博士論文，2016），頁45-48。

一詞之範疇屬於前文所探討的前兩種意義，如在 "exercise" 條目下所指陳的「運動氣血」，這般身體上的活動、體育活動之「運動」（《馬禮遜英華字典》，1822）。或是如在 "Accelerate" 條目底下指稱憑藉外力的因素，促使物體轉動之「運動」（《馬禮遜英華字典》，1822）。羅存德編纂的字典在 "Motion" 條目下，則有「天體運動」（the motion of the heavenly bodies）的描述（《羅存德英華字典》，1866-1869）。從詞條單字的挑選上，這兩種意義的「運動」，基本上一直延續到19世紀末所編纂的各色辭典。井上哲次郎所編纂的《訂增英華字典》出現 "movement" 這個條目，但其用法仍處於「機之行（運）動」（the movement of machinery）和「天體運動」（the movement of the heavenly bodies）的範疇（《井上哲次郎訂增英華字典》，1884）。井上哲次郎的《訂增英華字典》底本乃是來自羅存德編纂的《英華字典》的翻刻版，並增加新的譯詞。因此，《增訂英華字典》延續羅存德的譯法實屬合理的情況。[22]

　　這個情況到了 1908 年顏惠慶所編纂的《英華大辭典》開始出現新的釋義，在 "Canvass" 詞條底下（《顏惠慶英華大辭典》，1908），其釋義有「求照應、營求、運動、求人選舉」，相對應原文為 "Solicitation or efforts to obtain"；另一條原文的解釋 "To go through in the way of solicitation" 對應中文則是「運動、營求、求人選舉、兜攬」

---

22 根據沈國威的研究，《訂增英華字典》在譯詞上新增了 6200 條以上的譯詞，但不確定是否全部皆出自於井上哲次郎的手筆。這些譯詞經過學者的清理，大約有 9% 是出自井上哲次郎的增補。見沈國威，〈近代英華辭典環流——從羅存德、井上哲次郎到商務印書館〉，《關西大學東西學術研究所紀要》，47（大阪，2014），頁 23-28。

等。[23]而在介係詞"For"的詞條下，其漢語釋義爲「作爲之目的、運動之趨向」（The point toward which a motion is made）（《顏惠慶英華大辭典》，1908），亦可看出「運動」已經從身體或物體上的歸屬意涵，轉向思想智識或社會文化上的「運動」。在"Intigue"這個詞條下，更可以看出「運動」的社會化意涵，其釋義爲「設計、陰謀、密計運動、植黨營私（每期以暗謀而遂心志）」（To form a plot, usually intended to effect some purpose by secret artifices）（《顏惠慶英華大辭典》，1908）。以上所言，是針對漢語「運動」一詞所旁及的外文詞條及其所關涉的語義場域。

而在"movement"這個詞條，已經開始出現不同於前面兩種意涵的「運動」敘述，如在政治上的「公黨」，對應的原文爲"party of movement"，用來描述一個人「舉動」、「行動」，對應的是" the movements of a person"（《顏惠慶英華大辭典》，1908）。在"counter-movement"詞條底下，「運動」完全對應"movement"，意指「反對運動、逆動、抵制之舉動」（《顏惠慶英華大辭典》，1908）。在《翟理斯華英字典》中，「運」這個單字則出現「運動」，解釋則爲"to go round and be in motion; to influence a person, — as by bribes"，這項解

---

23 無論是「啓蒙」或「運動」，在「英華字典資料庫」中，可以查詢到的相關資料以顏惠慶的《英華大辭典》所佔最爲大宗。這是因爲顏惠慶在主導編輯這部《英華大辭典》時，已經清楚認知到，這將是一部「群書總匯」、「具體而微之百科全書」。該辭典以英國的納韜耳辭典（*Nuttall's Standard Dictionary of the English Language*）爲底本，添加字意（definition）的內涵，並加上漢語釋義。除了翻譯匯入英美兩大體系的重要辭書，《英華大辭典》更廣泛參考各類書籍，堪稱「集華英諸合璧之大成也」。見蔡祝青，〈文學觀念流通的現代化進程：以近代英華／華英辭典編纂"literature"詞條爲中心〉，頁304-305。

釋就包括三種意義的「運動」（《翟理斯華英字典》，1912）。第三種意義的「運動」明顯地是以人爲因素去影響或促成某種行動或結果的演變。

　　若是進一步地追索「運動」的用法，顏惠慶《英華大辭典》出現「運動」一詞的原文 "Movement" 被解釋爲「（軍）行動、運動」，其原文爲 "The regular orderly motions of an army, comprehending marches, manœuvres, etc.."。這等於進一步詮釋「運動」的社會意涵，是一種有組織的行動（《顏惠慶英華大辭典》，1908）。不過，"Movement" 並非首次亮相在顏惠慶的《英華大辭典》中，其最早已然出現於1866-1869年間所出版的羅存德《英華字典》，惟解釋乃是「天體運動」（the movement of the heavenly bodies）（《羅存德英華字典》，1866-1869）。顏惠慶編纂的《英華大辭典》兼有這兩種意涵，但社會化的「運動」釋義則是首次出現於《英華大辭典》中。若是以收錄德文原文的衛禮賢《德英華文科學字典》而論，所出現的漢語「運動」釋義，均是指陳物體、星體或球體的物理、天體「運動」，並未出現其他涵義的「運動」。"Movement" 一詞並未出現在《德英華文科學字典》中，顯見彼時作爲社會化意涵的 "Movement" 在這一本德文字彙辭典中，尚未被加以重視使用，無法成爲對應詞彙，意義不彰。再以 "Movement" 的德文對應字 "Bewegung" 或 "Regung" 進行查考，所得到的漢語釋義均爲物理意涵的「運動」，而其對應的英文則爲 "motion"，亦可作爲一項旁證。需要注意的是，即便到1916年出版的《赫美玲英漢字典》，社會化意涵的「運動」，無論是作爲詞條或是釋義出現，在這套資料庫中仍屬於小眾的用法，大宗的用法仍是集中在前兩種意義的「運動」。

　　此外，「運動」的詞類變化，亦開始從動詞轉變成爲名詞。如

《赫美玲英漢字典》，在 "Movement" 條目底下，收錄了與心理相關的詞彙，如「本能運動」（Instinctive Movement）、「自由運動」（Voluntary Movement）或「無定運動」（Random Movement）等用法（《赫美玲英漢字典》，1916），開始成爲以名詞出現的接尾語，這等如是「啓蒙運動」的時代先行者，替「啓蒙運動」的出現預先鋪設思想的溫床。

　　無論是 "Movement" 或「運動」在意義上，都有隱隱然往前（某處）行進、發展的意義，在漢語的意涵上可能與「進步」一詞互相重疊。若是以「進步」進行檢索，則可以發現的確有互相重疊之處。如顏惠慶《英華大辭典》中，在 "Current" 詞條底下，就有「進步」的漢語釋義，對應原文爲 "progressive motion or movement"（《顏惠慶英華大辭典》，1908）。在《英華大辭典》中，"Movement" 的漢語釋義就出現「進步」作爲其中一種解釋，其原文對譯之一即爲 "progression"。（《顏惠慶英華大辭典》，1908）無論是 "progress" 或 "progression"，都是具有長進、前進、進步等意涵。再以顏惠慶《英華大辭典》爲例，在 "progress" 條目底下，就有「知識或精熟之進步、社會、道德、宗教或政治之進步」等釋義（《顏惠慶英華大辭典》，1908）。而 "progression" 的解釋就是「進步」（intellectual advance）（《顏惠慶英華大辭典》，1908），其原文還特別強調思想智識上的進展。"progress" 亦曾與 "civilisation" 成爲「文明進步」，出現在衛禮賢編輯的《德英華文科學字典》的 "Kulturfortschritt" 詞條底下（《衛禮賢德英華文科學字典》，1911）。上文提過，在《德英華文科學字典》有 "Aufklärung" 這項詞條，該詞條有兩種釋義：「解釋、註釋、講」（information, explanation）、「文明、文化、開化」（enlightenment, civilisation）（《衛禮賢德英華文科學字典》，1911）。

文明、文化和開化三個詞彙在 "Aufklärung" 這項詞條下被綰連在一起。若是進一步以 "civilization" 進行查考，則可在商務印書館的《英華新字典》中，有「教化、進化、進步、感化、禮文」的釋義（《商務書館英華新字典》，1913）。而在 "Obscurant" 這項條目底下，其漢語釋義爲「仇視開化者、妨礙學問進步之人、絕智學者」，其原文對譯爲 "An enemy to modern enlightenment"（《顏惠慶英華大辭典》，1908）。此處以小寫的 "enlightenment" 作爲表述形式，指陳者當然是「啓蒙、開化」一類的涵義，進一步從漢語釋義來看，「啓蒙、開化」就是一種人類「進步」的狀態。在下一個詞條 "Obstructionist" 中，更是直接以「阻礙進步者」進行解釋（《顏惠慶英華大辭典》，1908）。

　　1913年，商務印書館出版《英華新字典》則延續這項釋義，將 "Obstructionist" 解釋爲「妨礙學問進步之人」（《商務書館英華新字典》，1913）。在 "Progressionist" 這詞條下，則直指「天演家（An evolutionist）、進步論者、進化論者、主張時勢進步者、信文化日漸改良者（one who believes in human progress）」（《顏惠慶英華大辭典》，1908）。「進化」一語的對應原文爲 "Evolution"。"Evolution" 作爲詞目，最早於羅存德的《英華字典》出現，惟當時解釋爲「展開者」（the act of unfolding）、「步武」（evolution of troops）。（《羅存德英華字典》，1866-1869）。具備晚清的天演或進化意涵的 "Evolution" 出現在顏惠慶的《英華大辭典》中，且詳加解釋爲「進化、物種天演、物種淘汰（萬物之體質功用自單純至複緟循天例淘汰進變、或有限是說於有機世界、亦有推之以及於無機及心靈世界）、亦用是說以解社會文辭風化等之進化。」（《顏惠慶英華大辭典》，1908）。

　　綜而言之，「啓蒙」與「文明」、「開化」等詞彙猶如掌之眾指，相互關涉。「開化」一詞本來就與「文明」出現在同一個語義場域，

這個語義場域又與「進步」產生關聯。例如，《翟理斯華英字典》中的「文明」，釋義就爲"refined"、"enlightened"、"civilized"、"clear-sighted"、"inclined toward progress"（《翟理斯華英字典》，1912），明確指出朝向進步的傾向。有論者指出，在現代漢語中「進步」與英語的"progress"具有對譯關係，主要作形容詞使用，同時也有動詞和動名詞的用法，意爲事物、性質不斷向好的方向進展。可以說「進步」之語義由人的移動，轉變成社會的發展。這種意義用法的變化發生在19世紀的日本，爾後擴展到漢語。[24] 這如同是達爾文自然界「物競天擇，適者生存」的翻版，在本質上將社會的「進步」等同於自然的「進化」。「進步」的隱喻和理念，又展現在「運動」這個詞彙之中。因此，作爲文明開化表現的「啓蒙」，就是暗含文明進步意義的「啓蒙運動」。當「啓蒙」遭遇上具有社會意涵的「運動」時，「啓蒙運動」就成爲一個隱隱然往前發展、朝向未來邁進的詞彙。承負「進步」意涵的「啓蒙運動」，便成爲一個線性進化史觀涵納時間隱喻性的詞彙。

三、其他辭典中的「啓蒙運動」

除了上文述及的這套「英華字典資料庫」之外，本文也應該對照其他未能全文檢索的字典，檢視相關的線索。上文所引用的《翟理斯華英字典》是出版於1912年的第二版。《翟理斯華英字典》初版於1892年。在1892年的版本中，收錄有「啓」（To explain; to open; to inform; to state. To begin）、「啓蒙」（to instruct the young or ignorant）

---

24 沈國威，〈近代關鍵詞考源：保守、進步、進化、退化、退步〉，《東亞觀念史集刊》，6（臺北，2014），頁302-323。

和「開明」（to state clearly）的用法。[25]這三項用法與1912年版本的描述相同，不過，《翟理斯華英字典》初版本中並未收錄有「文明」和「運動」的用法，只收錄了「運」（To turn round; to revolve; to make to go round; a turn or revolution of destiny; a circuit or period of time. To transport, as goods.）的用法。[26]1900年，中國內地會英國籍傳教士鮑康寧（F. W. Baller）爲了傳教所用，編輯了華英字典，該字典由上海美華書館出版。這本字典收錄有作爲動詞的「啓蒙」（To instruct the young）[27]和「運動」（to move about; to exercise; to revolve; to use one's own powers）[28]。作爲動詞的「運動」已經出現有人爲操作涵義的 "to use one's own powers"。透過這幾本初版於19世紀末葉的辭典，我們可以得知作爲名詞的「啓蒙」和「文明」都尚未出現。作爲名詞的「運動」，僅是停留在字面意義的「移動」之語感。作爲一個觀察的切面，當時中國社會對於詞彙的使用仍較爲單一，只能以動詞這樣原初的形式去描述事物，尚未出現更加細致的用法。

　　1913年，一本標舉當時中國新詞彙和措辭方式的辭典（附有英譯）在上海付梓出版，編者是一位在中國居住長達53年的傳教士Evan Morgan（莫安仁，1860-1941），在這本辭典中可以翻檢到「進

25 Herbert A. Giles, *A Chinese-English Dictionary*（London, B. Quaritch; Shanghai [etc.]: Kelly & Walsh, limited, 1892）, pp. 108, 597.

26 Herbert A. Giles, *A Chinese-English Dictionary*, p.1352.

27 F. W. Baller, *An Analytical Chinese-English Dictionary Compiled for the China Inland Mission*（Shanghai: China Island Mission and American Presbyterian Mission Press, 1900）, p.35.

28 F. W. Baller, *An Analytical Chinese-English Dictionary Compiled for the China Inland Mission*（Shanghai: Kelly & Walsh, 1913）, p.546.

步」（To progress in learning）、「進化」（To civilize）[29]、「開化」（To civilize）[30]、「開通風氣」（To enlighten）[31]、「運動」（To stimulate, advance, encourage. Spur on）[32]和「文明」（Civilized）[33]等詞彙。若是利用本書的英文索引，則"movement"對應在「動作」一詞。[34]在這本字典中，並沒有收錄「啓」或「啓蒙」等字彙，這便表示「啓蒙」是一個舊有的詞彙，並不在前述作者定義的「新詞彙」行列當中。不過，需要注意的是這些詞彙大部分仍是以動詞的形式出現。

莫安仁在1922年出版一本漢英文本對讀的《新名詞成語彙編》，全書分成13項主題篇章，該書在書前序言敘明，凡遇到新名詞者會在底下加劃橫線加以表示。[35]其中在「教育篇」中有「……做一個中國科學運動的先鋒」這裡的運動對譯的原文爲「to be the precursor in a propaganda of science」。另一個例子是「在各國文化運動時都有這種現象」（There are such phenomena in every country, during times of

---

[29] Evan Morgan, *Chinese New Terms and Expressions with English Translations, Introduction and Notes*, p.33.

[30] Evan Morgan, *Chinese New Terms and Expressions with English Translations, Introduction and Notes*, p.78.

[31] Evan Morgan, *Chinese New Terms and Expressions with English Translations, Introduction and Notes*, p.79.

[32] Evan Morgan, *Chinese New Terms and Expressions with English Translations, Introduction and Notes*, p.164.

[33] Evan Morgan, *Chinese New Terms and Expressions with English Translations, Introduction and Notes*, p.154.

[34] Evan Morgan, *Chinese New Terms and Expressions with English Translations, Introduction and Notes*, p.148.

[35] Evan Morgan, "Introduction," in *Colloquial Sentences with New Terms: Chinese and English texts*（Shanghai: Kelly & Walsh, 1922）, p.iii.

cultural advance）。³⁶這裡的運動，對譯的單字爲 "advance"，可以看出同樣具備有向前邁進發展的意涵。在「普通篇」中，則有「設法撲滅我們的文化運動」（have devised means to extinguish our movements toward progress）。³⁷這裡的「運動」對譯的是 "movement"，「文化」對譯的則是 "progress"，可以揣想當時對於文化的預設是一種進步的傾向。在「歷史篇」中，「十五十六世紀的知識運動，開以後新觀念的先路」（The movements of the human understanding in the 15th and 16th centuries prepared the way for a new conception）。「運動」對譯的仍是 "movement"。下一句是「他不贊成啓蒙時期的歷史家，來評判過去的事情」（He does not support the historians of the early ages in their criticisms of past events）。³⁸這裡的啓蒙時期，從英文的對譯上無法看出是指陳歐洲啓蒙運動這個歷史時段。不過，接在前一句「十五十六世紀的知識運動，開以後新觀念的先路」之後，用「啓蒙時期」來指稱歐洲啓蒙運動是可能的選項。在「勞工篇」中，「熱心勞動運動的人」（people zealous in the labour propaganda）。³⁹「運動」被莫安仁定義爲新名詞，因此在名詞底下劃線。在「哲學篇」中，則有「像看待行星底運動」（Just the same as we look on the movement of the stars）、「一種是機械的運動，一種是有生命的運動」（One kind is a

---

36 Evan Morgan, *Colloquial Sentences with New Terms: Chinese and English Texts*, pp. 18-21.
37 Evan Morgan, *Colloquial Sentences with New Terms: Chinese and English Texts*, pp. 34-35.
38 Evan Morgan, *Colloquial Sentences with New Terms: Chinese and English Texts*, pp. 40-41.
39 Evan Morgan, *Colloquial Sentences with New Terms: Chinese and English Texts*, pp. 44-45.

mechanical movement. One kind is a vital movement）。[40]「宗教篇」中的描述則為「最易激起他們的革命運動」（It is most easy to stir up their revolutuionary propaganda）。[41]「社會篇」中的敘述是「勞動運動底主義和主張」（The aims of the labour movement and the opinions advocated）。[42] 從這些例子中，可以由此看出「運動」一語，既可以對應成 "movement"，亦可以作為一種 "propaganda" 的形式。近代中國的啓蒙運動就擁有這兩種特性（複義性），一方面是一種邁向未來發展的運動過程，另外一種則是宣傳鼓吹革新工作的運動形式。

莫安仁的這本《中英新名辭典》在二十年後出版增訂新版，莫安仁解釋新名詞是伴隨新觀念而生的，因此對於現代讀者來說，一部新名詞辭典是必要的工具。[43] 這本辭典分成三大部分，第一部分為漢英辭典以及補充詞彙，主要收錄來自日語、法律和新舊名詞的用法。例如「場合」（position, state）[44]、「獨逸」（Germany）[45]，就被標明是來自日語的詞彙。第二部分為同源字詞及其定義，是一整組傳遞普遍和基本觀念的互相關連字詞，譬如「種」、「類」、「科」和「界」等字

[40] Evan Morgan, *Colloquial Sentences with New Terms: Chinese and English Texts*, pp. 96-97.

[41] Evan Morgan, *Colloquial Sentences with New Terms: Chinese and English Texts*, pp. 124-125.

[42] Evan Morgan, *Colloquial Sentences with New Terms: Chinese and English Texts*, pp. 148-149.

[43] Evan Morgan, "Introduction," in *New Terms: Revised and Enlarged with English Translations, Classifications, Introduction and Index*（Shanghai: Kelly & Walsh, 1933）, p.i.

[44] Evan Morgan, *New Terms: Revised and Enlarged with English Translations, Classifications, Introduction and Index*, p.12.

[45] Evan Morgan, *New Terms: Revised and Enlarged with English Translations, Classifications, Introduction and Index*, p.429.

詞。[46]於此，有法國叢書派（French Encyclopaedists）[47]。第三部分爲英文索引。在這本增訂版的《中英新名辭典》中，已經出現「啓蒙哲學」（illumination philosophy）[48]，這明確是意指歐洲啓蒙運動的哲學思想。「啓蒙」這個舊詞彙，加上這個來自日本的「哲學」[49]，成爲一個新名詞。比較特別的是已經出現各式各樣以「運動」作爲接尾語的詞彙：「政治運動」（Political movement）、「劇烈運動」（intense activity）、「知識運動」（intellectual propaganda）、「金錢運動」（To promote by bribery）、「反射的運動」（Deflected movement）、「新潮流」（New movements）、「開始運動」（To open a propaganda）、「波動」（wave movement）、「不等速運動」（momentum of disparate velocities）、「示威運動」（parade）、「大活動」（Great movement）、「大運動」（Major propaganda）、「等速運動」（Uniform motion）、「動作」（Practice; activity; movement）、「自由運動」（Freedom of propaganda）、「衛生運動」（Health movement）、「文化運動」（cultural movement）、「有生命的運動」（Having life movement）和「運動」（Propaganda, movement from rest, exercise, promote）等詞彙。

　　從莫安仁所引用的這些例子來看，"movement"作爲社會／集體

---

46 Evan Morgan, *New Terms: Revised and Enlarged with English Translations, Classifications, Introduction and Index*, pp. 526-529.

47 Evan Morgan, *New Terms: Revised and Enlarged with English Translations, Classifications, Introduction and Index*, p. 533.

48 Evan Morgan, *New Terms: Revised and Enlarged with English Translations, Classifications, Introduction and Index*, p. 38.

49 川尻文彥曾提出「哲學」乃爲和製漢語。見川尻文彥，〈「哲學」在近代中國——以蔡元培的「哲學」爲中心〉，收載孫江、劉建輝主編，《亞洲概念史研究》（北京：生活・讀書・新知三聯書店，2013），輯1，頁66-83。

運動的代稱已經大致底定，1920年代，知識人已經有意識地區分身體的運動、星體的運動和集體的運動，這三者所對應的英語詞彙，作為社會／集體運動的 "movement"，原先是附屬在作為身體和星體的運動而出現，如今卻駸駸然鼎足而三成為 "movement" 的對譯用法。這一方面可以詮釋語言發展的日新月異，另一方面則可解釋外在社會情勢對於 "movement" 的理解，已然從物理方面的意涵轉向社會文化的意涵。而原本漢語中的「運動」亦因政治情勢和社會脈絡的改易和多樣，增添更多的用法和意義。

　　同樣是處理新詞彙的課題，狄愛文德（Ada Haven Mateer, 1850-1936）編纂的《新概念之新詞彙：漢語報刊研究》是另外一項可資討論的文本。[50] 在這本字典中，有「文明」（Civilized, enlightened; up-to-date, now often used in advertisements for "western style," as 文明剪髮處, "Foreign-style Barber Shop"）。[51] 在第27章歐洲文明第一部分的相關名詞下，有「運動」一詞，其對譯為 "Athletics, gymnastics, physical exercise"。[52] 另一項「運動」的對譯則為 "To stir up, to set others to work; to work for private ends"，有所謂「金錢運動」（to use money in attaining end）的用法。[53] 從「進步」的對譯來看（Progress, a step in advance, an advance; to make an onset or dash），作為名詞的「進步」

[50] Ada Haven Mateer, *New Terms for New Ideas: A Study of the Chinese Newspaper*（Shanghai: The Kwang Hsueh Publishing House, 1913）.

[51] Ada Haven Mateer, *New Terms for New Ideas: A Study of the Chinese Newspaper*, p. 39.

[52] Ada Haven Mateer, *New Terms for New Ideas: A Study of the Chinese Newspaper*, p. 70.

[53] Ada Haven Mateer, *New Terms for New Ideas: A Study of the Chinese Newspaper*, pp. 104, 118

是新詞彙，跟上文討論作爲動詞的「進步」性質已經產生變化。[54]狄愛文德的這本書在1917年出版姊妹篇《新詞彙手冊》。《新概念之新詞彙：漢語報刊研究》曾經在1913、1915年出版過兩次，《新詞彙手冊》並不全然從《新概念之新詞彙：漢語報刊研究》的內容選取詞彙，且有些在《新概念之新詞彙：漢語報刊研究》出現過的詞彙已經被新出的詞彙所凌駕取代，本書可視爲是《新概念之新詞彙：漢語報刊研究》的新版本。對於所謂「新詞彙」的定義，《新詞彙手冊》認爲即使早已存在古典文本或口語用法的詞彙，惟其使用流傳不廣，仍可以「新詞彙」視之。或是本來存在於口語用法的詞彙，後來進入報刊的書寫用法中，仍是以「新詞彙」看待之。又或者是某些字詞獲致新的價值意義，特別是那些本來僅限於字面用法的詞彙，爾後使用的範圍擴及比喻或象徵的意涵，亦可充任「新詞彙」的行伍。譬如「價值」一詞，最初用以形容文章的價格，爾後則成爲形容道德高低的詞彙。[55]《新詞彙手冊》第一部分被定名爲Hand book of new terms and newspaper Chinese，是英漢對照的用法。這部分與本章有關的是「Enlightened（文明）」、「Progress（V.）進行（步）」、「Progress（n.）進步」和「Progress of civilization（進化）」。[56]第二部分則爲vocabulary of new terms and newspaper Chinese，是漢英對照的用法。內中同樣沒有收錄「啓蒙」。「金錢運動」、「進步」、「文明」和「運動」的用

---

54 Ada Haven Mateer, *New Terms for New Ideas: A Study of the Chinese Newspaper*, p. 107.

55 Ada Haven Mateer, "Preface," in *Hand Book of New Terms and Newspaper Chinese* (Shanghai: The Presbyterian Mission Press, 1917), pp. 1-2.

56 Ada Haven Mateer, "Preface," in *Hand Book of New Terms and Newspaper Chinese*, pp. 42, 103.

法，與《新概念之新詞彙：漢語報刊研究》相同。

　　1933年，狄愛文德出版增補版的《新概念之新詞彙：漢語報刊研究》。[57]在本書中，有所謂「進化世代」（Age of progress）的用法。[58]「運動」的對譯則為："to move; to be in motion; to influence; to exercise; physical exercise; field sports; to stir up; to work for private ends; to set influence at work; agitation; propaganda movements"。從這些對譯的英文解釋來看，「運動」在當時的漢語中已經具備有"propaganda movements"的意涵。「運動」條目底下，列出許多以運動為接尾語的詞彙，計有「勞動運動」、「動物運動」、「改正運動」、「文化運動」、「機械底運動」、「生命底運動」、「私自運動」、「科學運動」、「自由運動」、「革命運動」。從這些挑選的詞彙來看，作為"propaganda movements"的「運動」，其衍生意涵，已然超過原初作為"physical exercise"的「運動」的使用方式。[59]

　　1931年，馬守真（R. H. Mathews）在上海出版《漢英字典》，[60]這本辭典可以視為是鮑康寧字典的增補版。[61]在這本字典中，「進化」對譯為"progress; culture"，「進步」則對譯為"advance; progress; to

57 Ada Haven Mateer, *New Terms for New Ideas: A Study of the Chinese Newspaper*（Shanghai: The Kwang Hsueh Publishing House, 1933）.

58 Ada Haven Mateer, *New Terms for New Ideas: A Study of the Chinese Newspaper*, p. 1.

59 Ada Haven Mateer, *New Terms for New Ideas: A Study of the Chinese Newspaper*, p. 1163.

60 R. H. Mathews, *A Chinese-English Dictionary Compiled for the China Inland Mission*（Shanghai: China Island Mission and Presryterian Mission Press, 1931）.

61 向際宇，〈近代西方漢學字典初探〉，《辭書研究》，4（上海，2010），頁120。

take steps forward".[62] 從狄愛文德的增補與馬守眞的對譯上，可以看出 "progress" 在漢語的對譯上，可以作爲「進化」亦可作爲「進步」，這兩種漢語對譯，正顯示出晚清以來線性進化論的流行與普及。而這又與「運動」背後的意涵相互勾連在一起，便間接證成「啓蒙運動」是一種向未來進步的線性發展過程。[63]

四、日語辭典中的「啓蒙運動」

　　在1870年前後，日本出現詞彙的大量更新，這是因爲外來的新概念湧入日本，爲了翻譯這些新概念，造就了新詞彙的出現。日本在編纂雙語辭典上，起步晚於中國。羅存德的《英華字典》影響了日本初期編纂日英辭典的嘗試。在英和辭典尙未問世的情況下，日本的知識人藉助英華辭典作爲理解英文的捷徑，以及爾後作爲英和對譯時的日譯參考。自19世紀末以迄20世紀初，日本對於英和辭典的編纂取得長足的進步，不僅在漢語譯詞方面大爲增加，而且使之成爲符合新時代的新名詞。[64]1891年，大槻文彥編輯的《日本辭書言海》出版，正是日本轉向字詞和百科全書式辭典的最佳例子。日本在這段期間編

---

62 R. H. Mathews, *A Chinese-English Dictionary Compiled for the China Inland Mission*, pp. 151-152.

63 「過程」一詞的翻譯，同樣可看出時間的隱喩。景昌極在一篇批評五四以降，對於新名詞的使用「行文不適」的例子中，提及「如 process 不譯爲『步驟』而譯爲『歷程』、『過程』、『經程』之類」。見景昌極，〈評近今群籍說理文之失〉，《文哲學報》，1（南京，1922），頁1。若是將 process 翻譯爲「步驟」，則只展現了先後次序的語感，翻譯成「歷程」和「過程」則非但有次序的語感，還帶有從過去往現在發展的語義。

64 陳力衛，〈19世紀至20世紀的英華辭典與英和辭典的相互影響——中日近代新詞往來的渠道之一〉，收載王宏志主編，《翻譯史研究》（上海：復旦大學出版社，2012），輯2，頁104、115。

輯出版的雙語、多語或術語辭典，內中所出現的新名詞，不僅有來自
日本獨創的名詞，還有許多是從19世紀後半葉英華字典所吸收而來
的產物。這些詞彙在進入20世紀以後，讓日本成爲東亞的開創者，
成爲晚清中國辭典編纂者重要的參考資源。爲了快速吸收來自西方的
新思想和新概念，以英和辭典爲編輯藍本的模式成爲當時中國辭典編
纂者汲取新詞的一種捷徑。[65]1908年，作新社爲了因應如過江之鯽湧
入的日本書籍，編譯了《東中大辭典》。這本辭典編譯的目的在於理
解東籍之中的專門術語，原因在於「專門術語，則因中國尙無成語之
故，往往襲用原語而不改。」[66]這本辭典取名「東中大辭典」，是要強
調「東語辭典」在學習新學上的重要性，[67]因此一改往例，將日本的

---

65 見高野繁男著，于日平譯，〈《英華字典》與英日辭書——中日英語辭典
中譯詞的交流〉，收入王勇主編，《中日漢籍交流史論》（浙江：杭州大學
出版社，1992），頁392-402。陳力衛，〈19世紀至20世紀的英華辭典與英
和辭典的相互影響——中日近代新詞往來的渠道之一〉，頁115。Milena
Doleželová-Velingerová, "Modern Chinese Encyclopaedic Dictionaries: Novel
Concepts and New Terminology (1903-1911)," in Milena Doleželová-
Velingerová and Rudolf G Wagner eds., *Chinese Encyclopaedias of New Global
Knowledge (1870-1930): Changing Ways of Thought* (Heidelberg: Springer
Science & Business Media, 2014), pp.289, 297, 299。不只是辭典，日本針對
百科全書的翻譯計畫亦加速了日本的國語運動，吸納西方知識創造新詞，
使得日文不再過渡依賴漢文。見任達（Douglas R. Reynolds）著，吳偉明
譯，〈德川及明治時期的參考書目與日譯西書對中國的衝擊〉，收入吳偉
明主編，《在日本尋找中國：現代性及身份認同的中日互動》（香港：香
港中文大學出版社，2012），頁169。
66 作新社，〈緒言〉，頁1。
67 編纂者是這樣說的：「學者苟欲藉譯本以求新智識，勢非先盡通此等術
語，有所不能。而彙輯此等術語之書，又徧索出版界而弗可得，甯非憾事
耶。夫以習東文東語者，如此其盛，則東語辭典宜有善本。新書譯出如此
之多，則新學辭典，宜有專書。」見作新社，〈緒言〉，頁2。

「東」置於中國的「中」之前。[68] 在這本辭典中，「啓」的詞條中沒有關於「啓蒙」的用法。[69]「運動」一語則有兩項用法：1.「（英）Motion 謂變物體之位置，然於運動中而靜止者有之。例如乘火車者，對土地雖爲運動，對火車則爲靜止之類是也。故物體之運動，須以其所對之物爲標準。通常所稱運動者，對自己及地球而言也。」2.「斡旋也鑽營也。」[70] 若是以片假名拼音進行檢索，則有 "Illumination" 一詞，釋義爲：「滿張電燈爲飾」。[71] 筆者遍查這本辭典中，無法尋得與「啓蒙運動」相關的描述。這是意味著「啓蒙運動」尚未進入時人的視野？亦或是「日本書報、華譯新書中所散見之語」，[72] 無法覓得「啓蒙運動」的蹤跡？這必須從檢視日本所編纂的雙語辭典入手，才能進行合理的推斷。1885年，由中村正直題辭「我情以是啓書鑰，可造學術精，寄語青年人，光陰不可輕，須成有用材，不枉過一生」的《大全英和辭書》出版，內中尚未出現 "enlightenment" 這項名詞，只有出現相關的 "enlighten" 和 "enlightener"，兩項詞彙的對譯是照亮和照亮者。[73]

---

68 「中國向例，凡外國語字書，不問性質如何，其署名皆以本國名冠首，而置外國名於下。如以中語注解英語之字典，顏曰華英字典。……然本書則獨異乎此例，不曰中東辭典而曰東中辭典。」見作新社，〈緒言〉，頁3。

69 作新社，《東中大辭典》，頁252。

70 作新社，《東中大辭典》，頁1224。

71 作新社，《東中大辭典》，頁1417。

72 編纂者對於詞彙選擇的範圍和標準在於「凡日本現用之雅語、俗語、新語、古語及政治、法律、經濟、哲學、倫理等形上諸學之術語。理化、博物、天文、地文等形下諸學之術語，以至日本書報、華譯新書中所散見之語，無不廣加搜採，羅列篇中，其注解之法，就尋常日用語，則用對譯法，以雅語、俗語分別解釋。就專門學術語，則以時文體解釋之，而均以簡括明瞭爲主。」見作新社，〈緒言〉，頁3。

73 箱田保顯纂譯，《訂譯增補大全英和辭書》（東京：日報社・誠之堂，明治18〔1885〕），頁197。

1894年出版的《英和新辭林》中出現有 "enlightenment" 對譯則爲照亮、開化、教化和文明。[74]1905年，新渡戶稻造編輯的《新式日英辭典》出版，在該辭典中有「Bummei kaikwa（文明開化）」，對應的英文爲 "civilisation"。[75]而在「Bummei（文明）」的詞條中，對譯的英文則爲："civilisation; culture; enlightenment。Refined; civilised; enlightened。"[76]從這個內容編排來看，"civilisation; culture; enlightenment" 三者爲同義詞。若是單從出現 "enlightenment" 的詞條來看，則有：

> Bodai（菩提）：Perfect Knowledge; full enlightenment [as to the law of Buddha]; the way of salvation; salvation
>
> Kaimei（開明）：civilisation; enlightenment
>
> Kemmei（賢明）：enlightened; intelligent; wise
>
> Meikun（明君）：an enlightened ruler
>
> Mikai（未開）：barbarousness; uncivilised; barbarous; unenlightened
>
> Momai（蒙昧）：obscyre; dark; stupid; ignorant; unenlightened
>
> Satori（覺、悟）：Perception; discernment; understanding; intelligence。Understanding the truth or nature of anything; enlightenment

74 秋保辰三郎等編，《英和新辭林》（東京：三省堂，明治27〔1894〕），頁441。
75 新渡戶稻造、高楠順次郎編，《新式日英辭典》（東京：三省堂，大正5〔1916〕第14版；本書初版於明治38〔1905〕），頁102。
76 新渡戶稻造、高楠順次郎編，《新式日英辭典》，頁102。

Takusetsu（卓説）：Excellenct opinion; enlightened views。[77]
在部辭典中，"enlightenment"的對應日語詞彙並沒有「啓蒙」，對應的意義仍是在傳統漢語啓蒙意涵內的範圍。而「開明」一詞則可能與「啓蒙」一樣是從傳統漢語借代而"enlightenment"的用法。而「運動」和「進步」的對應則為：

Shimpo（進步）：Advancement; progress; improvement。To advance; make progress

Undo（運動）：motion; movement; exercise。政治運動 political movement。[78]

從以上徵引的這些詞條可以看出，「運動」已經對應到政治運動，而「進步」具有"progress"的意涵。1907年，《雙解英和大辭典》中"enlightenment"的詞條出現兩條描述："Act of enlightening or state of being enlightened"，釋義仍為「照亮、開化、教化和文明」。[79]

　　日本在大正、昭和年間出版了一系列關於新詞彙的辭典，1918年一本名為《訂正增補新らしい言葉の字引》，就出現「啓蒙運動」的詞條，其英文對譯為"Enlightenment"，釋義為「將傳統的迷信、強制、束縛的支配加以擺脫，學問的見解要符合於科學的、合理的和公正的判斷的一場運動。」[80]在《現代新語辭典》中，關於「啓蒙運動」

77 新渡户稻造、高楠順次郎編，《新式日英辭典》，頁84、410、451、566、573、587、755、944。
78 新渡户稻造、高楠順次郎編，《新式日英辭典》，頁816、1079。
79 島田豊編，《雙解英和大辭典》（東京：共益商社，明治40〔1907〕），頁295。
80 服部嘉香、植原路郎，《訂正增補新らしい言葉の字引》（東京：實業之日本社，大正7〔1918〕年10月），頁106。這本字典收錄於松井栄一、曽根博義、大屋幸世監修，《近代用語の辭典集成》（東京：大空社，

的釋義與《訂正增補新らしい言葉の字引》相去不遠，差別只在於強調「啓蒙運動」是「新運動の一種」。[81]上田景二領銜編輯的《模範新語通語大辭典》中的「啓蒙運動」內容與《現代新語辭典》的詞條相同。[82]昭和年間，竹野長次監修的《近代新用語辭典》付梓出版，是這套集成辭典中對於「啓蒙運動」描述最爲詳細的一本。該辭典有「啓蒙運動」和「啓蒙思想」兩項詞條。「啓蒙運動」的詞條，仍是強調對於人的束縛、壓迫需加以脫離，追求人的自覺。這樣的結果就是廢除舊有的弊端，開啓新的生活，就稱之爲啓蒙運動。編者特別將啓蒙運動作爲當時出現的社會運動的總稱。對於「啓蒙思想」的描述，則是先從啓蒙的字義講起，「啓蒙」乃是啓發蒙昧的意思，即是開啓理智的眼界，追求人的自覺與自由人生的思想，就稱之爲啓蒙思想。這項詞條特別提到關於人的自覺思想是始於文藝復興時期，啓蒙思想乃是文藝復興派生而出的現象。對於啓蒙思想的描繪，大抵與啓蒙運動相去不遠。啓蒙思想乃是固有思想和新思想之間的鬥爭。[83]

五、中國自編辭典中的「啓蒙運動」

梳理完傳教士和日本編纂的雙語辭典後，對照民國初年與後來編定的辭典對「啓蒙運動」的定義，也可以觀察到「啓蒙運動」的變化

1994），全41卷。第42卷爲編輯者所撰寫的書目解題：《新語辭典の研究と解題》。
81 時代研究會編纂，《現代新語辭典》（東京：耕文堂，大正8〔1919〕），頁65。
82 上田景二編，《模範新語通語大辭典》（東京：松本商會出版部，大正8〔1919〕），頁90。
83 竹野竹野長次監修、田中信澄編輯，《音引正解近代新用語辭典》（東京：修教社書院，昭和3〔1928〕），頁213-214。

線索。1911年，作爲標榜國學出版機構的上海國學扶輪社，出版
《文科大詞典》，內中關於「啓」字的相關詞彙，共有「啓明」、「啓
服」、「啓事」和「啓陽」等四個詞彙，並沒有出現「啓蒙」。[84]1912
年，陸爾奎等人編纂的《新字典》付梓出版。這本字典編纂歷時五
年，是由1915年出版的《辭源》中抽繹出單詞，先行排印的成果。[85]
這本《新字典》被蔡元培譽爲「得此適用之新字典其於國民之語言及
思想，不無革新之影響，此則吾所敢斷言者也」，[86]由於收錄的是單詞
之故，與本文相關者有：

> 「啓」：「開」也。如開門亦曰啓門。又開發意志曰啓，
> 「啓迪後人」。跪也，「不遑啓處」。啓事也謂陳述其事。
> 文字之一體也，今謂書札亦曰書啓。」

> 「運」：轉也動也，「日月運行」。凡物轉輸而移動之皆曰
> 運，如運筆、運覽、轉運、漕運。氣數也如運數、運祚。
> 「漢承堯運」。[87]

---

84 見國學扶輪社編，《文科大詞典（修詞學之部）》（上海：國學扶輪社，宣
　統三〔1911〕），午集，頁42。陳平原對這部辭典的描述是「體例陳舊，
　全書東拼西湊，釋義簡陋，只供檢索詞彙出處之用。」見陳平原，〈晚清
　辭書與教科書視野中的「文學」——以黃人的編纂活動爲中心〉，收入陳
　平原、米列娜主編，《近代中國的百科辭書》（北京：北京大學出版社，
　2007），頁166-167。

85 高鳳謙，〈緣起〉，收入陸爾奎等編，《新字典》（上海：商務印書館，
　1912），頁2-3。高鳳謙在文中提及辭典相較教科書，在使用上更爲普及，
　「歐風東漸，學術進步，百科常識，非一人之學力可以兼賅，而社交日用
　之需要，時又不可或缺。夫文詞如是其浩博也，學術如是其繁賾也。辭書
　之應用，較教科書爲尤普。」

86 蔡元培，〈序〉，收入陸爾奎等編，《新字典》，頁2。

87 陸爾奎等編，《新字典》，頁51、434。張庭華編纂的《中華新字彙》，對
　於這兩個單字的釋義與《新字典》也相去不遠。《中華新字彙》的內容

在《新字典》，我們尚未能看到「啓蒙」和「運動」這類字詞。1915
年，被認爲與康熙字典同等權威的《辭源》出版，這本新學興起時代
的康熙字典，[88] 將自身定爲爲「羅書數十種專門辭書的百科辭書」。[89]
《辭源》編纂的期間與《新字典》有所重疊，這兩本字典的編纂計畫
被視爲是互補的。商務印書館的領導者意圖使《辭源》包含多重字符
的詞彙，以及在詮釋定義與當前的用法上，具有更多的實用性。《新
字典》的任務則是充當《辭源》的組織基礎。[90] 在「啓」的條目之下，
釋義與《新字典》相同，但多了「啓蒙」的解釋：「啓發兒童之蒙昧
也。朱子有易學啓蒙。」[91] 在「運」這個條目下，對「運動」的解釋

是：「啓」：「開也。啓事謂用密啓奏事也。啓明即金星也。」「運」：「轉
　移也。運動也。氣化流轉曰氣運。運祚也。」見張廷華，《中華新字彙》
　（上海：民國編譯書局，1915年校正，1912年初版），頁22、178。

88　王雲五，〈序〉，收載氏編，《王雲五大辭典》（上海：商務印書館，
　　1930），頁1。王雲五是如此評價《辭源》的：「我國字典詞典向來有最大
　　權威的，當推康熙字典和辭源兩種。……康熙字典搜羅單字最多，可以說
　　是最完備的字書……但是康熙字典部首多至二百餘，同部的字有多至一千
　　九百餘種的，界限又不分明，檢查上極感不便，且只有單字，沒有詞語，
　　而單字的解釋也多不合現代的需要；因此該書的權威自從新學興起以來便
　　漸漸的衰落了。《辭源》的編輯在新學興起以後，應時勢的要求，於單字
　　而外，搜羅新舊必要的詞語……無怪乎其風行全國，取康熙字典的地位而
　　代之。」對於王雲五而言，《辭源》的地位因其於「單字外，增加詞語，
　　合字典詞典而爲一書」，就如同是新學興起時代的《康熙字典》，「因此十
　　餘年來也就成爲詞典界的巨擘」。

89　陸爾奎，〈辭源說略〉，收入陸爾奎等編，《辭源・丙種》（上海：商務印
　　書館，1915），頁3。

90　關於《辭源》的編纂以及這部辭典的特性，可見高哲一（Robert Culp）
　　著，陳建守譯，〈定義現代性：《辭源》與現代中國詞彙的創制〉，收入沙
　　培德、張哲嘉主編，《中央研究院第四屆國際漢學會議論文集：近代中國
　　新知識的建構》（臺北：中央研究院，2013），頁295-322。

91　陸爾奎等編，《辭源・丙種》，丑集，頁77。

爲：「董仲舒雨雹對『運動抑揚』二字始見於此，近時習用此語。其解有三。一物理學名詞，對靜止而言，指物體變其位置也。二體育名詞，謂爲適宜之舒散動作或遊戲競技也。三爲求達一種之目的而遊說他人或鑽營奔競也。」[92]在「進」這個條目下，對於「進步」的解釋爲：「謂逐次前進，如行步之不已也。」[93]筆者還查考了1916年出版的《辭源．甲種》[94]、1920年出版的《辭源．丁種》[95]和1922年出版的《辭源．丙種》[96]對於這幾個詞彙的描述完全相同。我們可以約略由此推估「運動」的三項意涵，已經爲時人所知。「啓蒙」作爲傳統漢語中的一員，意義並未曾改變。[97]

1912年，張在新編纂的《漢英辭典》出版，這是商務印書館推出的首部漢英辭典。在編輯例言中，提到「吾國由英譯漢之字典由鄺氏容階開幕後，近十年來商務印書館復增譯若干種，固以蔚爲大觀..由漢譯英尚付闕如。」[98]該辭典是以「賈哀爾大字典（案：即《翟

92 陸爾奎等編，《辭源．丙種》，酉集，頁200。

93 陸爾奎等編，《辭源．丙種》，酉集，頁196。

94 陸爾奎等編，《辭源．甲種》（上海：商務印書館，1916）。

95 陸爾奎等編，《辭源．丁種》（上海：商務印書館，1920）。

96 陸爾奎等編，《辭源．丙種》（上海：商務印書館，1922）。

97 在商務印書館出版《辭源》之際，中華書局在同年也推出《中華大字典》。《中華大字典》出版歷經三年之後，以其爲藍本出版《實用大字典》。見楊譽龍等編，陸費逵、戴克敦參訂，《實用大字典》（上海：中華書局，1918）。該字典例言有云：「本書雖以中華大字典爲藍本，然奇僻者刪之，遺漏者補之，繁冗者節之，重複者併之，混同者析之，謬誤者正之。」（〈實用大字典例言〉，頁1）《實用大字典》對於「啓」字共有十義，分別爲：1.教也。2.拓也。3.闡也，光大也。4.通也。5.導也。6.發也。7.跪也。8.詣也。9.軍在前曰。10.立春立夏謂之（丑集，頁19）。基本上，《實用大字典》的內容仍不脫其他辭典的範圍。

98 張鐵民（在新），〈漢英辭典例言〉，《漢英辭典》（上海：商務印書館，1918年第7版；本書初版於1912年），無頁碼。

理斯華英字典》）、衛廉士漢英韻府、日本人所著之和英大辭典及本
館之英華大辭典」爲底本，編輯的原則是「求大意不謬」，而非「沾
沾於逐字逐句」的翻譯。[99] 在「啓」這個詞條下，有如下的內容：

> 「啓」：1. 開也。To open。如 to open the mouth 啓口。2. 開
> 化也。To instruct。如 to instruct the youth。啓蒙。To
> enlighten。3. 開始也。4. 揭也。[100]
>
> 「運」：1. 轉動也。To revolve。2. 運輸也。To convey。3.
> 時運也。Fortune。「運動」：movement。[101]
>
> 「文化」：Civilization。[102]
>
> 「進」：1. 前行也。2. 入也。「進步」：progress; improvement;
> advancement。

在這本《漢英辭典》中，啓蒙的意義就在於開化這項層面上，作爲名
詞的 enlightenment 尚未出現，「運動」的意義停留在物理的「運動」
和人的「運氣」這個面向上，作爲社會文化意涵的「運動」尚未出
現。1918 年，商務印書館推出另一本由李玉汶編輯的《漢英新辭
典》，有如下的內容：

> 「啓」：「開也。To open; break. 啓蒙（教）Enlightenment;
> elucidation」。
>
> 「文明」：Civilization。
>
> 「進」：「（1）前進，登也。To advance; ascend（2）入內也
> To enter（3）奉與也 To offer（4）薦也 To recommend（5）

99 張鐵民（在新），〈漢英辭典例言〉，《漢英辭典》，無頁碼。

100 張鐵民（在新），《漢英辭典》，頁147。

101 張鐵民（在新），《漢英辭典》，頁239。

102 張鐵民（在新），《漢英辭典》，頁12。

引而進之也 To introduce」。

「進步」：To progress; improve。

「運」：「轉也，動也。To revolve; move」。

「運動」：To influence（a person）。

「運動」：Exercise; athletics。

「開化」：Development。[103]

該辭典在1921年出版第5版，經筆者查索後，內容完全一致。[104]從這本《漢英新辭典》我們可以觀察到，「啓蒙」作爲教育名詞已經對應Enlightenment，「運動」則被分爲兩個單詞去進行解釋，一個是身體上的活動，另一個則是人爲行使的運動。1926年，張鵬雲的《增訂小本漢英大辭典》出版，相關的內容如下：

「啓」：To open. To explain; to make clear. To tell another; to publish; to make known; to state; to inform. To begin. To enlighten; to develop; to instruct others。

「啓蒙」：to instruct the young or ignorant。

「進步」：Progress; improvement; advance. To make progress; to make head; to make way; to make headway; to make advantage; to make strides; to make rapid strides。

「運動」：to move about; to exercise; to use one's powers. To make a move。

「開化」：Development. To civilize。

「開明」：To state clearly。

---

103 各詞條分見李玉汶，《漢英新辭典》（上海：商務印書館，1918），頁
　　103、245、642-643、643、644、677。
104 李玉汶，《漢英新辭典》（上海：商務印書館，1921年第5版）。

「開通風氣」：To enlighten。

「文明」：civilized; enlightened。[105]

張鵬雲這本辭典收錄的內容，完全延續了上文傳教士和晚清民初中國知識人編纂英華辭典的內容。

1915年，商務印書館出版《英華合解辭彙》，內中關於"Enlightenment"的詞條對譯爲「Act of enlightening or state of being enlightened or instruct」，釋義爲「照耀、啓發、文明和開明」，[106]尚未見到「啓蒙運動」的對譯。1920年，馬君武編纂的《德華字典》有"Aufklärung"這項詞條，釋義爲「偵探、說明、開化、文明進化」。[107]在同一時間，商務印書館推出《德華大字典》。商務印書館的《德華大字典》宣稱是以「Chr. Wenigs 氏德文字典、Karl Breul 氏德英英德字典及 Dr. Ing. Emanuel Wessely 氏英德德字典爲藍本」，編者並且參酌了獨和字典、獨和辭書、衛禮賢的《德英華文科學字典》以及相關的術語辭典。[108]在"Aufklärung"這項詞條下，有「1. 清明、清決、明瞭。2. 解明、說明。3. 開化。4. 探索」。[109]從這兩項詞條來看，釋義的範圍仍不脫1911年衛禮賢編纂的《德英華文科學字典》。

1928年，黃士復和江鐵主編的《綜合英漢大辭典》出版，這本

105　各詞條分見張鵬雲，《增訂小本漢英大辭典》（上海：新中國印書館，1926），頁233、234、1314、1318、1381、1382、1383、601。

106　楊士熙、翁良、唐澂，童鎔等編纂，《英華合解辭彙》（上海：商務印書館，1923年第18版；本書初版於1915年），頁378。

107　馬君武，《德華字典》（上海：中華書局，1920），頁98。馬君武的序言寫於1916年，可見該字典在當時就已完稿。

108　〈德華大字典例言〉，收載瞿侃、黃異、余雲岫編，《德華大字典》（上海：商務印書館，1920），無頁碼。

109　瞿侃、黃異、余雲岫編，《德華大字典》，頁70。

辭典是以「綜合各書，捨易而就難也」爲目標進行編輯。編者在序言
中自陳，當時坊間的英漢辭典多以美國Webster的字典作爲藍本，忽
略其他版本的字典，譬如牛津（Oxford）簡明字典，「精美而切於實
用」，但當時出版社竟沒有注意到這本字典的重要性。因此，《綜合
英漢大辭典》是要「綜合英美各字典之長，蒐羅最新材料，重加編
次」，才能是適合現代需要的字典。[110]在這本辭典中，已經收有
"Enlightenment"一詞對譯爲「啓蒙運動」：

> Enlighten：1.啓迪、開導、啓發、教化、解疑、教（破）
> 人迷信。2.照耀。
> Enlightened：開通的、開明的（思想）。
> Enlightener：啓蒙者、開明者、開導者、教化者。
> Enlightenment：1.光明、開發、啓發、教化、開化、文
> 明、脫迷。2.（十八世紀之）啓蒙、啓蒙運動。[111]

在《綜合英漢大辭典》中，作爲名詞的"Enlightenment"不僅保有原來
的字義，更是出現了「啓蒙」和「啓蒙運動」這兩種對譯歐洲啓蒙運
動的名詞。

　　1930年，商務印書館出版《王雲五大辭典》，王雲五在序言中提
到：「歐戰以後世界潮流呈劇烈的變遷，新名詞既日有產生，舊詞語
也有許多失其效用，又自從語體文盛行以來，語體的詞語也有補入的
必要，因此商務印書館一方面有辭源續編的編輯，以補充其內容；一
方面又按照四角號碼檢字法，將辭源改排，以謀檢查的便利。」[112]在

---

110 黃士復、江鐵，〈序〉，收入黃士復、江鐵主編，《綜合英漢大辭典（合
　　訂本）》（上海：商務印書館，1945；本書初版於1928年），頁iii。
111 黃士復、江鐵主編，《綜合英漢大辭典（合訂本）》，頁389。
112 王雲五，〈序〉，收載氏編，《王雲五大辭典》，頁1。

這本辭典中，「運動」[113]、「啓蒙」[114]的釋義基本上沒有變化，該辭典附錄有「專門名詞英漢對照表」，其中 "Enlightenment" 對應為「開化」。[115]而「開化」的釋義是：「啓發文化。舊府名，在雲南省。縣名，在浙江省。」[116]兩相對照，"Enlightenment" 具有啓發文化之意，比起「啓發蒙昧」的「啓蒙」意義更加深沈。由方毅、傅運森主編的《辭源續編》在隔年推出，在這本「融貫新舊之津梁」的辭典中，[117]「啓蒙運動」的相關敘述，再次出現於辭典的記載：

> 「啓蒙時代」：「亦曰開明時代。即自第十七世紀之末葉至第十八世紀之間，凡一切政治、宗教及其他社會上百般事業之解釋與實行，悉排斥從來相傳之思想與信仰，而別開新主義、新思想之時代。」
>
> 「啓蒙哲學」：「Illumination, Enlightenment 哲學史上對於十八世紀支配英德法思想界的學風特稱之為啓蒙哲學，並

---

113 王雲五，《王雲五大辭典》，頁622。
114 王雲五，《王雲五大辭典》，頁645。
115 王雲五，《王雲五大辭典》，頁17。
116 王雲五，《王雲五大辭典》，頁1214。
117 在該辭典的凡例中，作者提到：「辭源一書自民國四年以來出版，不覺轉瞬已十餘年。此十餘年中，世界之演進，政局之變革，在科學上名物上自有不少之新名詞發生，所受各界要求校正增補之函，不下數千通，有決非將原書挖改一二語，勘誤若干條所能饜望者。……將正續兩編性質比較，一則注重古言，一則廣收新名。正書為研究舊學之淵藪。此編為融貫新舊之津梁，正可互救其偏。」見方毅、傅運森主編，《辭源續編》（上海：商務印書館，1932年8月國難後第10版，本書初版於1931年），頁1-2。根據沈國威的研究，《辭源續編》較之正編，收錄的詞彙絕大多數是百科性詞條，「啓蒙時代」、「啓蒙哲學」和「啓蒙時代教育」確實較接近百科全書式詞條的描述。見沈國威，〈《辭源》與現代漢語新詞〉，《或問》，12（大阪，2006），頁53。

稱那時代爲啓蒙時代。當時哲學的傾向，在解釋高逸幽玄
的哲理，使之平易明瞭，並使其和一般的教化融合，打破
一切傳襲的偏見，專致力於人文的發和普及。在哲學思想
的進步無甚價值。不過，在十七世紀的大系統和十九世紀
新系統間劃一過渡時期而已。」

「啓蒙時代教育」：「Education in the illumination 歐洲十八
世紀學者輩出，離強迫之信仰，重自由之考察，謂之啓蒙
時代，亦稱哲學時代。其教育凡古時之傳說，非加考察，
不輕教授，口授宗教，務使自己領悟，斥從來獨斷之習
慣，不甚尊重古學。此外一切教育，悉趨重於實地生活方
面。一七四七年，黑智爾建實科學校於柏林，實科教育由
此而盛。翌年黑氏復於柏林設教員養成所，師範教育亦昉
於此。是時弗列特立大王亦盛獎勵教育，編小學校令，一
七六三年公布之，爲近世小學校之基礎。大學中自由研究
之風漸盛，養成其辨別虛僞眞實之能力，又提倡世界博愛
之教育，設立貧民子弟學校。」[118]

從1932年出版的《辭源續編》中，我們可以得知當時的知識人對於
歐洲「啓蒙運動」的發展、學說和思潮已經了然於心。1936年，中
華書局籌備多年的《辭海》問世。陸費逵和中華書局倡議編纂《辭
海》的構想是以1915年出版的《中華大字典》爲基礎，意欲與商務
印書館的《辭源》互爭擅場。[119]《辭源》與《中華大字典》皆是於
1915年問世。然而，在編纂的過程中，舒新城與《辭海》的其他編

---

118 見方毅、傅運森主編，《辭源續編》，丑集，頁39-40。
119 黎錦熙，〈序〉，收載舒新城等同編，《辭海》（上海：中華書局，1948年
合訂本：本書初版於1936年），頁6。

輯開始構想一個超越《辭源》的計畫。[120] 高哲一認為中華書局所規劃的《辭海》，是一項仿效《辭源》模式的計畫，但藉由納併新的語言和概念潮流的全面性規劃，卻可超越《辭源》的貢獻。[121] 在《辭海》中同樣收錄有「啟蒙運動」一條：

> 啟蒙運動（Enlightenment）一稱黎明運動，歐洲中世紀黑暗異常，各種思想言論，皆受禁錮。十七八世紀之交，有一派學者起而打破因襲傳統思想，專以開拓蒙昧，普及文化為務，其特徵為尚實利，重實際，以理性為萬能，主張個人自由，排斥宗教、國家之威權，此時學術界以明瞭（clearness）與精析（distinctness）為一切現象之解釋與判斷之標準。英之陸克、牛頓，法之盧梭、福耳特耳，德之勒新，皆此運動之有力人物。[122]

這條敘述與1930年同是舒新城主編的《中華百科辭典》中的內容相去不遠，差別只在於增添了「黎明運動」這項對譯。從以上這些詞條的敘述中，我們已經可以斷定「啟蒙運動」最早在1928年已經出現在《綜合英漢大辭典》中，1932年出版的《辭源續編》已經展現當時的知識人對於歐洲「啟蒙運動」的發展、學說和思潮已經了然於心，而且辭典的內容代表的是知識／概念穩定後的狀態，可以推斷的是「啟蒙運動」應當在1920年代就已經進入中國知識人的眼簾。

---

120 舒新城在1927年接任主編一職，舒新城認為「原稿中已死之舊辭太多，流行之新辭太少。」舒新城要求《辭海》的編輯人員，需要廣泛地閱讀當時的書籍與期刊，以便記錄當時中國激增的新詞彙與新概念。見陸費達，〈編印緣起〉，收載舒新城等同編，《辭海》，頁1。

121 見高哲一（Robert Culp）著，陳建守譯，〈定義現代性：《辭源》與現代中國詞彙的創制〉，頁317。

122 舒新城等同編，《辭海》，丑集，頁42。

1934年，一本「內容包括甚廣，散見於新聞雜誌的用語辭典」以
《新名詞辭典》出版，內中收有「啓蒙運動」一詞，解釋爲：「破除
舊來的陋習迷信，自科學的見地來予以正確的判斷，並普及新知識的
運動。」[123] 這裡的釋義已經不再用歐洲的啓蒙運動作爲引子，而是直
接擷取啓蒙運動的核心關懷。該辭典出版之際，正是左派知識人大倡
新社會科學運動的當頭，特別強調「新」知識的重要性。1949年，
一本標榜對新名詞進行解釋的辭典誕生，對於「啓蒙運動」的解釋，
則全然是由中國視角切入，「是對舊的思想與習慣作重新估價的一種
運動，如五四運動。」[124]

六、結語

　　從晚清開始，譯書活動緊鑼密鼓地進行，譯籍上的文字影響了社
會口頭語的用法，一時之間，報紙鼓吹「文明」，各式學科的用詞盈
滿於社會之上，[125] 縉紳先生與新學少年爲此壁壘分明，縉紳先生「率
以新學相詬病」，新學少年則以「革新」馬首是瞻，「競以舊學爲
迂」。爲了解決新舊扞格的窘境，編纂辭書是解決的一項途徑。[126] 這
項因應新名詞漫天而來的辭典編纂工作，已經不是往昔康熙字典這類

123　邢墨卿，《新名詞辭典》（上海：新生命書局，1934），頁 103-104。
124　這本辭典蒐集的新名詞已經是時代氛圍的產物，是爲了提供給「學習小
　　　組」的人們使用的。見韓采尼，《新名詞解釋辭典》（上海：新光出版
　　　社，1949），頁 39。
125　狄愛文德就提出新名詞是透過在國外讀書的學生攜帶而回進入中國的語
　　　言之中。言論界之驕子梁啓超與其師康有爲的推波助瀾亦有其功，《新爾
　　　雅》一類的新名詞辭書對於新名詞定義則有助拳之效。對於這些「新名
　　　詞」的流轉，居功厥偉者當屬報刊。見 Ada Haven Mateer, "Preface," p.3.
126　陸爾奎，〈辭源說略〉，頁 3。

型字典所能承負。[127] 新時代的辭典是「全國文化思想之發達」的象徵，在編纂方法上更要以「訂正舊學、增益新知」為能事，取法的對象則是歐美字典的編纂家。[128] 在閱讀層面上，新的辭典不再像以往類書是設定給「文人學士之用」，新辭典面對的對象是「供一般社會之用」，為了補充知識所出現的工具書。[129]

新名詞來勢洶洶，就連舊學者林紓都難遏抑其勢，當面對從國外翻譯而來的名詞時，「則不能不捨其舊而新是謀矣」。[130] 本文討論的「啓蒙運動」就是一項新名詞，一個結合舊詞彙的「啓蒙」與新詞彙的「運動」所成的新名詞，而其「新」的地方就在於以傳統漢語的

---

127 熊希齡，〈敍三〉，收載徐元誥等編，《縮本中華大字典》（上海：中華書局，1926年11月第6版；本書初版於1916年），頁3。

128 王寵惠，〈敍六〉，收載徐元誥等編，《縮本中華大字典》，頁7-8。

129 陸爾奎，〈辭源說略〉，頁2。

130 林紓是這樣說的：「繙譯西文往往詞費，由無一定之名詞，故與西文左也，且近日由東文輸入者，前清之詔勒，民國之命令，亦往往采用。舊學者讀之，又瞠不能解，索之字典，決不可得，則不能不捨其舊而新是謀矣。」對於「新名詞」的意見，林紓認為「鄙意終須廣集海內博雅君子，由政府設局，製新名詞，擇其醇雅，可與外國之名詞通者，加以界說，以惠學者，則後來譯律譯史譯工藝生植諸書，可以彼此不相齟齬。」見林紓，〈敍一〉，收入徐元誥等編，《縮本中華大字典》，頁1-2。林紓的這段話便一語道盡概念的變革所帶來的影響，舊學者所不能解索的，並非字面上的語言文字，這些舊學者浸淫在古典文字的天地中由來已久，根本不可能產生理解的障礙。障礙是來自語言文字背後所帶來的新概念，是這些新的概念阻礙了舊學者對於詞彙的理解，這是緣何翻譯西書需要用更多的文字來對某個詞彙加以澄清說明，亦是日本的轉手詞彙為舊學者所費解之處。這也無怪乎一眾舊學者對於「新名詞」的抗拒與厭惡，當然也可以用來解釋為何嚴復要堅持以詰屈聱牙的古文來對譯西方的新概念，理由在於唯有如此翻譯這些新詞彙，新舊學者才能在同一個思想層面上，去理解並加以使用這些詞彙背後的新概念。

「啓蒙」銜接和製漢語的「運動」，[131]以及承續歐洲"Enlightenment"所來的「新」概念。因此，「新」詞彙之所以爲新是因爲「新」概念的打造所成就的。周商夫的《新名詞訓纂》就是一本替諸般新名詞尋找古義歸宿的著作，內中即列有「運動」一詞。這顯示「運動」乃爲當時「古爲今用」的新名詞。[132]

　　從本文選擇的辭典樣本來看，中央研究院近代史研究所建置的「英華字典資料庫」尚未出現「啓蒙運動」對應歐洲"Enlightenment"的譯法。在這套資料庫中，「啓蒙」和「運動」的語義場域與「文明」、「開化」和「進步」休戚相關，在某個層面上「啓蒙」和「運動」是關聯詞彙，甚至可視之爲同義詞。1928年出版的《綜合英漢大辭典》出現「啓蒙運動」的詞條。「啓蒙」在漢語字詞中的傳統意涵爲「啓發蒙昧」一類之意，從日文轉手而來的「運動」是促成「啓蒙」這項詞彙由傳統名詞成爲現代名詞，並促使「啓蒙運動」得以對譯"Enlightenment"的關鍵。[133]倘若我們把「運動」的三種意義加以擬人化，這就如同最後一義的「運動」產生影響，進而導致前兩義的「運動」因爲外力的因素而產生形變或位移。而這樣的改變並非僅止於物理上的改變，而是牽扯至人心甚至是整個社會、文化的轉變。

　　啓蒙的複義性可從辭典中看出，用「啓蒙」當作翻譯去查找辭典時，可以看出啓蒙被歸屬在許多英文的翻譯底下，但當啓蒙加上「運

---

131 劉禾提出「運動」乃是源於日本的「和製漢語」。見劉禾著，宋偉杰等譯，《跨語際實踐：文學、民族文化與被譯介的現代性（中國：1900-1937）》，頁410。
132 見周商夫編，《新名詞訓纂》（上海：掃葉山房石印本，1913），語之屬第三‧訓纂三，頁23a。
133 要注意的是，"Enlightenment"對譯啓蒙運動的意涵，近代中國內部各式各樣的思潮和運動，才是影響這個詞彙生成過程的關鍵。

動」時，則無法找到相關的資訊，這表示啓蒙運動的形構有其特殊性。同樣地，用 "Enlightenment" 去查找辭典時，可以看出許多解釋，不僅止於啓蒙一項意義。這表示「運動」一語是後來加入的，與「啓蒙」銜接在一起後，成為中國對於 "Enlightenment" 的解釋。且從雙語字典的解釋和描述，看不出來 "Enlightenment" 有直接針對「運動」之意。在原初的意義中，"Enlightenment" 是與光亮、照亮有關。「運動」或是 "movement" 皆與「進步」[134]的概念息息相關。

加入「運動」後的中國 "Enlightenment" 是與近代中國的線性歷史觀有關，有一個直線發展、往前運動、發展，甚至對於未來的投射與期望。這些概念的相互勾連、語義變遷和知識交疊其實是一種看不見的過程，我們並無法明確擷取從中發酵的思想因子，這些辭典的編纂者在設計每個詞條的釋義和相對應的原文用法時，心中必然有一把量尺，透過這些詞條之漏杓所篩選出的內容，不全然符應真實世界的諸般景況，但必定是具備最大公因數的特質。後出的辭典必然會因為知識的進展、社會文化氛圍的影響，去採擇相應的內容。每一本辭典都立基在前人編纂辭典的基礎上，各出機杼，雖不必然後出轉精，但勢必是當時知識歸宿的反映（reflection）。[135]當時的知識人並沒有將這樣的過程筆之成書亦或明確宣示，這是一種隱隱然思想逐步成形的過程。「啓蒙」一詞幾乎是當時知識人耳熟能詳的詞彙，「運動」一語挾勢日本鋪天蓋地而來的「和製漢語」進入中土，晚清知識人早已用

---

134 在《新名詞訓纂》中亦出現「進步」一詞，見周商夫編，《新名詞訓纂》，學之屬第二・訓纂二，頁 15a。

135 譬如同樣編纂新名詞辭典，莫安仁就引用了狄愛文德的東西。見 Evan Morgan, "Introduction," in *Chinese New Terms and Expressions with English Translations, Introduction and Notes*, p.i.

來銜接各種有目的性質的「運動」。這些看不見的思想因子，字義相
互交疊的詞條，隱隱然地產生思想的火苗，無論是「啓蒙」、「運
動」、「進步」或「文明」等意涵，皆是在「啓蒙運動」一詞上各自
展現語義，「啓蒙運動」匯聚了這些相關詞彙的特質，點燃了知識的
綜合煙花。[136]

---

[136] 就像柳湜在 1930 年代對「運動」的描述一樣，是一股逐漸累積的過程，
先由「思想」到「思潮」，再由「思潮」到「運動」。見柳湜，《國難與
文化》（上海：黑白叢書社，1937），頁 13。柳湜的原文爲「思想鬥爭在
未變爲廣大的社會思潮，帶著明確的政治要求以前，起初只是由少數先
進的智識者，反映群眾的要求，並非一開始就是群眾鬥爭。一種思想變
成思潮，那是因爲這項思想實際反映了群眾的要求，而確實代表無數人
們腦中的憧憬，説出無數人們要説而説不出的話，這些話，馬上再反映
到群眾身上，而變爲群眾的廣大思潮，形成運動。」

When Enlightenment Meets "Qimeng Yundong":
The Translation of "Enlightenment" in Bilingual Dictionaries

Chen Jien-shou

Abstract

This article focuses on the translation of "Enlightenment" in the modern Chinese context by using English-Chinese dictionaries and the "English-Chinese Dictionary Database" of the Institute of Modern History, Academia Sinica. The semantic fields of "qimeng" and "yundong" are relevant to the concepts of "civilization," "enlightenment," and "progress." Furthermore, from a semantic point of view, "qimeng" and "yundong" are associated terms and synonyms. The meaning of "qimeng" is "to instruct the young or ignorant" in traditional Chinese terms. The term "yundong" (movement), one of a large set of Japanese neologisms using Chinese characters, and acted to promote the semantic form of "qimeng" as a modern Chinese term. This transition "from traditional to modern" was the core shift in making "qimeng yundong" equivalent to the European Enlightenment.

Keywords: English-Chinese dictionaries, enlighten, Enlightenment, progress, civilization and enlightenment

徵引書目

《文哲學報》

《晨報副鐫》

「中央研究院近代史英華字典資料庫」

川尻文彦，〈「哲學」在近代中國——以蔡元培的「哲學」爲中心〉，收載孫江、劉建輝主編，《亞洲概念史研究》，輯1，北京：生活・讀書・新知三聯書店，2013，頁66-83。

方毅、傅運森主編，《辭源續編》，上海：商務印書館，1931。

王汎森，〈中國近代思想文化史研究的若干思考〉，《新史學》，卷14期4，2003年12月，頁177-194。

_____，《中國近代思想與學術的系譜》，臺北：聯經出版事業公司，2003。

王栻主編，《嚴復集》，北京：中華書局，1986。

王雲五，《王雲五大辭典》，上海：商務印書館，1930。

_____編，《百科名彙》，上海：商務印書館，1931。

任達（Douglas R. Reynolds）著，吳偉明譯，〈德川及明治時期的參考書目與日譯西書對中國的衝擊〉，收載吳偉明主編，《在日本尋找中國：現代性及身份認同的中日互動》，香港：香港中文大學出版社，2012，頁163-173。

向際宇，〈近代西方漢學字典初探〉，《辭書研究》，2010年期4，頁117-126。

作新社，《東中大辭典》，上海：作新社，1908。

李玉汶，《漢英新辭典》，上海：商務印書館，1918。

_____，《漢英新辭典》，上海：商務印書館，1921。

沈國威，〈《辭源》與現代漢語新詞〉，《或問》，號12，2006年12月，頁35-58。

_____，〈近代英華辭典環流——從羅存德、井上哲次郎到商務印書館〉，《關西大學東西學術研究所紀要》，輯47，2014年4月，頁19-37。

_____，〈近代關鍵詞考源：保守、進步、進化、退化、退步〉，《東亞觀念史集刊》，期6，2014年6月，頁301-323。

邢墨卿，《新名詞辭典》，上海：新生命書局，1934。

周商夫編，《新名詞訓纂》，上海：掃葉山房石印本，1913。

柳湜，《國難與文化》，上海：黑白叢書社，1937。

夏克勤，〈德意志與啓蒙運動（Aufklärung）——一個初步的反思〉，《新史學》，卷12期3，2001年9月，頁129-165。

孫俍工編，《文藝辭典》，上海：民智書局，1928。

徐元誥等編，《縮本中華大字典》，上海：中華書局，1916。

郝祥輝編，《百科新辭典：文藝之部》，上海：世界書局，1923。

馬君武，《德華字典》，上海：中華書局，1920。

高哲一（Robert Culp）著，陳建守譯，〈定義現代性：《辭源》與現代中國詞彙的創制〉，收載沙培德、張哲嘉主編，《中央研究院第四屆國際漢學會議論文集：近代中國新知識的建構》，臺北：中央研究院，2013，頁295-322。

高野繁男著，于日平譯，〈《英華字典》與英日辭書——中日英語辭典中譯詞的交流〉，收載王勇主編，《中日漢籍交流史論》，浙江：杭州大學出版社，1992，頁392-402。

國學扶輪社編，《文科大詞典（修詞學之部）》，上海：國學扶輪社，1911。

張廷華，《中華新字彙》，上海：民國編譯書局，1915。

張鵬雲，《增訂小本漢英大辭典》，上海：新中國印書館，1926。

張鐵民（在新），《漢英辭典》，上海：商務印書館，1912。

陳力衛，〈19世紀至20世紀的英華辭典與英和辭典的相互影響——中日近代新詞往來的渠道之一〉，收載王宏志主編，《翻譯史研究》，輯2，上海：復旦大學出版社，2012，頁102-129。

_____，〈近代辭典的尷尬：如何應對洪水般的日語新詞？〉，《東北亞外語研究》，2014年第2期，頁2-9。

陳平原，〈晚清辭書與教科書視野中的「文學」——以黃人的編纂活動爲中心〉，收載陳平原、米列娜主編，《近代中國的百科辭書》，北京：北京大學出版社，2007，頁155-192。

陳建守，〈啓蒙如何運動：近代中國「啓蒙運動」的概念史〉，臺北：國立臺灣大學歷史學研究所博士論文，2016。

陸爾奎等編，《新字典》，上海：商務印書館，1912。

_____，《辭源・丙種》，上海：商務印書館，1915。

_____，《辭源・甲種》，上海：商務印書館，1916。

_____，《辭源・丁種》，上海：商務印書館，1920。

_____，《辭源・丙種》，上海：商務印書館，1922。

舒新城等同編，《辭海（合訂本）》，上海：中華書局，1948。

黃士復、江鐵主編，《綜合英漢大辭典（合訂本）》，上海：商務印書館，1945。

楊士熙、翁良、唐澂，童鎔等編纂，《英華合解辭彙》，上海：商務印書館，1915。

楊譽龍等編，陸費逵、戴克敦參訂，《實用大字典》，上海：中華書局，

1918。

瞿侃、黃異、余雲岫編,《德華大字典》,上海:商務印書館,1920。

劉禾(Lydia Liu)著,宋偉杰等譯,《跨語際實踐:文學,民族文化與被譯介的現代性(中國,1900-1937・修訂譯本)》,北京:生活・讀書・新知三聯書店,2014。

蔡祝青,〈文學觀念流通的現代化進程:以近代英華/華英辭典編纂"literature"詞條爲中心〉,《東亞觀念史集刊》,期3,2012年12月,頁273-333。

戴叔清,《文學術語辭典》,上海:文藝書局,1932。

韓采尼,《新名詞解釋辭典》,上海:新光出版社,1949。

關家錚,〈阿英與20世紀30年代的俗文學研究〉,《民俗研究》,2005年第1期,頁135-153。

上田景二編,《模範新語通語大辭典》,東京:松本商會出版部,1919。

竹野長次監修、田中信澄編輯,《音引正解近代新用語辞典》,東京:修教社書院,1928。

服部嘉香、植原路郎,《訂正增補新らしい言葉の字引》,東京:實業之日本社,1918。

松井栄一、曾根博義、大屋幸世監修,《近代用語の辞典集成》,東京:大空社,1994。時代研究會編纂,《現代新語辭典》,東京:耕文堂,1919。

秋保辰三郎等編,《英和新辭林》,東京:三省堂,1894。

島田豐編,《雙解英和大辭典》,東京:共益商社,1907。

新渡戶稻造、高楠順次郎編,《新式日英辭典》,東京:三省堂,1916。

箱田保顯纂譯,《訂譯增補大全英和辭書》,東京:日報社、誠之堂,1885。

Baller, F. W. *An Analytical Chinese-English Dictionary Compiled for the China Inland.* Mission.Shanghai: China Island Mission and American Presbyterian Mission Press, 1900.

_____, F. W. *An Analytical Chinese-English Dictionary Compiled for the China Inland Mission.* Shanghai: Kelly & Walsh, 1913.

Doleželová-Velingerová, Milena. "Modern Chinese Encyclopaedic Dictionaries: Novel Concepts and New Terminology (1903-1911)." In Milena Doleželová-Velingerová and Rudolf G Wagner eds., *Chinese Encyclopaedias of New Global Knowledge (1870-1930): Changing Ways of Thought.* Heidelberg: Springer Science & Business Media, 2014, pp.289-328.

Giles, Herbert A. *A Chinese-English Dictionary.* London: Kelly & Walsh, 1892.

Hampsher-Monk, Iain, Karin Tilmans, and Frank van Vree, eds. *History of Concepts: Comparative Perspectives.* Amsterdam: Amsterdam University

Press, 1998.

Koselleck, Reinhart. "Introduction and Prefaces to the Geschichtliche Grundbegriffe." trans. Michaela Richter, *Contributions to the History of Concepts* 6:1（Summer, 2011）, pp. 1-37.

Mateer, Ada Haven. *Hand book of new terms and newspaper Chinese.* Shanghai: Presbyterian Mission Press, 1917.

＿＿＿. *New terms for New Ideas: A Study of the Chinese Newspaper.* Shanghai: Kwang Hsueh Publishing House, 1913.

＿＿＿. *New terms for New Ideas: A Study of the Chinese Newspaper.* Shanghai: Kwang Hsueh Publishing House, 1933.

Mathews, R. H. *A Chinese-English Dictionary Compiled for the China Inland Mission.* Shanghai: China Island Mission and Presbyterian Mission Press, 1931.

Morgan, Evan. *Chinese new terms and expressions with English translations, introduction and notes.* Shanghai: Kelly & Walsh, 1913.

＿＿＿. *Colloquial sentences with new terms: Chinese and English texts.* Shanghai: Kelly & Walsh, 1922.

＿＿＿. *New terms: Revised and Enlarged with English translations, classifications, introduction and index.* Shanghai: Kelly & Walsh, 1933.

Richter, Melvin. *The History of Political and Social Concepts: a Critical Introduction.* New York: Oxford University Press, 1995.

Schmidt, James. "Inventing the Enlightenment: Anti-Jacobins, British Hegelians, and the Oxford English Dictionary." *Journal of the History of Ideas* 64:3 （July, 2003）, pp. 421-443.

從出版社的角度談辭典出版

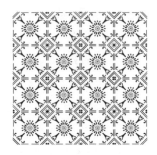

阿爾伯特・霍夫斯塔特（Albert Hoffstädt）著、張哲嘉（Chang Che-chia）譯

張哲嘉，賓夕法尼亞大學亞洲與中東研究系博士，現任中央研究院近代史研究所副研究員，曾在國際日本文化研究中心、維康醫學史研究中心（Wellcome Trust Center）、哈佛燕京學社、紐倫堡—埃爾朗根大學國際人文研究中心等地訪問研究。主要研究興趣爲東亞醫藥文化交流史，於2008年以〈大黃迷思〉一文獲得國際東亞科學、技術、與醫療學會頒贈竺可楨「論文獎」。

---

* 博睿學術出版社資深策畫編輯（Senior Acquisitions Editor）。

一如其他出版物，辭典永遠是在作者、讀者、出版社三者之間複雜互動下誕生。同樣不變的是，辭典的出版過程也總是比其他任何出版物更讓人倍感挫折，不管是對作者、讀者、抑或是出版社而言都是如此。

即使如此，新的辭典依舊不斷問世。與本刊其他論文不同，這篇文章所談的是辭典形成背後的出版者決策，同時也嘗試說明出版社因素對辭典所可能發生的影響。

我所服務的博睿學術出版社（Brill Academic Publishers）位於荷蘭萊頓（Leiden）。博睿在1882-1891年之間出版了第一部荷華字典，主編為G. Schlegel，全書篇幅四卷。

在此大約二十五年之前，荷蘭政府的殖民事務部於1858年從上海買下一副號稱「中文字母」（Chinese letters）用以鑄造中文鉛字的新銹範。在萊頓大學Johann Joseph Hoffmann（1805-1878）教授鍥而不捨的持續請願下，政府終於一改原先峻拒的態度而批准了這項採購案。這個決策必須放在Hoffmann是萊頓大學第一位研究中文的教授、以及當時華人掌握了荷屬印度（今日之印度尼西亞）優越社會地位的脈絡下來理解。為了有效統治殖民地，當時荷蘭公務員痛感有掌握中文的迫切需要。

1875年，出版家Evert-Jan Brill以3,514.45荷蘭盾的高價，買斷了以「中文字母」這副優良銹範排版的獨家權利，也從此奠定了博睿學術出版社日後在精印遠東文字方面長享盛譽的基礎。

博睿學術出版社早年另外還出了一部重要的中文辭典，這是英國劍橋大學翟理斯（Herbert Allen Giles, 1845-1935）教授之巨著《華英字典》（*A Chinese-English Dictionary*）的第二版。翟理斯對此一版本極為滿意，他在〈自序〉中寫道：「說起版面設計，我相信，在此所

使用的字體將會得到廣泛讀者的肯定，比起第一版，新版的字更大也更清晰。」

〈自序〉中也同樣交代了，光是重新排版與印刷就花費了博睿超過四年的作業時間。從此我們可略窺作者與出版社之間的良好關係對於一部辭典之成功有多麼重要。只要上面印上文字，每一頁都需要經過作者及其助理（其中包括了翟理斯的公子）校讀。出版社對於工作紀律與速度都有所要求：比起其他出版品，出版辭典需要承擔更巨大的風險：至少有四年工作時間這件事實，意味著出版社首先得要逐年投注龐大的金額，而在這段期間內可是連一個銅板的回本也看不到的（假使我們姑且只計算排版的工作時間的話……）。對於像辭典這樣一種長篇累牘而且曠日費時的計劃，無論是緩慢或者是草率，都可能大幅增加整體出版成本。然而博睿的老闆Corneille Peltenburg先生算是夠幸運，排版是由資深中文排版人員J. B. van Duuren先生來執行的，當時van Duuren手上有九千多個字模可供運用。據翟理斯說，van Duuren從萊頓教授施古德（Gustav Schlegel, 1840-1903）那兒得知有這筆生意可作，而且以「最高效率」完成了這項任務。這兒順便插播一段花絮：作為《華英字典》的排版人員，van Duuren本人連最起碼的中文都不懂。這部字典的排版作業完全是建立在他對頁面圖案變化的記憶力，或者是辨識字元圖像的特殊稟賦之上。

眾所週知，排版人員與印刷機掌握在出版社手中，而作者或者校對者則並不擁有這些資源。尤其是在卷帙浩繁並不惜鉅資的專案，該如何確保校對的規範往往是工作的核心。要是校讀者進度落後的話會怎麼樣呢？還有，在校讀過程中編者（他們通常也同時是校對者）那博學的腦袋要是又突發奇想要再東改西改，那可如何是好？如果這樣的事情發生從而使頁面佈局產生變化，又會導致高昂的額外排版支

出，這個時候又該如何處理呢？

　　至少有部分辭典編纂者會傾向於調高他們心目中「一部足以讓人依賴的參考書所應擁有的條目數」，翻成白話就是增加篇幅，那會讓出版社感到十分討厭。然而編者們難免會對掛上自己名字的作品望深責切，永遠要改到更完善，至於來自出版社：「還是早點結案吧！這對大家都好，包括你自己。」的禮貌忠告，這些人通常會頑固地拒絕。

　　出版社主要擔憂的是當延遲不幸發生時，對公司營運、員工管理、以及辦公樓房貸或退休提撥等財務槓桿將會帶來不利影響；而作者所關切的則是內容的品質，為一部粗糙低劣的辭典掛名將會賠上自己聲譽。儘管壓低成本與提升品質兩造之間在先天上不免有些矛盾，然而作者與出版社雙方都同時情願就此結案的那一天遲早會來臨。即使不是全部，至少有很多辭典的字裡行間多少會透露出妥協的蛛絲馬跡。這些跡象可能出現在頁數、詞目數、版面（節省空間的祕技在使用鉛字與紙張的時代比起網際網路通行的現代更為重要），細心的讀者有時則會發現排校尺度放得比較寬鬆。

　　在網際網路出現之前，出版社之所以重要的理由，主要在於是由他們來承擔印刷或者是出版作業，排版或者在紙張上印刷原本是他們所專擅的。然而，電子出版的發展大幅改變了出版社的地位。現在，每個坐在電腦前並且能夠上網的人都能輕易自行簡易排版，對於想要傳播文字的個人而言，購置印刷器材與紙張的負擔不再像過去那樣難以承受。

　　即使如此，一如既往地，要想推動一部辭典的出版專案，首先需要籌措大筆資金這項前提依舊不變。跟 18、19 世紀一樣，出版社同樣需要事先墊付大筆資金、當時的作法或許會向一個與東亞地區有淵

源的公司募款、或者是學者本人先投入半生的積蓄。資金如果始終沒
有著落，編者或許就自己默默地用掉半輩子時間把書稿完成了再說。
為了解決財源問題，今天則多半會尋求外在金主的奧援。好比說向基
金會、大公司、或者公私立大學等機構求助，有時則是分頭從不同單
位申請部份金額，湊齊後再付梓出版。

不變的是對於出版設備以及操作人員的依賴。以往所用的是銅字
模以及鉛字，今天則是資料庫設計、XML編碼、作業系統、以及伺
服器等等。現在是否真的比以往便宜至今仍有爭議，姑且置此不論，
昂貴且勞力密集（通常也戕害勞工的健康）的逐頁計算行距、排版校
樣的時代已然過去，由高效率的軟體取而代之。不幸的是，被大力吹
捧的現代科技樂觀願景往往很難落實。在很多情況下，出版社必須開
發量身訂做的軟體，因為標準化的量產軟體通常無法滿足一部特定字
典的需要。從錯誤中學習、一再測試總是曠日費時。各種成本並未消
失，只是以另一種型態呈現，新的折騰取代了原先昂貴鉛與紙張的舊
麻煩。簡言之，跟從前一樣，時間與金錢依舊使得編集辭典充滿挑
戰。而且其影響層面同樣擴及出版社、作者與校對者，只不過現在又
多加上了可憐的程式設計師。

另外還有個重要的因素值得一提：現在只要是想著手出版一部辭
典型式的參考書，都必須考慮到以網路出版的可能性，這似乎已經成
為通則。而從辭典推出網路第一版那一刻起，就需要一個穩定的、獲
得充分支援的作業環境，以便日後定期更新；無論這個辭典是免費還
是付費使用、也不管是否同時出版紙本，這樣的後援都是必備的。在
這個新時代，網路辭典的生命比以往更長久，而新印的紙本總是註定
不消多久後就要過時。

過去出版社的辭典專案通常是從「排印好的稿本」型式出發，今

日則更常先行提出一個構想或是計畫書以便評估。出版社會在確定有
個清楚的目標、並且市場也通過評估之後才開始積極行動，因為這個
原因，今日辭典的特性、範圍、篇幅、乃至於格式，都與以往充滿風
險與負擔的長期辭典計劃有所不同。

　　近年來博睿出版了兩部中文辭典。大名鼎鼎的六卷《利氏漢法大
辭典》（*Le Grand Ricci*），其紙本早已由利氏學社（Association Ricci）
出版，如今再由博睿將其網路版放在直營的「博睿辭典平臺」（Brill
Dictionary Platform）之上。就這個專案，出版社絲毫不干涉編纂方針
或內容，其投入資金僅限於與資料庫軟體、平臺硬體等有關的技術性
成本、以及販售與行銷支出等，即使如此，花費依然相當可觀。而通
常出版一部辭典佔最大比重的投資，也就是近乎天文數字的編者酬
勞，在此博睿絲毫不用負擔。

　　博睿另一部新出的中文辭典是《古典與中古漢語學生辭典》（*A
Student's Dictionary of Classical and Medieval Chinese*），主要完成於
一人之手，也就是科羅拉多大學博爾德分校（University of Corolado,
Boulder）的 Paul W. Kroll 博士，出版於 2015 年。在一個出版社從頭
就主導全部流程的時代，這個方案是很典型的。在廣泛尋訪適合人選
名單之後，博睿主動出擊，找到了一位學養足以勝任的學者來編寫這
一部辭典。在歷時十二個月的先期討論與準備之後，對於諸如這部字
典所針對的讀者類型、實際上該納入哪些用語、乃至於大約的詞彙數
量以及財務規劃等細節，均一一商定妥當，而後將共識形諸文字，寫
在一份正式的契約上。接下來，這本包括了五千個漢字的字典，從起
草到完稿只不過用了十八個月來完成，而完稿後到印製成書則是用不
到三個月。《古典與中古漢語學生辭典》在市面上有精裝、平裝、流
動應用程式（APP）乃至於大學校園線上服務等多種選擇，市場反應

相當令人滿意。

「是要高品質呢、還是總想壓低成本？」會是一個作者被逼急時不斷拿來挑戰出版社的尖銳質疑。在另一方面，出版社常以「是要兩敗俱傷呢、還是容忍辭典稍微不夠完美？」來反唇相譏。編者與出版社之間的共生關係，往往於殺青在即、雙方都已為此加碼到頂點時達到緊張的高峰。最後，總有些不滿被吞忍、原先的共識也難免無法完全堅持，然而字典一旦出版，通常能使得好幾個世代的學生和學者獲益良多，此外，字典本身可能帶來促進不同語言圈之間整體相互了解的重要貢獻。

辭典本來就是編纂學者奉獻無數時間堅忍勞作下的產物，這一點自然不應該被忽略。然而我們同樣不能忘記：將一部辭典看成是作品的同時，它也是為一項工程所樹立的紀念碑，這項工程的參與者同時包括了編者與出版社，辭典每一頁都刻劃著他們相攜一路走來的點點滴滴。

【書評】

評介 Yuri Pines, Paul R. Goldin, and Martin Kern eds., *Ideology of Power and Power of Ideology in Early China*. Leiden: Brill, 2015. vi+348 pp.[*]

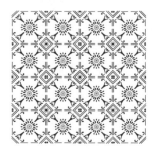

傅揚

臺灣大學歷史系學士、碩士，英國劍橋大學東亞系博士，研究領域
爲中國古代史、中國中古史、中國思想文化史、政治思想史、比較
歷史等。近期研究主題包括先秦經濟論述、漢代社會思想、南北朝
的歷史記憶與政治文化等，在《中國哲學與文化》、《史原》、《早期
中國史研究》、《新史學》、《漢學研究》、《漢學研究通訊》、《臺大
東亞文化研究》、《臺大歷史學報》和 *Bulletin of the School of
Oriental and African Studies* 等刊物發表論文、書評、學術翻譯數篇。

---

* 本文蒙《思想史》審查人提出細心且敏銳的修訂建議，謹此致謝。

　　相較於哲學、文化、信仰或語言文字的討論，歐美學界的古代中國研究，對政治面向和政治思想等課題的關注明顯不足。這一現象在近幾年逐漸改善，越來越多學者開始重新評估政治思想在古代中國研究中的重要性。尤銳（Yuri Pines）、金鵬程（Paul Goldin）和柯馬丁（Martin Kern）合編的 *Ideology of Power and Power of Ideology in Early China* 即脫胎於2012年5月於耶路撒冷希伯來大學舉辦的工作坊，旨在集十位研究者之力，描繪戰國時期政治思想和政治觀念的諸般面貌。

　　全書除導論和餘論外共八章，按研究關懷分作二部分。導論由尤銳執筆，指明天下定於一的期待和士階層的活動，是戰國時期政治觀念的主要思想和社會脈絡，強調戰國政治思想的豐富多元，並扼要評介各章要旨和貢獻。此外，尤銳也對古代中國政治思想研究的發展，及研究者應如何考慮其意義，提出值得注意的個人觀察。

　　第一部分處理作為政權正當性（legitimacy）基礎的幾組政治概念。金鵬程在第一章透過各種東周文獻與出土證據，特別是與軍事和經濟有關者，討論周代區域多樣性的發展，和戰國思想家如何面對地域差異的現實。他認為這些文獻一方面承認地域的多樣性，一方面又強調中國是一個由不同地域組成的整體；秦朝的許多作為，也呼應了這個觀察。第二章由羅新慧執筆，討論清華簡〈程寤〉的文本性質，及其呈現的周代天命觀的變化。本章認為，〈程寤〉在結構上可以分成性質和撰作年代迥異的二部分。由於較先成篇的第一部分視周武王為得天命者，其創作年代應不早於西周中期；因為在此之前的材料裡，明確得天命者僅周文王一人。從內容看，〈程寤〉二部分的遞嬗，則反映東周天命論述從仰賴占卜妖祥到重人間事務的轉變。

　　第三章由耿幽靜（Joachim Gentz）執筆，嘗試透過細緻的文本分析，呈現《春秋公羊傳》中的政治理論。耿幽靜認為，《公羊傳》代

表了先秦一派獨特的儒家學說：他們將周代禮制視爲一個具有權威的
體系，透過解釋和評判歷史事例，強調周代禮制對實現政治秩序的核
心重要性。除了重視禮文規範，《公羊傳》也凸顯道德的角色，讓這
個禮制體系更有彈性、可以面對不同處境。就禮和道德都源於人心這
點論，《公羊傳》的立場毋寧更接近孟子而非荀子。在第四章中，柯
馬丁針對《尚書・堯典》的文本性質及其反映的思想，提供新的詮
釋。他透過語言及內容分析重建〈堯典〉的文本，並指出〈堯典〉其
實包含兩個性質迥異的部分：堯的部分建立在表演性（performative）
的辭令上，舜的部分則重在內容記敘。文本性質差異也反映出兩種不
同的帝王觀：堯代表古奧、具個人特質和領袖魅力的帝王形象；舜則
體現戰國後期以至帝制初期，個人色彩淡化、強調政府組織和職能的
王權思想。這兩章也在文末，就其研究對象（《公羊傳》和《尚書・
堯典》）在漢代的影響，提供了有啓發性的觀察。

　　第二部分的四篇文章環繞古代文本如何論述「君」、「臣」、「民」
及其互動。第五章和第六章的主題都是君臣關係。第五章由葛浩南
（Romain Graziani）執筆，分析《韓非子》如何構想理想的君、臣角
色及其關係。葛浩南認爲，由於預期讀者／聽眾的差異，以及理想與
歷史經驗的落差，《韓非子》呈現許多彼此衝突的觀點。作爲政治權
威符號的君主至高無上、全知全能；身爲個人，他們卻有種種缺陷，
經常無法聽取正確建議。歷史前例中或許有符合法家理想的卿相；但
作爲群體，他們在本質上卻站在君主權威的對立面。在君與臣之間，
《韓非子》最終強調的是君主的勢位，而無法提出合理的權力分配理
論。顧史考（Scott Cook）所撰的第六章以《晏子春秋》爲中心，討
論戰國時期看待君臣關係的一種態度。他先利用郭店楚簡描繪戰國時
期「忠」觀念的變化，指出伴隨士階層的興起，「忠」的對象從君主

轉移至更抽象、具規範性的「道」，並對君臣關係提出更概念化的思考。相應於此，《晏子春秋》強調國家才是「忠」的對象，並主張卿相、大夫有其獨立性，可以且應當糾正君主的行為。顧史考認為，《晏子春秋》很可能反映齊國大夫階層的政治觀念與期待；雖然成書較遲，但其中許多對話的思想特色可以追溯至戰國早期。

胡司德（Roel Sterckx）的論文（第七章）旨在利用各種先秦文獻，挑戰既有關於本末觀和重農思想的討論。胡司德認為，先秦留存的材料可能不足以撰寫全面的經濟史；但若善加利用，學者仍可以之為憑藉，探析古代的社會經濟觀念。他利用多種先秦史料，指出它們多主張農業生活可以塑造人民的生理以至心理狀態，體現理想的社會秩序。胡司德也強調，戰國時期的分業觀和農商關係論述，更重視的是生業間的互補而非對立。他最後以秦朝為例子，說明秦代刻石和法令如何反映前述兩點觀察。要言之，戰國時期環繞農商關係的討論，和現代學者（基於漢代以降的情況）的認識不盡相同。陳力強（Charles Sanft）在第八章中，透過里耶秦簡的人口紀錄和貰贖文書，探討秦朝的理想社會觀。他認為里耶的人口紀錄反映了戶籍制度的發展，體現商鞅重視人口—勞動力資源的想法，並透過貰贖文書，討論秦朝掌握人口資訊的施政手段及其思想意涵。陳力強的看法是，上述材料呈現出兩個政治觀念：以戶為單位，透過官僚行政力量定義個人身分的世界觀；以及重視人與政府間的經濟關係。陳力強也認為，與其從壓迫的角度看，不如將秦政府的人口政策，視為透過監督、管理以行使權力的媒介。

為全書收尾的是劉澤華所撰的餘論（第九章）。劉澤華聚焦「聖王」的概念，從戰國至清代的諸多文獻中取材，強調中國王權主義的影響力。他認為，聖王概念和相關論述，將士人關於「道」的思想和

文化訴求，與統治上的正當性相結合，賦予君主在政治和思想世界中的
絕對權威。這一特質形塑了傳統中國的君臣關係和帝制結構，也爲當代
政治文化，尤其是讚揚、服從領導人的集體心態，提供了思想基礎。

　　從學術史觀點看，這部論文集最值得稱道的一點，是在歐美漢學
的大環境下，重新嚴肅地看待政治思想在古代中國歷史與文化中的重
要性。之所以說「重新」，是因爲在二次戰後以降的數十年中，歐美
其實不乏關注政治思想或政治領域的學者。一位重要代表是史華慈
（Benjamin I. Schwartz, 1916-1999）。早在1970和80年代，史華慈即
爲文捍衛政治史與思想史研究（特別是互通兩者的必要），並強調政
治秩序、或說對政治秩序的構想，在東亞社會中的關鍵地位。[1]也許因
爲新材料、歐美史學趨勢變化、或個人興趣等種種原因，80、90年
代後歐美學界的中國古代史研究，罕有人標榜政治思想的主題（比較
哲學則時不時可見）。

　　正是在此背景下，主編之一的尤銳對政治思想的長期關注格外引
人重視。單篇論文和主編論文集外，迄今爲止，尤銳已出版了至少兩
部研究先秦政治思想，[2]和一部綜論帝制時期中國政治文化的專著。[3]除

1　Benjamin Schwartz, "A Brief Defense of Political and Intellectual History...
　with Particular Reference to Non-Western Cultures," *Daedalus,* 100:1（1971），
　pp. 98-112; "The Primacy of the Political Order in East Asian Societies," in
　China and Other Matters（Cambridge, Mass.: Harvard University Press, 1996），
　pp. 114-124（本文原出版於1987年）.

2　Yuri Pines, *Foundations of Confucian Thought: Intellectual Life in the Chunqiu
　Period (722-453 B.C.E.)*（Honolulu: University of Hawai'i Press, 2002）;
　*Envisioning Eternal Empire: Chinese Political Thought of the Warring States
　Era*（Honolulu: University of Hawai'i Press, 2009）.

3　Yuri Pines, *The Everlasting Empire: The Political Culture of Ancient China and
　Its Imperial Legacy*（Princeton: Princeton University Press 2012）.

了本論文集的導論，他近期也以中文，發表了關於在西方世界研治中國政治思想的觀察和反思。[4]尤銳在這篇中文論文中指出，他從1990年代起便對中國思想史感興趣，但歐美學者對中國傳統政治思想或政治文化興趣缺缺。這其中固然包含政治環境的要素，但更重要的原因，是歐美學者的「哲學偏見」──即以西方哲學眼光判斷什麼有研究價值──和認為西方政治制度較優越的西方中心論。尤銳認為，中國政治思想提供許多關於思想與實踐關係的洞見、強調歷史經驗對政治理論的重要性，且有機會刺激西方學者反省自身侷限。有見於此，他呼籲歐美漢學研究者和中文世界的學者，都應更積極地向西方學界引介、闡發傳統中國政治思想，也於最近出版了《商君書》的英譯與導讀。[5]本論文集能否引燃更多學者對包括先秦在內的中國政治思想史的興趣，有待進一步觀察；但尤銳對於推展中國政治思想研究的建議，確實值得留心。

　　作為論文集，本書並未提供一個整體的框架或方法論思考，而是透過不同的個案研究，呈現戰國政治思想的多重面相與研究潛力。本書具體而微地反映歐美學界古代中國研究（以至其它領域）的幾點特色。除了細緻的文本分析（三、五、六章），本書有綜論性強的研究（第一章）、有強調文本層次的論文（二、四）、有致力於反省學界既有認知的分析（第七章），也有溝通古代心態和現代理念的嘗試（第八章）。在此無法一一爬梳個別學者前此研究與本書所收論文間的關係，但可以肯定的是，多數人論文的基礎，建立在他們長期關注的文

4　尤銳（Yuri Pines），〈西方的政治學與中國傳統政治思想：從忽略到認可？〉，《南開學報（哲學社會科學版）》，2015:3（天津，2015），頁6-14。
5　　Yuri Pines ed. and trans., *The Book of Lord Shang: Apologetics of State Power in Early China*（New York: Columbia University Press, 2017）.

獻或研究取徑上。是故，本書除了展現各種分析手法，也提供不少參考資料，有助讀者認識歐美先秦歷史與思想研究的相關著述。若欲歸納一個橫亙各篇的核心主題，或許可說是探討先秦文獻如何構想與論述「權威」。也就是說，透過本書，讀者可以更深刻理解「思想」如何創造出關於「權威」的想像，「權威」又如何透過「思想」影響古代政治與社會。

應強調的是，本書以英文發表，主要預期讀者是英語世界學者。從以上各篇撮述可知，書中有些觀察，對中文世界的讀者來說並非孤明先發之論。各篇性質和取徑既然有異，不同讀者從個別論文中取益的情況自然無法一概而論。即便如此，本書確實反映歐美學界對古代中國政治思想的興趣，此一現象本身即值得注意。此外，讀畢掩卷時，本書或許也能讓我們省思，中文學界如何更積極地在中國政治思想史研究上取得國際能見度甚至發言權，進而推動相關領域的進展。

此外，我想就本書缺乏整體方法論思考一點，提出些想法。這一缺憾並不構成本書的問題，因爲這部論文集的前身是會議論文，旨在讓個別學者從政治思想角度，自由探索他們認爲重要的議題。但如能針對方法提出進一步討論，我相信本書可以做出更大貢獻。如關於文本層次和歷史分析的問題，歐美學界的一個重要洞見，是極富批判性地考慮文本編纂意圖與過程、文本編纂者、成書時間，以及文本是否與如何能反映歷史環境。本書中固然有論文涉及此點（特別是第二、四章），但沒有進一步發揮。這一課題的重要性在進入漢代以降，特別是探討思想觀念與實踐間的關係時尤其明顯。此外，書中並沒有就書名所示的 "Ideology" 一詞（往往譯爲「意識形態」），進行較清楚的概念說明。相當程度上，"Ideology" 已進入日常詞彙，研究者或許可以在一個相對有共識的基礎上展開討論與對話。但我認爲，如欲檢視

古代中國社會與文化中的 "Ideology"，並回過頭來反省以這一概念研究古代歷史的適用性，則較深入的辨析仍有其必要。讓我重申一次：缺少整體方法論思考並不足爲本書之病。但若能包括如上所述的方法論思考，這部論文集當可對人類思想現象的古今異同提供更深刻的見解，進而促進漢學、中國史研究與歐美其它學門領域的交流。

中文世界的歷史和思想史研究中，政治思想史也不甚發達。[6]箇中原因很多，但一個較少爲人明言（儘管研究者都有此意識）的可能原因是，中國傳統政治思想和現代文明間有顯而易見的斷裂。這一點可連結至尤銳提及的西方中心論，即探討中國政治思想，究竟對以西歐—北美文明爲基礎的現代世界，有什麼「意義」？易言之，現代世界主流的政治制度和理念，多是源自17、18世紀以降的西方；無論就當代理論議題或觀念論述的歷史流變來說，中國政治思想似乎都是「局外人」。在哲學或政治學者之外，史家可以嘗試的，首先是從歷史中歸納出中國政治思想的主要特徵。以劉澤華爲中心的南開大學歷史系學者提出的「王權主義」即爲一例。[7]「王權主義」強調，古代中國政治觀念的核心是（君）王至高無上、不受任何制衡，所有權力皆來自王，其觸角則無遠弗屆。政治思想史學者應做的，是呈現這種心態，並分析它如何影響權力系統、社會結構和觀念體系。[8]這一結論未必能說服所有人，但確實提供一個有吸引力的整體見解。尤銳爲本書

6　陳弱水，〈導言〉，收入陳弱水主編，《中國史新論‧思想史分冊》（臺北：中央研究院；聯經出版公司，2012），頁8-9。

7　他們的方法論見解，參考劉澤華、張分田等著，《思想的門徑：中國政治思想史研究方法論》（天津：天津古籍出版社，2006）。作者包括劉澤華、張分田、葛荃、劉剛、張榮明。

8　扼要的闡釋，見劉澤華，《王權主義與思想和社會》，收入《中國政治思想史集》（北京：人民出版社，2008），卷3，頁1-6, 12-16。

所撰的導論及其它相關著作,便明顯可見「王權主義」論的影響。另一個可行的做法是發展比較思想史,特別是古代思想的比較研究。比較思想史固然仍有許多方法上的疑難,[9]但透過比較包含中國在內的古代思想史,我們應可提供更多不同於「現代」和「西方」的選項,[10]刺激關於何謂政治及政治思想的想像與討論。[11]

另一方面,以上兩種取徑在歸納的同時,難免有簡化甚而省略歷史細節之憾。故捕捉歷史環境和各種脈絡中,歷史當事人如何透過語言、論述以呈現政治觀念,回應個別場合所面臨的問題,也是政治思想史家不可或缺的技藝。就此而論,在中文世界,「政治文化」取徑已取得優秀成果。[12]事實上,中文世界的政治文化研究,和英美所謂「劍橋學派」(The Cambridge School)的政治思想史研究,實頗多可

---

9 關於比較思想史的方法論反省,見G.E.R. Lloyd, *Adversaries and Authorities: Investigations into Ancient Greek and Chinese Science* (Cambridge: Cambridge University Press, 1996), pp. 1-16. 本書雖以古代世界的科學爲主題,其方法論洞見仍適用於政治思想研究。

10 關於古代世界的政治思想,可參考Antony Black, *A World History of Ancient Political Thought* (Oxford: Oxford University Press, 2009). 本書有兩點值得注意。首先,關於中國的部分,作者大量利用尤銳的著述。其次,作者本身的學術專長是中世紀和伊斯蘭政治思想。不過,儘管本書的視野令人讚賞,其內容主要是描繪各古代文明的政治思想,而非直接進行比較研究。亦參考Vilho Harle, *Ideas of Social Order in the Ancient World* (Westport: Greenwood Press, 1998). Harle 的著作是以主題組織全書,但略顯機械化,且其自我定位不是歷史而是政治和國際關係理論研究。

11 如 G..E.R. Lloyd, *Delusions of Invulnerability: Wisdom and Morality in Ancient Greece, China and Today* (London: Duckworth, 2005), pp. 113-143.

12 關於中文世界的「政治文化」取徑,代表性的說明見陳蘇鎮,〈前言〉,收入陳蘇鎮主編,《中國古代政治文化研究》(北京:北京大學出版社,2009),頁1。

互相發明之處。[13]一個關鍵差異，是前者多半不標榜政治思想的研究
關懷；這一點或許和前述中國政治思想和現代世界間的斷裂有關。若
能更有意識地把政治思想的關懷帶進政治文化研究，中文世界當可發
展出一種別具特色的政治思想史方法論。即便到了今天，政治世界依
然充滿各種政治語言和論述。我相信，政治思想史家的這個技藝不單
是針對過去，它也有助我們在面對當代形形色色的論述、概念、辭令
時，維持冷靜、洞察力和同情的理解。重視脈絡（contextualism）的
政治思想史研究，其價值絕不簡單止於好古的歷史興趣。

　　讀者未必同意本書各篇的所有論點；對於如何研究古代中國政治
思想，可能也有不同看法。但整體而論，本書所收論文的視野相對豐
富，個別作者亦常提出值得重視的見解。對歐美學界的古代中國研
究、古代中國政治思想，以及思想論述分析有興趣的讀者，*Ideology
of Power and Power of Ideology in Early China*當可作為一他山之石，
提醒我們探索中國史上的政治觀念和實踐，反省古代中國政治思想如
何與現實環境互動，又蘊含了什麼不為特定時空所限的元素，並考慮
由政治思想角度，開展中外學術對話的可能前景。

---

13 近期對所謂「劍橋學派」政治思想史研究的精扼回顧，見Richard Whatmore,
What is Intellectual History?（Cambridge: Polity Press, 2015）, pp. 45-57.

【書評】

孫中山的第三條道路：
張朋園《從民權到威權》

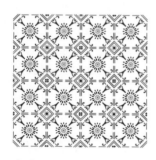

盧華

盧華（1988-），湖北洪湖人，現爲華東師範大學思勉人文高
等研究院中國近現代史方向博士生。本科畢業于南開大學周
恩來政府管理學院政治學與行政學，碩士就讀于美國萊斯大
學歷史系。主要研究領域是近現代中國思想文化與政治，尤
其是清中期以來的政治-社會轉型與中國革命史。

張朋園，《從民權到威權：孫中山的訓政思想與轉折兼論黨
人繼志述事》（臺北：中央研究院近代史研究所，2015），總
184頁。

　　20世紀中國的革命史與建國歷程（從辛亥革命後的中華民國、
國民革命後的南京政府到1949年中共建立的中華人民共和國）中，
各種意識形態和革命的模式都出現在了當時中國知識界與激進運動的
備選方案裡。而其中至關重要的一個現象就是列寧主義式的黨治國家
與先鋒隊──大眾動員模式的革命方法的接受和引入。在眾多學者看
來，中國共產黨是通過更加徹底的列寧主義組織模式、群眾路線和社
會革命的方案才得以最終實現了基本上統一中國這個晚清以來數代知
識人和改革家、革命者的夙願。與此同時，在臺灣的國民黨和大陸的
共產黨都依託各自的列寧主義政黨組織和資源，開展了不同的、實現
富強的改造社會和現代化進路。伴隨臺灣和大陸的經濟起飛的另一個
重要問題是政治上的「民主化」進程，而此一問題的源頭仍然在國民
黨與共產黨所選擇的列寧主義式政黨治理和政治參與模式那裡。不首
先釐清列寧主義政黨的特點、它與其他類型政黨的差異和中國對於列
寧主義的選擇性吸收和黨治國家的實踐，很難透徹理解20世紀中國
的革命史與政治民主的困境。

　　長期耕耘於這一中國「民主化進程」的近代史專家、著名臺灣學
者張朋園教授以其新著《從民權到威權：孫中山的訓政思想與轉折兼
論黨人繼志述事》為我們提供了一個最新的回答。在如今大多數史學
研究轉入微觀層面，社會史、地方史和新文化史的研究方興未艾的時
代，張朋園教授還能堅守思想史和政治史的園地，筆耕不輟，令我輩
後生學人敬歎。《從民權到威權》一書從孫中山的訓政思想出發，以
孫中山的直接民權思想、對代議政治和政黨政治看法的轉變為切入
點，分析了孫中山走向蘇俄式列寧主義威權政黨的政治道路的原因。
書的第四章和第五章分別從地方自治的實驗和孫中山的繼任者胡漢
民、汪精衛和蔣介石的訓政思想鋪陳了西式的、多元競爭性的政黨政

治和民權觀念的在中國的挫折的歷史情境。全書最重要的部分，就在於它對孫關於訓政的理解及他轉向蘇俄革命建國道路的原因的分析，而這兩者又是緊密聯繫在一起的。筆者的分析也依此展開。

孫中山的改組：思想與政治的互動

瞭解國民黨確定以俄為師、學習蘇聯革命和政黨理論並進行改組的原因，首先需要確定這一過程的時間問題。具體而言，從俄國革命的爆發（1917年11月）和孫大體上學習和接受列寧主義後改組國民黨（1924年1月）之間仍然有一個漫長的過程。1921年8月26日成立兩年的共產國際決定於華盛頓會議召開同時舉行遠東人民代表大會。在會上，孫派遣的國民黨代表張秋白針對共產國際對於國民黨的各方面指責等報告展開了直接反駁，比如外蒙古問題、陳炯明的聯省自治、以及國民黨過於親美。張秋白尤其針對季諾維也夫等人立即實行土地國有化的觀點進行了拒斥。[1]另外，從馬林對共產國際的報告、越飛跟俄共領導人的密信、鮑羅廷等人對國民黨的初始印象來看，孫中山過於注重軍事活動、忽視黨的組織和宣傳建設一直是一個最為突出的方面。[2]孫在確定向蘇俄學習後多次反思國民黨在民國的失敗時，就說過自己過於依賴軍事鬥爭的問題。最初與蘇聯的交往過程中，孫還曾重點提到在新疆或蒙古邊境等地實施其西北計畫，開闢第二個軍事

1　詳見李玉貞，《國民黨與共產國際》（北京：人民出版社，2012），頁93-96。

2　有意思的是，列寧本人及其布爾什維克派也曾被其黨內對手孟什維克以及德國社民黨左派、斯巴達克同盟領導人盧森堡指責為是過於注重通過軍事政變摧毀現行政權的布朗基主義信徒，可以為了奪取政權而不願「客觀」條件。見萊澤克·柯拉科夫斯基著、馬翎等譯，《馬克思主義的主要流派》，卷2（哈爾濱：黑龍江大學出版社，2015），頁376。

基地。

　　不過，作者並非沒有意識到這一點，張在書中指出了幾個重要的時刻。他認爲：第一個是 1922 年之前，蘇俄革命爆發後孫由單方面嚮往蘇俄，到與前來和國民黨建立聯繫的馬林、達林和越飛的會談確定蘇俄向國民黨提供資助[3]；第二個是鮑羅廷來華後與孫的對談。鮑氏具體抵達廣東是 1923 年 10 月 6 號、而 10 月 10 號孫中山在廣州國民黨黨務會議的講話指出，民國的亂象和國民黨的問題就在於黨組織渙散、革命精神的缺失和沒有黨軍作爲基礎。[4] 短短的幾天時間內，國民黨的改組即開始眞正啓動。但是如果從張所強調的外部影響來看，俄共中央政治局在 1923 年 1 月 4 號的會議決定才是關鍵，因爲這是俄共和共產國際正式決定給予全力支持國民黨的革命工作的開始。隨後，共產國際執行委員會於 1 月 12 日作出了關於中共與國民黨的關係問題的決議，決議認定「中國唯一重大的民族革命集團是國民黨」。[5]

　　外部視野還必須要與內部局勢結合起來看。毛說「十月革命一聲炮響，給我們送來了馬列主義」[6]，馬列主義送給誰呢？且不說，剛成立的共產國際和蘇俄政權對中國革命情勢幾乎一無所知。在他們的代表進入中國，開始從共產國際的世界革命視角來尋找中國革命力量

3　張朋園，《從民權到威權：孫中山的訓政思想與轉折兼論黨人繼志述事》（臺北：中央研究院近代史研究所，2015 年），頁 38。

4　廣東省社會科學院歷史研究室、中國社會科學院近代史研究所中華民國史研究室、中山大學歷史系孫中山研究室合編，《孫中山全集》，卷 8（北京：中華書局，2014），頁 366-369。

5　中國社會科學院近代史研究所翻譯室編譯，《共產國際有關中國革命的文獻資料》，輯 1（北京：中國社科出版社，1981），〈共產國際執行委員會關於中國共產黨與國民黨的關係問題的決議〉，第一條，頁 76。

6　見中共中央毛澤東選集出版委員會編，〈論人民民主專政〉，《毛澤東選集》（北京：人民出版社，1991），第四卷，頁 1471。

時，孫及其國民黨並不是唯一的選擇，在很多時候甚至還不是第一位的。比如，俄共（布）遠東局符拉迪沃斯托克分局的維連斯基-西比利亞科夫在給列寧的秘密報告中就把陳炯明當作可與孫比肩的革命和軍事領導人。[7] 而孫中山和吳佩孚的聯合政府也曾出現在俄共和共產國際的案頭上。其次，即使同意張著的外部視野，他也沒有充分考慮其他帝國主義勢力對於孫中山和國民黨聯俄政策的充分影響。孫和國民黨對於反對帝國主義綱領的確定，與其說是共產國際的直接要求和推動，更不如說是帝國主義在稅收關餘事件中的表現和英國數次通過支持陳炯明和廣州商團而威脅過國民黨的南方政權的影響所致。進一步而言，國民黨通過共產國際影響擬定的「打倒列強除軍閥」的口號正是五四運動「內抗強權外懲國賊」的繼續。

另外，從國民黨自身來看，孫對於瞭解蘇俄革命和獲得蘇俄支持的願望是同等迫切的，但是孫和他的國民黨同僚需要大量的時間來擺脫以往在辛亥革命、二次革命、反袁和護法戰爭形成的「路徑依賴」——主要就是聯合各路軍閥進行軍事鬥爭、道義上爭取恢復《中華民國臨時約法》。另外，構成了孫中山改組國民黨的一個至關重要的事件就是陳炯明的叛變。而陳的此一行動除了北方軍閥的支持外，更與陳受當時盛行的地方意識和「聯省自治」思潮的影響密不可分。這又與孫中山不斷強調統一和進行北伐的重要性形成了衝突。孫本人就稱陳炯明叛變是他一生革命事業中最大的挫折，這也讓孫徹底堅定了改組和革新黨務的決心。李玉貞教授認為，此次革新有兩個重要點：一是孫成立專門的委員會和集體討論決定，而不是像以往一樣由他一人

7　中共中央黨史研究室第一研究部譯，《聯共（布）、共產國際與中國國民革命運動（1920-1925）》（北京：北京圖書出版社，1997），頁 77-79。

決定；第二，孫介紹陳獨秀和李大釗加入了國民黨，這可以算作是國
共合作的開端。直到蘇俄援助的確定和鮑羅廷的來廣州，鮑羅廷於
1923年10月18日被孫任命爲國民黨組織教練員，國民黨的改組才眞
正走向開始。1924年1月20日至30日的國民黨一大最終確立的宣言
和新政綱才標誌著列寧主義模式眞正在國民黨，至少是中央層次，紮
下根來。

直接民權與精英主義

　　轉向的另一個重要原因，在張看來，與孫中山的民權和革命觀念
背後的政黨政治觀念和精英主義傾向有關。在民國初期，孫堅持的是
競爭性的政黨政治觀念，這是依託孫對於當時西方民主的直接觀察和
感受而來的。作爲一種精英組織，政黨通過議會爭取選民的支持而爭
奪政治權力與治理模式的話語權。在孫中山看來，政黨政治應以兩黨
制爲最佳，以政黨之間相對文明的政爭來代替議會外或體制外的武力
流血衝突。但是，民國以來，政黨等各派系之間的鬥爭在軍紳政權的
社會結構下早已高度依託於武力鬥爭，文明政爭逐漸成爲幻夢，毛的
「槍桿子裡出政權」其實正是民初這一趨勢惡性發展的高度概括。

　　二次革命失敗後，孫接觸到了韋伯的弟子、義大利政治社會學家
羅伯特・蜜雪兒斯（作者譯爲密且兒）的寡頭政治論之後，孫即有意
模仿德國社會民主黨的組織，建立一個完全效忠他個人的革命黨。作
者認爲，「密且兒改變了他（指孫中山）的舊有信仰──自由主義，
急轉之下，成爲威權主義。」[8]其次是孫中山對議會政治的批評和他對

8　張朋園，《從民權到威權：孫中山的訓政思想與轉折兼論黨人繼志述
　　事》，頁33。

直接民權的重視。作者在書中指出，孫中山雖然在轉變之前支持議會政治，但是他親身經歷過美國大選時的混亂，而民國國會的亂象、賄選和「豬仔議員」讓孫徹底失去了對於民權政治的信心。通過對美國學者威爾確斯（Delos F. Wilcox）文本的發掘，張著認為孫在其影響下所發揮的三民主義裡面特別強調的就是直接民權，即除了選舉權以外，民眾需要有創制權、複決權和罷免權。廣土眾民的限制下，實行直接民權的最好辦法就是地方自治，以縣為單位。但是鑒於中國傳統君權政體的制約，民眾需要大量的訓練才能實施此一直接民權，這就是革命時期「訓政」的由來。

不過訓政思想中孫對人民的自治能力不信任以及他精英主義的一面仍然沒有促成孫的決定性轉變。經由德國社民黨而來的列寧主義政黨及其革命方法才提供了最終的解決方案。1917年俄國十月革命的勝利和歐洲中部等地效仿俄國革命行動的失敗促成了列寧把視野轉移到東方。[9]不過，1922年之前孫是對俄國革命單方面嚮往，之後經由共產國際代表馬林、達林及蘇俄外交代表越飛的聯絡與遊說，以及俄人鮑羅廷的貢獻，孫得以徹底實施其改組國民黨的計畫，把國民黨從一

9　值得注意的是，大量新的關於列寧思想的研究指出，列寧的關於帝國主義的論述、殖民地和半殖民地的獨立鬥爭和民族民主革命的重要性與無產階級世界革命的關係都是在一戰期間才決定性形成的。雖然資本主義已經進入到壟斷 - 帝國主義階段，但是資本主義發展的高度不平衡性導致殖民地和歐洲弱小民族的革命鬥爭成了社會革命的重要一部分，這種鬥爭與無產階級的社會革命構成了列寧關於革命的新辯證法。因此，列寧主義並不是像張著所反映的那樣鐵板一塊，缺少變化，雖然我們並不能否認列寧主義對於一些核心論題的持續性關注。詳見凱文・安德森原著、張傳平譯，《列寧、黑格爾和西方馬克思主義：一種批判性研究》（南京：南京大學出版社，2012）和尼爾・哈丁原著、張傳平譯，《列寧主義》（南京：南京大學出版社，2014）。

個鬆散的結合再造爲一個組織嚴密、層級森嚴的列寧主義政黨。張認爲，國民黨能夠接受以俄爲師的改組方案，最爲重要的就是俄國十月革命後列寧向東方輸出革命的需求契合了孫對於新的革命方式和理念以及外部援助的需求，這裡面，共產國際和俄國人鮑羅廷起了最爲直接和關鍵的作用。張著指出了鮑羅廷的個人魅力、流利的英語和他作爲一個俄共老黨員之威望與資歷的影響。其實，鮑羅廷與俄共領袖列寧和史達林等人的良好私人關係和他手中掌握的資金來源無疑是更加明顯的影響途徑。[10]

更重要的是，列寧滿足了孫中山的部分民族主義需求，如廢棄沙俄時代的各種不平等條約和權益。同時共產國際二大（1920年7月19日召開）通過的「關於民族與殖民地問題的決議」和「關於民族和殖民地問題的補充提綱」確認了蘇維埃俄國的國家利益與無產階級的國際主義是完全重合的，因此，支持一切反對帝國主義和殖民地的民族獨立革命就與孫中山和國民黨的民族主義有了利益相關性。

蘇俄革命經驗告訴孫中山獲取革命成功的方法，具體就是：第一，通過發動群眾、聯合革命力量推翻帝國主義和軍閥的統治，實現革命的一步；第二，「將黨放在國之上」，由「黨來治國」，訓政的主體由軍政府換成了國民黨。國民黨就是中國革命的先鋒隊。[11]建立一個領導革命運動的先鋒黨組織，組織內部以嚴格的科層體系進行從上到下的管理，同時發動組織去宣傳、發展和團結革命勢力；在黨的內部實行民主集中制，並通過委員會制形成統一的思想與革命方向，達

---

10 參見Lydia Holubnychy, *Michael Borodin and the Chinese Revolution, 1923-1925*（University Microfilms International，1979）一書的第6章。

11 張朋園，《從民權到威權：孫中山的訓政思想與轉折兼論黨人繼志述事》，頁47。

成迫切需要的政治共識，作爲革命黨和未來整個國家的「公意」；建立一支完全由黨管理、指揮的革命軍隊——黨軍。[12]黨及黨的化身和領袖孫中山因其掌握的革命理論，比中國的群眾自己更能瞭解他們的利益、需求和願望，黨能最好程度地幫助他們實現群眾自身的利益。改組的基礎上，國民黨得以承繼了蘇俄的列寧主義官僚主義和集權面向。但是，孫是否徹底地接受了列寧主義革命及政黨學說的精髓呢？結合孫對於民主政體和革命的具體看法來看，並不盡然。

民主與革命：孫中山的「第三條道路」

綜觀全書來看，張著是以現代的代議制民主和競爭性的政黨制度爲依據來衡量和評價孫中山的民主訓政思想和蘇俄式列寧主義道路的。結合張朋園另一部資料更爲詳實的大作《中國民主政治的困境》來看，他所欣賞或期許的民主政治就是熊彼特式的民主理念，即「民主政治的成敗繫於選舉，若無選票，便無民主。」[13]且不說，熊彼特的民主觀念在當代西方政治中的統治地位是個相對晚近的事情；更大的問題在於，以此高度模式化或者說帶有歷史後設立場的民主觀去看孫中山的轉向會很難理解20世紀上半葉的革命道路和孫的選擇。

---

12 張朋園，《從民權到威權：孫中山的訓政思想與轉折兼論黨人繼志述事》，頁47-60。
13 張朋園，《中國民主政治的困境》（上海：三聯出版社，2013），頁210。熊彼特的民主觀念強調的是一種對於政治和政府的全新思考，他認爲，民主只是一種爲了作出政治決定而實行的制度安排，以選舉出作出決定的人。依此，熊彼特以徹底扭轉了古典民主政治理論中的第一位問題，即爲什麼要賦予選民以決定政治問題的權利，而不是關注第二位的如何選舉出恰當的代表。見氏著、吳良健譯，《資本主義、社會主義與民主》（北京：商務印書館，2014），頁395-396。

　　孫中山多次表示，他的所有著作可以稱之爲「革命學」。[14]但是「革命」一詞在變動劇烈的晚清到1920年代這一歷史境遇中其意蘊和政治指向有很大差別。不過，不管是清末的反滿共和式革命還是在五四和德國、俄國革命影響後的黨宣傳、發動和組織大眾動員的革命模式，孫強調的是一種結合了政治革命和社會革命於一體的第三種革命方案。在孫看來，革命本身的正當性與現代公民的兩個面向分不開：政治上作爲平等參與機會的國家公民，經濟上作爲經濟增長推動和成果享有的市民性。因此，革命後的政制架構必須要同時解決這兩方面的問題。[15]因此，理解孫中山以俄爲師的緣由，並不能僅僅以孫的精英主義和他從民權到威權主義的轉向和列寧主義政黨的影響去理解，我們還要重新梳理孫爲什麼會堅持把政治革命（民族獨立、直接民權）和社會革命（民生問題）結合在一起去選擇學習列寧主義，並在這種革命視野下去看民主問題。

　　張所強調的競爭性政黨政治和代議方案雖然在孫的民國實踐裡短暫出現過，但是在武力鬥爭頻繁和基本社會秩序得不到確立的民國逐漸失去了現實性。另外，我們需要上溯到晚清，去瞭解當時中國存在著什麼樣的民主觀念，爲什麼國民黨會在當時的民主觀念之下選擇列寧主義的政黨動員與社會革命的方式來實現革命建國問題。歷史上來看，從晚清一直到當代中國，從嚴復的「群學」到五四時期的「德先生」，「民主」一直是知識份子和革命者的追求。張灝先生在其分析中指出過，在1895-1925年的轉型時代中，中國當時出現了兩種民主

14　廣東省社會科學院歷史研究室、中國社會科學近代史研究所中華民國史研究室、中山大學歷史系孫中山研究室合編，《孫中山全集》，卷5，頁55。
15　參見拉爾夫・達倫多夫原著、林榮遠譯，《現代社會衝突》（北京：中國人民大學出版社，2016），頁3。

理念：一種他稱之爲「高調的民主觀」，一種是強調人性之罪惡的現實主義民主觀。[16] 張朋園書中所強調的這種低調的民主觀，即視民主爲一種制度和程式，通過選舉制度來保護個人權利不受強權侵害（主要是政府的強權，對於社會和經濟領域的侵權行爲較少限制），同時讓自私自利的個人通過協商和討價還價達成基本的共識和自處模式。但是在晚清以來的中國民主思想和革命歷程中，尤其是五四後，不是這種民主觀而是高調的民主觀成爲了主流。

孫最初主張的是一種結合了美國共和精神眞意的強調法治觀念和權力分立精神、地方自治的民主觀念。這可以從孫讓廖仲愷爲威爾確斯的《全民政治》（*Government by All the People*）作序推廣，讓他和戴季陶翻譯 H. Lucy Shattuck 的《會議通則》（*Women's Manual of Parliamentary Law*），並直接把譯本納入其《建國方略》當中可以看到。不過，面對中國人的散沙局面和民國亂象、列強的威脅，孫通過遊歷歐美接觸到的現代代議制的弊病和資本主義所帶來的階級矛盾和貧富差距的非人道一面，而開始主張追求「直接民主」的「眞民主」才是達到理想社會的途徑，正如張著在書的第二章第四節的分析所指出的。

這種「眞民主」的特質何在？中國傳統的道德理想主義和天下觀並沒有隨著清朝的覆滅、朝貢體系的解體和儒家文明在現代西方世界體系的衝擊下式微而消退，民主精神和制度的籲求被一種超乎個人全體的蘊含有社群精神和德性倫理載體所涵蓋。在孫的眼裡，西方社會早已被社會問題和經濟上的貧富差距所困擾和削弱，單純代議制並不

---

16 張灝，《時代的探索》（臺北：聯經出版社，2004），頁61-73。後面關於此兩種民主觀的論述多參考此書，不贅述。

能解決社會的共識問題，而社會共識對於革命本身和革命後民主政體
的維持的重要性是同樣重要的。對於秩序的渴望讓孫的民主思想強烈
籲求一種民族同一性和政治共識的塑造，只是孫苦於找不到把它和革
命建國問題聯繫起來的榜樣。不過可以肯定的是，這種革命視野下的
民主觀既強調一種大公無私的精神，也主張通過具體的民主制度實現
群策群力、團結愛國的夢想。但是要指出的是，這種高調的民主觀並
不必然會帶來對民主政體的威脅。托克維爾就曾擔心過法國與他國、
尤其是英國相比，更缺少一種作為一個民族共同體之基礎的公共精神
和民族共識，所以他特意提出過兩種方案來彌補法國的政府中央集權
和公民不關心政治的弊端：呼籲美德和開拓帝國、能夠激起國家榮譽
的某種帝國主義式的殖民活動。以此公民的公共精神和參與政治的動
力能夠強化和穩固民主政體。

　　不過，這種強調社群本身和其德性倫理的超越性層面（儒家思想
中的公與大同理念）的民主觀在晚清革命黨人當中，就已經與烏托邦
主義精神結合起來。從鄒容的革命軍到陳天華，一直到革命派中的激
進分子章太炎、劉師培，民主與建立一個完善的社會、完善的人的理
念聯繫起來，成為了他們批判西方代議制度和間接民權的武器。在清
末民初的整體危機之下，這種高調的民主觀和對抽象的人民群體的道
德意志的重視一直佔據革命黨人的主導，而革命則可以把它們統合起
來。明顯的是，個體的自由解放並不是最終依歸，烏托邦精神與社群
的道德理想化才是首要歸宿。這種強調革命運動的理論覺悟和精英主
義的重要性，正是孫堅持主張「知難行易」的原因，某種程度上說這
不正是列寧的名言「沒有革命的理論就不可能有革命的運動」的去
「無產階級」化版本？但是，如何找到新的非精英化的革命主體來承
載其革命任務是一個大問題，列寧主義的先鋒黨組織和大眾動員模式

對於孫就有了理論和實踐的重要性。

辛亥革命的成功更多的是與傳統會黨、地方立憲黨人的鬥爭和袁世凱等軍事領袖的施壓造成，孫缺乏對於新的革命主體和組織的理解。民國後宋教仁被刺殺和國民黨的被鎮壓讓孫開始思考新的組織和開展革命的問題。在反思民國後的亂象和國民黨的改組必要性時，孫多次強調，民國初期所謂「革命軍起，革命黨消」正是他們對於組織和革命建國理論的重大失誤。組建效忠孫個人的中華革命黨是一個開端。正如張著指出的，孫在同盟會時期就接觸到了亨利‧喬治的《進步與貧困》，並大爲讚賞。而他第一次流亡歐洲時接觸到了歐洲的社會民主主義思想，當孫在倫敦脫難之後到歐洲遊歷時正是第二國際的伯恩斯坦式「修正主義」和考茨基大行其道的時候。德國社民黨高度科層化和從中央到地方層級分明的黨組織給他留下了深刻印象。

另一方面，五四以後，勞動運動和勞動問題開始佔據中國社會和政治討論的中心舞臺。民主的載體逐漸落實「勞工階級」和「群眾」的身上，勞工神聖的口號在各類無政府主義—社會主義的媒介以及由孫中山制定國民黨人創辦的期刊《建設》和《星期評論》裡出現。群眾相對「落後」的政治意識和政治覺悟是可見的。因此，對於孫而言，中華革命黨和1919年後的中國國民黨就承擔了革命和宣傳的任務，負責提高群眾的精神素質與道德素質。列寧主義的黨可以提供把渙散的國民黨重新團結和組織起來，以黨去發動群眾實行推翻帝國主義和軍閥的革命。此後，再用黨把散沙似的中國人民團結起來。所以孫在一方面強調武力鬥爭和武力強國的同時說，「武力之不可靠，而主義、眞理、道德之爲可靠也。」[17]抽象的群眾整體和精英先進主義吊

---

17 廣東省社會科學院歷史研究室、中國社會科學近代史研究所中華民國史研

詭地結合在一起，形成了孫中山和國民黨人選擇性地接受蘇俄式革命
理念的另一要素。[18]而列寧主義相對強調馬克思主義傳統內部賦予較
少重要性的政治組織和革命理論的重要性對孫關於政治、組織和參與
政治的必要性認識有了新的確信。即在中國這樣一個「民智未開」和
經濟生產方式尚未達到歐美資本主義國家水準的社會—經濟結構裡，
強調政治行動既有其高度的現實性和策略意義，也與其之前注重行動
的共和式民主觀聯繫在了一起。

　　不過，雖然對於列寧和孫中山而言，「革命」在其思想中才具有
最高價值，[19]但是仍然有幾個重要差別：首先，具體來看，1923年1
月26日發表的《孫文越飛聯合宣言》揭示了雙方的一些深層分歧。
宣言第一條即為：蘇維埃制度與共產組織不能引用於中國。據李玉貞
研究指出，這可以算是孫中山的勝利，因為在蘇俄國內，蘇聯並沒有
報導這一重要內容，而只是強調為了世界革命而援助中國革命。[20]

　　第二，孫雖然多次強調蘇俄的社會主義與他的民生主義相通，但
是基於共產國際四大的「關於東方問題的總提綱」，鮑羅廷作出沒收
地主土地給農民的建議沒有得到孫中山和國民黨的支持和通過。而加

究室、中山大學歷史系孫中山研究室合編，《孫中山全集》，卷5，頁628。

18 俄羅斯革命中的彌賽亞精神、對於統一的世界觀和以集體主義的革命再造
俄羅斯普濟性傳統與孫的高調革命精神形成了高度契合。見別爾嘉耶夫，
邱運華、吳學金譯，《俄羅斯思想的宗教闡釋》（北京：東方出版社，
1998），頁123-126。

19 柯拉科夫斯基指出，「所有理論問題對列寧來說都只是唯一目標——革命
的工具，而且所有人類事務、思想、制度和價值的意義，只在於它們同階
級鬥爭的聯繫中。」見萊澤克‧柯拉科夫斯基著、馬翎等譯，《馬克思主
義的主要流派》，卷2，頁364。

20 詳見氏著《孫中山與共產國際》（臺北：中研院近史所史料叢刊，
1996），頁211-212。

拉罕在給契切林和鮑羅廷的信中明顯不同的態度就反映了土地這一問題的複雜性和蘇俄影響的限度。對鮑羅廷的信中，加拉罕直接指出鮑需要「使孫以最激進的方式貫徹執行土地法令」。[21]據鮑羅廷的筆記，甚至在國民黨一大期間，他還在責問孫爲何還抱有從美英日等國得到幫助的幻想。[22]楊奎松教授倒是給出了一個更加具有解釋性的回答，他說這是因爲孫中山所期望的中國仍然需要在由西方所主導的現存國際政治經濟秩序相適應和發展。[23]

　　第三，世界革命的想法從未在孫中山的思想中像其在列寧主義的模式裡那樣佔據過核心位置，孫對於世界秩序的構想是一個更加平等和公道的國家間秩序，一種批判而非徹底顛覆現行秩序的革命。以孫的民生主義爲例，它仍然是一種承認了資本主義經濟秩序和私有制、但是需要通過國有化和二次分配來節制資本主義的階級衝突和貧富差距的社會革命版本，而不是一個實現所有無產階級聯合革命、推翻資本秩序、實行徹底國有化的理念。其次，民主政體與革命的關係問題在兩人思想中的差別是顯而易見的。孫這種高調的民主觀與列寧主義的民主觀雖然同樣斥責張所推崇的競爭性代議民主制，但是仍然有重大的理論上的區別。列寧主義是通過歷史唯物主義和經濟基礎的作用否定了政治生活和民主架構的現實性，生產關係的改變最終會決定人們之間權力關係；其次，作爲階級鬥爭和階級壓迫的產物，國家本身

---

21 《聯共（布）、共產國際與中國國民革命運動（1920-1925）》，頁412-414、418。

22 《聯共（布）、共產國際與中國國民革命運動（1920-1925）》，頁564-572。

23 楊奎松，《國民黨的「聯共」與「反共」》（北京：社科文獻出版社，2008），第1章。不過，孫對於當時西方主導的世界秩序從來就不是毫無保留接受的，毋寧是帶著相當程度的批判，包括民族間關係、歐美的間接民權和社會矛盾問題。

和其民主形式都會隨著共產主義物質基礎的發達歸於滅亡；最後，在進入共產主義階段的路上，政治本身和民主的生活都會被黨所領導的無產階級群體裡面的技術和科學管理所取代，專家的權威與黨的權威結合起來。[24] 列寧以短期內的「無產階級專政」和長期的馬克思主義隱藏的無政府成分「自由人的聯合體」消解了民主問題。

　　雖然選擇了列寧的政黨先鋒隊組織和革命模式，但是現代政治與共和的實踐與想像在孫的思想裡從未退卻，他一直不放棄其三民主義裡的民權和五權憲法思想。孫特別強調的是短期、現實的規劃和長期目標的區分：直接民權和五權憲法在「革命」時期是第二位的需求，自由的實現屬於革命勝利建國之後的問題，革命時期需要的是秩序和強有力的先鋒隊領導群眾動員。在孫長遠的「大同社會」想像中，它既是「共產主義」的，也是實現了直接民權的社會。因此，從這最為關鍵的兩點可以看出，孫為什麼在在如何革命和組黨上讚賞列寧式的先鋒黨、大眾動員和社會革命道路，但卻特別強調一種穩健而非激進、徐而圖之的革命方案，同時強調直接民權和民主政治的重要性這方面卻與孟什維克或者社民黨的改良式革命模式相近。即使選擇了列寧式的威權主義革命模式和黨治思想，孫從來就不是一個嚴格意義上的列寧主義信徒及其社會革命方案擁護者；毋寧說，孫所想要的一種結合了政治革命和社會革命於一體的、穩健的新革命模式。

　　因此，在筆者看來，張著的最大問題就是沒有清晰地區分一個比民主與否本身更關鍵的問題：如何建立民主，也就是民主政體的起源問題，或者是革命問題。有沒有可能以非民主甚或不民主的方式建立民主政體？從世界範圍來看，民主政體的開端與確立都與重大的戰

---

24 參見尼爾‧哈丁原著、張傳平譯，《列寧主義》，第6、7章。

爭、革命、他國的強制和世界體系的特徵密不可分。英國的政體確立
是通過了將近百年的革命，中間摻雜有克倫威爾的護國公獨裁和斯圖
亞特王朝復辟；法國從1789年大革命到1958年的戴高樂引領法國建
立的相對穩定和長壽的第五共和，歷時將近二百年；德國和日本則基
本上是由二戰的戰敗國身份和雅爾達會議的安排決定建立的民主體
制；美國也是經由反抗英國的帝國主義和獨立戰爭勝利建國，其後還
經歷了南北戰爭才確定其現代國家聯邦體制。從與這些大國比較來
看，我們再去觀察和反省現代中國的建國之路和在民主政體上的挫折
與掙扎就會更多一點歷史的同情和理解。或許我們可以經由先確立民
眾的社會經濟權利到政治權利的過程，而不是必然要走先確立公民的
法律——政治權利到社會經濟的西方主流路徑。

結語

　　認識現代中國波詭雲譎的革命歷程、複雜多變的革命意識形態和
大陸與臺灣走向政治民主的曲折，從來都不是一個簡單的分析模式可
以套用的，更何況歷史評價往往還會受到不同的政治立場的影響，何
況民主的理想和典範模式從來就不是單一的，其歷程的複雜更是需要
耐心和歷史視野去理解。我們既要問為什麼中國沒有走上西方競爭性
民主的道路，更要問為什麼我們從結合了儒家資源的直接民權和共和
模式走向了列寧主義式的黨治國家和大眾動員參與政治的模式。歷史
遠沒有終結或陷入自由民主加資本主義——市場經濟的勝利的單一模
式，也沒有陷入文明／宗教的衝突不能自拔，未來的中國和世界都需
要更具包容性和反思性的政治共識。對於當下的學術反思而言，我們
需要以一個相對去「中心化」的視角來認識現代中國的革命和民主化

之路，做到既以西方或其他地區的經驗來反省和比較中國，同時也以
中國大陸和臺灣的政治走向來反思民主本身和未來中國與世界的政治
進程。在經歷了簡單化的「世界主義」或「普遍主義」以及「中國特
色」或「中國中心論」的宣言之後，我們可以期待同時具備了地方性
和全球性反思平衡的歷史敘事的出現。

【書評】

開明的柏克

Edmund Burke《帝國與革命：艾德蒙‧柏克的政治人生》*

曾國祥

英國倫敦政經學院政治學博士，現爲中研院人社中心研究員。
主要研究領域包括：政治思想史、政治哲學與比較政治思想。
著有 *The Sceptical Idealist: Michael Oakeshott as a Critic of the Enlightenment*（Exeter: Imprint Academic, 2003）以及《主體危機與理性批判：自由主義的保守詮釋》（臺北：巨流，2009）兩本專書，並有論文發表於 *History of Political Thought, Chicago-Kent Law Review, Philosophy East and West, Collingwood and British Idealism Studies*、《政治與社會哲學評論》、《人文及社會科學集刊》、《歐美研究》、《臺灣民主季刊》、《思想史》、《哲學與文化》等中外專業期刊。

* *Empire and Revolution: The Political Life of Edmund Burke*, by Richard Bourke, Princeton, NJ, Princeton University Press, 2015, xxvi, 1001 pp. ISBN 978-0-691-14511-2

I. 中道精神：歷史經驗與審慎判斷

　　柏克（Edmund Burke, 1730-1797）及其名著《法國大革命的反思》（*Reflections on the Revolution in France*, 1790），向來在政治思想史教科書中享有一席之地，而這一席之地所賦予柏克的歷史地位，大致不脫近代保守主義之父。若是繼續追問：柏克自己是否喜歡這個頭銜，關鍵應該在於保守一詞的用法。

　　倘使我們接受某種飽受非議的過時史觀，把18世紀的時代精神簡化爲啓蒙的、進步的、革命的，並提倡理性與自由，進而把大肆撻伐法國大革命的柏克，看成是一位抵抗時代巨輪的頑固份子，思想中充斥著反啓蒙、反進步、反革命的意念，並無知地尊崇傳統與習俗，那麼柏克地下有知一定會起身抗議。道理很簡單，終其一生，柏克都自視爲英國憲政的捍衛者、自由與正義的辯護者。然而，很不幸地，因受前述偏見的長期影響，《法國大革命的反思》在許多讀者心中竟然成了一本抵制自由、違背正義的作品。「保守的柏克」的負面意象是如此的深植人心，連試圖重新找回傳統之理論資源的自由主義者如海耶克（F. H. Hayek），都曾特別撰文表明「爲何我不是一位保守主義者？」；[1] 更不要說，在社會主義者心中，猶如馬克思所嘲諷的，柏克只不過是一位庸俗的資產階級讒言者，冥頑不靈地抵抗著歷史前進的腳步。

　　諷刺的是，保守主義固有其限制，但環顧近代觀念洪流，還有哪種思潮比保守主義更加看重歷史經驗與實踐判斷？持平而論，在比較嚴謹的哲學意義上，重視人類知識的歷史性與個人判斷的脈絡性，原

1　F. A. Hayek, *The Constitution of Liberty* (London: Routledge, reprinted in 1993), pp. 397-411.

本即是保守主義的根本要素。就此而言，當代過度推崇形式論證的高調自由主義（high liberalism）與高調社會主義（high socialism），不但立即暴露出了缺乏歷史性與現實感的缺陷，並因而少了托克維爾（Alexis de Tocqueville, 1805-1859）在論及民主時所懷抱的「中道精神」（the spirit of moderation）。誠如托克維爾所言，「正因為我不反對民主，所以我想用坦誠態度來處理它」，[2] 同時指出平等制度的必然趨勢與潛在危險。依筆者之見，柏克作為一位帝國理論家的敏銳度、一位革命觀察家的判斷力，和托克維爾是前後呼應的。對柏克而言，正因為自由、平等、仁慈、正義等，是社會必須珍視的價值、是文明賴以立基的底蘊，所以他必須以「坦誠態度」來評估它們，進而提醒世人當它們被不當利用時所可能造成的嚴重危害。換言之，「中道精神」同樣是貫穿柏克著作的核心線索；柏克自己便曾講過：執兩用中的審慎判斷（prudence）是政治的「首要之德」（the first virtue of all virtues）。[3]

若從英國政治思想的發展來看，則審慎判斷之所以舉足輕重，主要源自洛克與休謨的「溫和懷疑論」（moderate skepticism）對於「理性獨斷論」的深刻質疑；例如，休謨明確指出：「所有的政治問題都非常複雜，在任何思辨中，在一個選擇中，幾乎不曾出現過全然是善，或全然是惡的情況」；以此言之，「審慎判斷所蘊含的中道精神」具有無比的重要性，只是由於歷史經驗的不足，此一精神「依然還在遲緩的進步中，尚未能被完全信賴」。[4] 對此洞見，柏克自是深表贊

2　Alexis de Tocqueville, *Democracy in America*, trans. George Lawrence, ed. J. P. Mayer (NY: Anchor Books, 1969), p. 418.
3　Edmund Burke, *Reflections on the Revolution in France*, ed. J. G. A. Pocock (Indianapolis: Hackett, 1987), p. 54.
4　David Hume, *Essays Moral, Political, and Literary*, ed. Eugene F. Miller

同。在他看來，公共事務必然涉及判斷，而「歷史則爲審愼判斷之師」（history is a preceptor of prudence），因爲歷史是我們吸取知識的泉源、完成行動的場所；也因此，設若理想的政治家是一位「行動中的哲學家」，那麼政治學在本質上理應是一門可以鑑往知來的歷史學（ER, 3）。[5]而在同時代人的眼中，柏克正是這樣一位置身歷史脈絡進行審愼判斷的公眾人物。T. B. Macaulay曾如此形容柏克：誠然「像一位狂熱分子那般」（like a fanatic）選擇自己的立場，但卻又「像一位哲學家那樣」（like a philosopher）辯護自己所選擇的立場（quoted in ER, 369）；能言善道的柏克，可以說是集縝密、急智、多謀、靈巧、熱情與魅力於一身。

　　順此，我們若要扭轉「保守的柏克」之負面形象，進而完整呈現「開明的柏克」的實踐智慧，[6]那麼歷史似乎是最好不過的寫作方式了。換句話說，最能彰顯柏克思想資產的學術論著，應該是一本可以把柏克放回到18世紀的實踐脈絡中來重演其政治生命的史學之作。[7]而在千呼萬喚之下，這樣一本融合思想史與政治史的柏克研究專書，終於問世：由英國倫敦大學瑪莉皇后學院（Queen Mary, University of

---

（Indianapolis: Liberty Fund, 1985）, pp. 507, 510.

5　以上觀點與引文出自：Richard Bourke, *Empire and Revolution: The Political Life of Edmund Burke*（Princeton: Princeton University Press, 2015）, p. 3. 後文將以縮寫 ER 代表本書。

6　從前文分析可知，保守一詞有負面與正面兩層意涵；若從作者所採取的詮釋觀點來說，「開明」無疑是哲學意義上的保守主義的重要元素。

7　當然，這並不等於說，我們可以顛倒時空，硬將詮釋者自己的政治信仰加諸在歷史人物身上；事實上，柏克的當代批判者，就時常先入爲主地以法國大革命爲自由民主的奠基力量，然後對歷史進行一種政治化解讀（a politicized reading of history）（ER, 741）。但「時代錯置」（anachronism）永遠都是史學大忌。

London）政治思想史教授暨政治思想史研究中心（the Centre for the Study of the History of Political Thought）主任Richard Bourke所撰寫的《帝國與革命：艾德蒙‧柏克的政治人生》（*Empire and Revolution: The Political Life of Edmund Burke*, 2015）一書，不但是迄今西方學界有關柏克研究的登峰造極之作，而且在短暫時間內恐怕很難有人可以超越他的驚人成就。[8]

II. 爭辯精神：哲學家與政治家

　　在方法論上，Bourke所採取的詮釋路徑，基本上呈現出劍橋學派的脈絡主義（contextualism）特色。如一般所知，劍橋學派的創始人包括史金納（Quentin Skinner）、波卡克（J. G. A. Pocock）與唐恩（John Dunn）等知名學者，而他們從事思想史探索的共同特點，則是緊扣語言脈絡或語言典範，來析論歷史行爲者在特定處境下所採取的言說行動及其真實意圖。引用唐恩的一段話來說，政治思想史並不是「有關『政治論題』的歷史」（a history of "political argument"），而毋寧是「有關『政治爭辯』的歷史（a history of "political arguing"）」。[9]

　　由於深信思想反映時代，時代形塑思想，因此在這本大部頭論著中，作者一方面結合思想史與政治史，以爲柏克量身搭建一座極具臨場感的歷史場景，二方面則是分外重視柏克在哲學家之外的另一重要

8　David Bromwich早一年出版的 *The Intellectual Life of Edmund Burke: From the Sublime and Beautiful to American Independence* (Cambridge, Mass.: The Belknap Press of Harvard university Press, 2014)也是一本不可多得的佳作，值得配合閱讀。

9　John Dunn, *Political Obligation in Its Context* (Cambridge: Cambridge University Press, 1980), p. 20.

身分,亦即,一位親身參與18世紀中後期英國政府之全球布局的政治家與演說家(an orator)。因此之故,本書的研究觸角極為廣泛,從柏克早年的哲學著作,如《自然社會的辯護》(*A Vindication of Natural Society*, 1756)與《我們崇高與美的觀念之起源的哲學探索》(*A Philosophical Enquiry into the Origins of Our Ideas of the Sublime and Beautiful*, 1757)(以下簡稱《哲學探索》),一路延伸到柏克以國會議員身分所發表的演說、辯論、講稿,乃至於書信集,最後再轉回到柏克晚年的名著《法國大革命的反思》(以下簡稱《反思》)及其後續回響。

雖然本書標題清楚表明,其宗旨是從「帝國與革命」的世界史格局,來烘托柏克的政治生命史,而作者所採取的敘述理路,基本上也是編年方式,但本書絕非只是一本有關柏克政治生平的「傳記」(biography)。[10]本書作者固然為思想史家出身,但他對柏克哲學著作的精闢詮釋,卻絲毫不比專業哲學家遜色;此外作者對柏克所涉獵的西方學術思想傳統的討論,更是遠遠超出了前人的探索範圍,包括:從西賽羅、格老秀斯、普芬道夫到洛克的自然法傳統,以及從洛克、孟德斯鳩、休謨到盧梭的政府原理與文明論述。在份量上,全書正文共計1,001頁,引用超過6,000個以上的註腳;在結構上,全書則包含五大部分,涵蓋十六章的內容。

本書的第一部分,主要是在介紹柏克的家庭與求學過程。1730年出生於愛爾蘭都柏林的柏克,孩提時期是在一個由天主教改信新教的家庭裡度過;柏克20歲以前都生活在愛爾蘭,並曾就讀都柏林的

---

10 對此議題感到興趣的讀者,請參閱:E. P. Lock, *Edmund Burke Volume I: 1730-1784* (Oxford: Clarendon Press, 1998; *Edmund Burke Volume II: 1784-1797* (Oxford: Clarendon Press, 2006).

三一學院。持平而論，正因為愛爾蘭的背景，所以政治教關係與宗教
寬容問題，始終盤旋在成年後的柏克腦海中，並成為我們探索其政治
思想所不可或缺的一個環節。柏克於1750年抵達倫敦並進入Middle
Temple 攻讀法律，不過沒有多久他就毅然放棄法律，而把真正的興
趣放在文學與哲學上。誠然柏克的哲學才華或許不及休謨，其用功自
持程度更比不上康德（ER, 67），但柏克的整體思想仍具哲學一致性
（ER, 17）。本書的第二部分，主要即是集中處理柏克從1750到1765
期間的哲學思想與憲政理念。在Bourke看來，柏克於27歲時所出版
的《哲學探索》，對於我們掌握他的學思理路，有著不可輕忽的重要
性，因為本書雖然稱不上是一部包羅萬象的道德哲學經典，卻提供了
我們一個有關人性原理的平臺，可以串聯起柏克的學術觀點與政治意
見。

　　提到政治，就不得不提及柏克於1765年出任Marquis of Rockingham
的秘書這件大事，因為柏克正是藉此機緣而展開了他獨領風騷的政治
生涯。從1766到1794年的約莫三十年間，柏克陸續保有Wendover、
Bristol與Malton等地方的議員席位，而且絕大多數時候都是處在反對
派的位置。[11]柏克曾說：一位國會議員的主要職責，就是「作為沒有

---

11 以當時英國國會的派系而言，柏克所隸屬的，並不是今天保守黨的前身托
　利黨（the Tories），而是自由黨的前身輝格黨（the Whigs）中的「羅金漢
　派」（the Rockingham Whigs; the Rockinghamites）與稍後的「福克斯派」
　（the Fox Whigs; the Foxites）。誠然18世紀初期的托利黨領導人是Viscount
　Bolingbroke，不過，從1750中期開始托利黨就面臨解組危機，並於1760
　初期暫告瓦解。因此，在柏克從政的大多數時間內，輝格黨實際上為國會
　唯一大黨，並有不同派系競奪主導權。與柏克所屬的「羅金漢派」和「福
　克斯派」相互敵對的主要陣線是「彼特派」（the Pittites）。有趣的是，當
　代英國保守黨是在19世紀之後從「彼特派」逐漸發展出來的。

權力的人民的代表」（quoted in ER, 925），而在他精彩的政治人生中，柏克所盡情揮灑的角色，正是這樣一位「參與時事的論戰者」（an engaged polemicist）（ER, 18）。從這點來說，我們唯有確切掌握柏克作為一位政治家與演說家所展現的「爭辯精神」，才能真正貼近他在帝國與革命的歷史現場中所流露的「中道精神」。雖然如此，Bourke 並無意淡化柏克的思想家身分；相反，擁有政治天分的柏克，仍不失為一位觀念融貫的哲學家，一位追求「原則政治」（the politics of principle）的理論家。

　　從近代社會科學發展的角度來看，柏克甚至可以被看成是啓蒙政治科學（the enlightenment science of politics）的開拓者，因為他對當時政治課題的解析，每每結合著「深邃的歷史心靈和普遍化的智思」；或也不妨說，柏克的政治論述的一大特色，就是將「博學多聞和哲學抽象予以融合」（ER, 224, 225）。而在政治立場上，本書所描寫的柏克，不但不再是一位故步自封的保守論者，甚至是一位開明的憲政論者；「開明的柏克」終生反對專制（despotism）與暴政（tyranny），並在帝國的擴展中、在革命的年代裡，竭力捍衛公民自由的價值。換言之，支撐柏克政治思想的基石，實則是表徵英國憲法與混合政府的「自由精神」（the spirit of freedom）；不論是對英國憲政危機的析論，還是在處理當時英國政府所面臨的帝國擴張、宗教寬容與法國革命等現實論題，柏克都一再訴諸「自由精神」，來抵抗形同專制與暴政之翻版的「征服精神」（the spirit of conquest）。

　　更具體地說，在擔任國會議員期間有五大歷史事件困擾著柏克：英國憲政與國會改革，從1766到1783年間所爆發的北美殖民危機，大英帝國的擴張與東印度公司（the East India Company）的管理問題，愛爾蘭的貿易與宗教衝突，以及法國大革命對歐洲政治與文明所

造成的劇烈影響（ER, 4）。本書另外三大部分，大抵上就是沿著「自由精神vs.征服精神」的敘述框架，來交叉處理這些重大事件的來龍去脈，從而別開生面地重塑了「開明的柏克」的歷史圖像。要之，如果說柏克對於美國獨立革命的同情，與其本質是在捍衛英國子民受到憲法保障的「自由精神」有關，那麼他對東印度公司高壓的印度主義（Indianism）、對新教壓制愛爾蘭天主教徒的主導優勢（ascendency）、以及對主導法國大革命的雅各賓主義（Jacobinism）的強力反擊，俱反映出了他對「征服精神」的戒愼恐懼。

III. 開明精神：懷疑主義與啓蒙運動

　　爲了清楚講述「開明柏克」的內涵，本書極爲鮮明的特色之一，就是著手梳理柏克與啓蒙運動的思想臍帶，雖然Bourke並不否認，柏克的啓蒙思想，嚴格地講，仍然帶有獨特的英倫特色，也就是前述的「溫和懷疑論」的因子（see esp. ER, chap. 2, sec. 3）。換言之，追隨洛克與休謨的步伐，柏克基本上也坦承「純粹理性的限制」（ER, 71），並轉而在尊重經驗與習慣的前提下，認眞對待人類知識的有限性與個人判斷的偶然性。

　　觀諸思想沿革，柏克的懷疑論立場因而傾向於西賽羅的「學院派懷疑論」（academic skepticism）；其論述要點，並不在於全盤否決理性與知識的可能性，而在於強調我們必須「學習懷疑」（learn to doubt）各種積非成是的盛行信念，特別是必須「謙卑看待理解力」（humble the understanding）本身，因爲人類的理性時常會有自負的僞裝，獨斷宣稱可以揭露絕對眞理或事物的終極基礎（quoted in ER, 669）。依此，柏克於是將人類理性分成「自然理性」（natural reason）

與「人爲理性」（artificial reason）兩大範疇；誠然「自然理性」的錯誤運用，勢將帶給人群莫大的危害，但社會進步的眞正動力，仍無可避免地必須依靠「人爲理性」的經驗與判斷（see esp. ER, 70）。要之，柏克自認爲「他是在某種懷疑論的英國傳統中來提倡啓蒙理想」（ER, 69）。

事實上，早在《自然社會的辯護》中，柏克便反對以「自然理性」作爲複雜社會生活關係的指引。在柏克看來，「人爲理性」是人類「智思」（intelligence）在社會中通過現實挑戰、生活實驗與歷史變革而漸次形成的實踐智慧，因此較諸抽象理性或空泛玄想，更值得人們依賴與遵循。基本而言，柏克對於英國憲政主義以及英國國教教義（Anglicanism）的信守不渝，都是以「人爲理性」與社會調適爲其基底，並因而可以和啓蒙作家有關社會進步與文明演化的信念產生共鳴。

再則，值得注意的是，正由於柏克的懷疑論是溫和的，所以他雖然質疑「自然理性」，但這並不表示他反對「自然權利」（natural rights）或以自然法爲基礎的「公民權利」（civil entitlements）（ER, 574）。在 Bourke 的重建下，我們可以清楚看到，柏克有關「自然權利」或「公民權利」的陳述，實際上深受洛克的影響。關於這點，容後再述。現在，我們僅需留意，柏克主要是從「人爲理性」的角度，來辯護「自然權利」，並因而大大加重了歷史與習俗在權利論證上的地位。

大抵言之，柏克所談論的「普遍習俗」（universal custom），可以說就是「人爲理性」在歷史脈絡中所累積的具體成果，亦即文明。在這點上，與休謨著名的「人的科學」（the science of man）相仿，柏克的「溫和懷疑論」亦未放棄對人性原理提出一套普遍的解釋架構；

如前所述，這正是《哲學探索》所期盼達成的啓蒙志業。在最根本的意義上，柏克終身確信，「人類總是『在習慣之中』培養習慣，因此形塑、並附著於他們身上的自然傾向，是人的框架（human frame）的基本元素」（ER, 824-825）。

由此可見，柏克的「溫和懷疑論」雖然質疑理性的限制與判斷的缺陷，但並未拋開「人為理性」的社會功能，亦未捨棄「自然權利」的思想傳承，更未從「人性原理」的普遍探索中撤退出去。因此，當面對大英帝國的擴展與法國大革命的衝擊時，柏克的「溫和懷疑論」全然無礙於他對普遍正義與人性尊嚴表達肯定之意。稍後，我們將有機會回到這個問題。現此，必須指出的是：倘若我們以「開明」（enlightened）作為「啓蒙運動」（the Enlightenment）的核心意涵之一，那麼柏克對於架構英國社會的兩大文明支柱，亦即憲政與宗教，所採取的基本態度，實質上是相當「開明的」。以下，容我先從宗教寬容的問題簡單談起。

IV. 寬容精神：宗教與文明

1688年的光榮革命帶給柏克故鄉的，並非光榮與和平，而是持續多年的內戰以及益發激烈的宗教衝突；在柏克有生之年，愛爾蘭始終是一個獨立的新教國家，雖然擁有自己的國會，卻也同時面臨著貿易問題以及天主教徒遭遇迫害的爭端。[12] 後面這點，對柏克而言，感觸自是特別深刻，因為他自己就是成長在一個改信新教的家庭裡。因此，我們並不意外發現，「開明的柏克」挺身反對當時新教的主導優

---

12 直到1801年愛爾蘭才併入英國，成為 The British-Irish Union。

勢，並聲嘶力竭地為天主教徒的信仰自由發聲。透過對青年柏克的論
著進行爬梳，Bourke提醒我們注意，柏克的宗教觀點在年輕時期即
已奠基，而宗教與政治的關係，更從此成了他終生關注的重大議題。
誠如柏克所言，宗教實為「文明性的首要開端」（quoted in ER, 181）。

　　何以如此？扼要地說，這是因為柏克相信寬容與啟蒙息息相關：
人類的道德進步與政治革新，有賴社會成員包容差異的相互說服，也
就是彼此心悅誠服的同意；而啟蒙的另一層意涵，正是透過教育與開
導（enlightened）來提升公眾的判斷能力，從而促使社會共識與共同
目標的達成。就此而言，「寬容精神」同樣離不開「中道精神」，必
須憑靠「人為理性」的適當使用以及合宜的習慣。從文本證據來看，
柏克早在1750年中期即已確立此一論點：啟蒙精神結合著「理性討
論和習慣依存」，唯有同時包含「信念與崇敬」（conviction and
veneration）的公開意見，才足以成為社會生活的共同基礎（ER,
221）。

　　雖然如此，崇敬並非盲目的服從，引用柏克自己的話來說，崇敬
其實「隱含在」人們對於歷經社會適應的長期信念的「讚賞」（an
implicit admiration）之中，也因此是「經得起時間考驗的穩固定見」
（the stable prejudice of time）；崇敬更非暴力的脅迫，柏克仔細地區別
了崇敬與國家權威的差別，並將「國家的脅迫權威侷限其存在所需的
範圍內」（quoted in ER, 222），也就是保障個人權利和促進公共利益。

V. 自由精神：憲政主義與混合政府

　　這再度顯示，在憲政問題上，穿透柏克政治著述的一貫之道，非
「自由精神」莫屬。故此，與其說柏克的政府理論是「保守的傳統主

義」，試圖辯護一切既存的制度與習慣，毋寧說他所嚮往的政治理想，是一種「開明的憲政主義」（an enlightened constitutionalism），主張經過社會調適的英國憲法及其混合政府體系（a mixed system of government），最能有效保障並促使「自由精神」的落實。

　　大致而言，Bourke 主要是依據英國憲政習慣、哲學淵源以及思想史傳承等三條線索，來考察柏克尊崇自由的憲政理論。首先，憲政主義的基本精神是防止權力濫用，以維護個人自由與權利。以此論之，柏克對於「自由精神」的仰慕，正是以英國憲法爲範本（ER, 162）；縱在晚年，柏克依然自信滿滿地表示：「我們有比起世界任何其他國家更爲完善的制度來保存人的權利」（quoted in ER, 671-672）。

　　深一層看，柏克對於英國憲政傳統的解釋，涵蓋以下論點：在英國的憲政精神下，政策的制定過程可以盡可能地防止自由受到不當威脅，因爲國王與國會的權力相互分立、彼此制衡；而基於「對抗原則」（opposing principles），柏克進而主張，政黨是「任何混合或共和政府體系的必要元素」（ER, 196-197）。不僅如此，柏克還劃定了社會與政府的分界，認爲政府權力不應任意介入個人生活，並聲言政府的主要職責，即是在謀求個人權利與公共利益的調解。此外柏克同時倡導代議政府的觀念，期盼代議士可以代表人民意志，貫徹「自由精神」的實現。

　　依此，若轉從哲學淵源來看，則「溫和懷疑論」或可幫助我們對柏克的憲政思想進行延伸討論。基本而言，柏克雖然相信人民意志的優先性，卻也擔憂大眾判斷的錯誤性（ER, 388）。而既然人們的理性能力有其限制，不僅充滿偏見而且容易受到環境影響，所以最能符合正義原則並呈現公共利益的政治形態，即是代議政治，也就是由賢能之士來爲群眾利益發聲。呼應前文的分析，柏克一再重申，代議士的

準則，即是遵循「中道精神」:「我們應該矯正人民中的頑固者」，以舒緩「群眾盲目的積怨」（quoted in ER, 415, 416），從而避免公眾的憎恨成為體現「自由精神」與追求文明社會的障礙。換言之，柏克認為，代表制度的設置目的，是在促成公民社會的和平與正義，也因此，在他看來，人民代表實質上可被視為一種自然權利（ER, 371）。

　　沿著「溫和懷疑論」的路線往前推進，我們因而不難理解，何以柏克會如此推崇混合政府與政黨政治？簡單地說，強調權力分立的混合政府與利益分散的政黨政治，在實踐上都可以被看成是嚴防政治邪惡發生的一種制度設計，也就是避免因權力集中與個人判斷之差錯，而對社會整體生活帶來無窮禍患。所以，早在從政初期，柏克就致力於辯護反對黨在憲法上的地位；對柏克而言，反對黨的主要任務，即是在國王與國會的利益衝突中，盡力維持政府權力的平衡。而由於在柏克的年代，英王仍掌有政治實權，特別是對內閣大臣的選派，但在許多時候，這卻很容易造成行政獨裁與權力濫用，影響所及，甚至導致英國政府在北美殖民與東印度公司的管理上進退失據；因此，柏克乃以反對黨議員的身分，在議事殿堂上力主英國國會的至高主權，以資抗衡。

　　最後，回到思想史的傳統來說，柏克的政府原理從洛克、孟德斯鳩、休謨與盧梭等哲人身上獲致不少啓發。前文提及，柏克並不反對「自然權利」；事實上，柏克對於自由與財產的辯護、對於宗教寬容的堅持、對於帝國治理之普遍架構的期盼，無一不是從「基本權利的假設」（the assumption of fundamental rights）出發的（ER, 574）。柏克基本上接受從格老秀斯以降的近代自然法理論，認為自然法是通過個人利益之追求以達成社會進步的一種手段，而在此過程中，習俗與道德則應發揮適度調節的作用。不僅如此，柏克亦傾向同意洛克的正當

性觀點,強調政府權威雖然至高無上,但其本身並無實質目的;反之,政府的存在只是為了確保個人權利與社會公益。因此,當政府任意濫用職權而成為破壞公民秩序的「征服精神」時,公民對於不義之政府,自然擁有洛克在《政府論次講》中所訴諸的「反抗權」或「革命權」(the right to resistance or revolution)。

進一步看,孟德斯鳩的《論法的精神》(*The Spirit of the Laws*)堪稱18世紀政治思想的楷模,因其試圖「通過道德、政府與法律的歷史」(ER, 19),來探索「自由精神」所面臨的根本問題。按Bourke的分析,孟德斯鳩對於柏克的影響極為廣泛,包括:強調歷史發展法則終究依循著某一道德法則;從風俗(*mores*)、癖性(habitudes)與習慣(customs)來探究人性原理與自然法則;以比較方法來闡釋歷史法則;從包含古今歐亞的世界史觀點來展開比較研究;通過征服與和平的架構來詮釋歐洲歷史,並主張征服的必要性,僅限於避免和平遭受威脅;最後,也是最重要的一點,就是以自由作為英國政府體系的基本原則(ER, 19, cf. 19-23, 170, 180)。

再則,柏克對於權力濫用與征服脅迫等政治邪惡的批評,大體上從未脫離《哲學探索》的基本關懷;而柏克在該書中有關道德情感的分析,則受到了休謨與其他作家的激勵。對柏克而言,自由、正義與宗教具有維持穩定的重要性,因為一旦社會生活失去美與崇高所可能帶來的愉悅與快樂,那麼人們就只能以赤裸裸的權力來壓制內心的驚慌與不安;如此,「政治就只能建立在征服精神之上,而所有的征服則是建立在永恆的暴力與恐懼之上」(ER, 150)。此外柏克早年所撰寫的《英國簡史論文》(*An Essay towards an Abridgement of English History*, 1757),不論是在治史方法,還是有關英國自由的闡釋上,都與休謨皇皇六冊的《英國史》(*History of England*, 1754-1762)(ER,

185, 186）互通聲息。

　　上文多次強調：柏克的「溫和懷疑論」既未否定「自然權利」，亦未抗拒普遍的「人性原理」。順此，Bourke補充指出，柏克不僅從青年時期即廣泛接觸盧梭的著作，而且十分讚賞盧梭的原創性，尤其是對他以激情作爲通往「博愛倫理」（a philanthropic ethics）的甬道，以「普遍仁慈」（universal benevolence）作爲邁向「世界主義」（cosmopolitanism）的橋樑，深有同感（ER, 633, 754, 757）。雖然如此，柏克對於盧梭在道德立場上的搖擺不定，頗爲困惑；他曾形容盧梭爲一位「道德觀念混雜或含混」的作家（an author of "mixed or ambiguous morality"），一位「自相矛盾的天才」（a "paradoxical genius"）（quoted in ER, 754, 756）。簡單地說，這是因爲：誠然社會習俗可能掩蓋住不公與不義，當下文明可能包藏著腐敗與墮落，但社會習俗卻也有可能傳遞出道德眞理，當下文明也有可能提振人心與人性；在未能扣住具體脈絡進行審愼判斷的情況下，盧梭即試圖顚覆時代的一般通識，其結果反倒是留下了一個模糊的道德空間，讓有心人士可以利用自然權利與仁慈正義的美名，來徹底顚覆已經存在的社會秩序和公民權利。

VI. 征服精神：帝國主義與印度主義

　　如此甚明，以英國憲法和混合政府爲立論基礎的「自由精神」，才是柏克政治思想的中心支柱。進一步看，本書另一別開生面的重點，則是從國際政治的視野，來擴大我們理解柏克政治思想的範圍。換言之，按Bourke的詮釋，柏克對於「自由精神」的追求，實際上還從英國憲政傳統延展到了他的「帝國理論」（a theory of empire）。

就此而言，在方興未艾的國際政治思想研究上，本書的豐碩成果當可幫助我們深一層考察，柏克究是如何依據「自由精神」而對大英帝國的海外殖民提供「證成之理據」；而在社會科學哲學的意義上，Bourke同時提醒我們注意，柏克的相關著述，若經重建，實包含了「一套研究帝國的系統性路徑」，企圖解析帝國事務所牽涉的「因果關係」（ER, 16, 161, 449）。

　　無疑地，帝國主義的本質是暴力與侵略，也就是以武力征服他者，繼而施以高壓統治與政治支配，甚至進行財富掠奪與文化移植。在柏克筆下，西班牙帝國主義即是此一充斥著暴政與專制的「征服精神」的代表。由於野蠻的「征服精神」與文明的「自由精神」水火不容，若任其無限擴張，恐將危及英國社會已經辛苦建立起來的憲政自由傳統，因此，柏克的國際政治思想的主軸，即是倡議以「自由精神」作為英國政府處理殖民地與海外事業的基準。換句話說，對柏克而言，從英國憲政傳統所發展出來的「自由精神」，不僅適用於英國本土，更應該成為一套「世界性規範」（cosmopolitan norms）（ER, 573）。在接下來的討論中，就讓我們依循「自由精神」與「征服精神」相互對抗的普遍架構，來概略回顧柏克有關北美殖民與印度問題的看法。

　　追隨孟德斯鳩，柏克相信，征服所帶來的後果，應該是自由與和平，而不是暴政與專制。順此思路，柏克於是嚴詞批判英國政府從1770初期以來，施加在北美殖民地上的種種不當處罰，指控其剝奪了生活在大西洋對岸的英國子民所享有的、源自英國憲政傳統的自由與平等。也就是說，在柏克心底，美國獨立革命與法國大革命的原因與後果並不相同，絕不能被看成是「同一類問題」（not "upon a Par"）（quoted in ER, 515）；因為前者的發生，是為了延續英國重視公民自

由的政治傳統，也就是致力促使「自由精神」可以重現於新大陸，然
而後者的產生，卻是源自名符其實的「征服精神」，亦即「雅各賓主
義」，對於舊大陸的文明建制之無端侵襲。

　　所以，柏克雖然未積極鼓吹美國脫離當時正在破壞憲政傳統的英
國政府而獨立，但他卻建議英國政府應向殖民地讓步，尊重其所繼承
的英國「自由精神」。柏克甚至認為，美國當時跟英格蘭之間的關
係，實可類比於英格蘭與詹姆斯二世在光榮革命時的關係（ER, 514,
note 518）；與流竄於法國大革命的「雅各賓主義」截然不同，英國光
榮革命的特殊性在於，這並不是一場為了顛覆既有秩序而「發動」的
革命，而是一場為了「避免」既有秩序受到顛覆而出現的革命（"a
revolution not made, but prevented"）。要之，美國獨立革命及光榮革
命和法國大革命的根本差別，就在於「自由精神」與「征服精神」的
對立。

　　據此，當問題焦點轉向印度時，如何讓東印度公司的主事者，既
能聽命於英國國會的最高權威，又能依循英國憲法的「自由精神」，
對當地事務進行良善的行政管理，不致於淪為「征服精神」下武力相
向的高壓專制，或用柏克的話來說，「盜取的暴政」（a peculating
despotism），也就成了柏克議員生涯的另一場重頭戲。於此，柏克的
思維調性，同樣是調解的、審慎的，而非專斷的、冒進的。雖然，柏
克認為，當時的印度人民欠缺自我治理的能力，但他也不贊成將英國
法律直接移植到當地，因為這將破壞他們的古老建制（ancient
establishments）（ER, 522）與生活傳統。相反，和福克斯（Charles
James Fox）的印度法案同調，柏克反覆陳述，英國國會的主要職
權，是監督東印度公司是否恰當地履行治理任務，而不是直接涉入印
度的在地事務。

前文提及，柏克是代議政治的歷史代言人。此處，有待補充的是：在柏克寫作的語境中，「代表」（representation）一詞，不僅指稱代議士和選民之間的關係，同時表示代議政府必須取得公眾的信任與民意的調解；因此，縱使是在缺乏選舉程序與代議士的情況下，柏克再三聲明，代表政府的行政官員仍具有「實質代表」的責任（the duty of "virtual" representation）（ER, 371; cf. 295-297），也就是以同理心來體驗感受在地風俗，並同情理解當地居民的需求。然而，時任孟加拉總督的海斯汀斯（Warren Hastings）的囂張行徑，在柏克眼中，卻宛如西班牙的武力征服者、在印度的英國暴發戶（a conquistador-nabob），完全未能妥善盡到英國政府所賦予他的職責，只顧著追求東印度公司的商業利益，而不理會當地人民的聲音。故此，在對海斯汀斯彈劾案的陳述中（the Hastings Impeachment, 1787）中，柏克清楚表明，英國國會基於最高主權者的地位，有義務捍衛憲法基本價值，防止破壞「自由精神」的「印度主義」（Indianism）四處蔓延。[13]

VII. 革命精神：雅各賓主義

行文至此，我們已經大致掌握了《帝國與革命》一書的論旨、特色與貢獻。不過，在結束本文之前，我們還有一個重要問題必須回答：如果柏克的形象，確如筆者的讀後觀感所呈現的，是一位具有中

---

[13] 全案最後送往上議院審理（House of the Lords trial）並於1795年宣告無罪。值得附帶一提的是，當上議院於1788年開始審理此案時，也就是法國大革命爆發的前一年，柏克於演說中仍再度重申，印度人民有反抗不當管理的權利。

道、爭辯、寬容與開明的思維特質，並熱愛自由的「行動哲學家」，為何他會在晚年的《反思》中，竭盡所能地譴責法國大革命？

有一種說法是：柏克晚年一改先前偏向自由主義的立場，而導向反對自由、仁慈與正義的保守主義立場。然而，通過本書的細膩鋪陳，此一說法再也無法站得住腳。誠如 Bourke 所再三強調的，柏克既非自由主義者，也非保守主義者（ER, 679）；較公允地說，柏克一生的學思導向都是以「自由精神」來對抗「征服精神」，並懷抱著坦誠態度，來審慎判斷當時正在發生的重大事件，即便他對法國大革命的深切反思，亦不例外。也就是說，柏克在《反思》中非但沒有改變他的基本立場，甚至延續了他畢生承襲的一貫之道：對憲政自由的推崇、對文明社會的嚮往、對宗教寬容的堅持，以及對「征服精神」的批判，包括「印度主義」與「雅各賓主義」。

更深入地說，作為一位溫和的懷疑論者，柏克在提倡「自然權利」之餘，仍不忘警告世人，真正主導法國大革命的思想動力，其實是兩種關於「自然權利」的偽裝觀點：第一種偽裝觀點，是訴諸「自我治理的自然權利」（the natural rights of self-government）來決定一個既存社會的政治型態；此一論調的理論基礎，主要指向普萊斯（Richard Price）的如下主張：由於「公民權威是來自人民的一個授權委派」（quoted in ER, 688-689），所以應將公民自由延伸到對政治權力的掌控本身。第二種偽裝觀點，則是宣稱「原初的自然權利」（the original rights of nature）可以直接挑戰一個建制社會的財富分配；在相當程度上，這一說法的源頭，恰恰可以回溯到盧梭道德理論的含混不清（ER, 574）。

對柏克而言，以上兩種有關「自然權利」的錯誤設想，均傾向於將維護公民權利的憲政基礎與社會習慣連根拔起，所以他才會大肆譴

責法國大革命的理想，是空洞而不切實際的，是濫用「自然理性」而輕忽「人為理性」的一場集體冒險。以此衡之，縱在《反思》中，柏克依然並沒有放棄「自然權利」的論點；恰恰相反，在他看來，正由於上述兩種偽裝的「自然權利」學說，嚴重違反了近代自然法學致力於維護個人權利與利益的基本原則，所以他必須挺身予以駁斥。

　　這再次顯示，對柏克而言，政府的目的是藉著憲政秩序的維持，來保障個人的權利與利益。對此，筆者個人想提出兩項觀察，作為補充說明。首先，《反思》除了重申政府的工具性目的之外，同時強調公民對於符合此一目的的政府，因而具有服從的責任（the duty of obedience）。換言之，柏克堅信，不惟政府應負起維護公民權利的責任，人民亦負有相對責任服從正當政府，這就好像一道「偉大的原始契約」（great primeval contract），明白地界定了統治者與被統治者之間的道德關係（ER, Chap. XIII）。

　　再則，柏克還明白指出，基於道德與美學情感而對習俗與國家歷史產生敬崇、對社群之美好生活方式表示尊重，永遠是促進政治和諧與追求共同目的的重要推手。然而，法國大革命的本質，並不只是一場針對壓迫人民的王權進行示威抗議的反對運動，而是一場企圖直接「篡奪國家憲法」（to usurp the constitution of the state）的血腥暴動（ER, 574）。因此之故，其不但違背了政府與人民之間的「偉大的原始契約」，從而不具備革命的正當性；抑且銷毀了文明社會賴以維生的敬崇與尊重，誤將某種「自然平等」曲解成公民社會中的平等關係。

　　綜上所述，即便是在晚年的《反思》中，柏克捍衛公民自由與憲政傳統的決心依然不變。畢竟，說到底，柏克的國際政治思想只是他的憲政學說的延伸，因此，不論是對北美殖民危機與愛爾蘭宗教衝突

的自省，還是對東印度公司與法國大革命的論定，柏克的基本立場始終如一，也就是置身在「帝國與革命」的世界史脈絡中，藉由「自由精神」與「征服精神」的對立架構，來表述「負責政府」與「大眾暴政」在道德上的範疇差異（ER, 741）。

VIII. 結論

海耶克曾說：「保守主義可能時常是一個有用的實踐原理，但它並沒有提供我們任何可以影響長遠發展的指導原則（guiding principles）」。[14]如果這句話是對的，那麼柏克顯然就稱不上是一位典型的保守主義者，因為「自由精神」至今仍是緊密牽動著現代民主社會與全球政治發展的指導原則。當然，還有一種可能是：相對於其他政治思潮，我們對於「保守」一詞向來過於敏感，並充滿誤解；**正確理解下的哲學保守主義**，原本就相容於「中道精神」、「爭辯精神」、「開明精神」、「寬容精神」與「自由精神」。雖然本文的宗旨不允許筆者在此對保守主義的意涵進行爬梳，但可以肯定的是：就中文語境而言，正由於人們對保守主義充滿負面的聯想，因此「開明的柏克」在哲學上所訴求的「溫和懷疑論」及其對歷史經驗與審慎判斷的重視，至今仍是我們接受與省思西方政治思想史的一個嚴重缺角。

---

[14] F. H. Hayek, *The Constitutions of Liberty*, p. 411.

【研究紀要】

什麼是「舊體制」？*

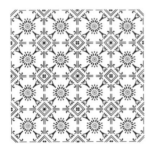

理查‧柏克（Richard Bourke）著、陳禹仲（Alvin Chen）譯

陳禹仲，牛津大學歷史系博士候選人。博士論文研究研究喬
治‧柏克萊（George Berkeley）與早期啓蒙對個人、社會、自
然世界與神聖秩序的辯論，並透過分析當時自然哲學、醫學、
政治神學與社會進程等論述，檢視柏克萊和啓蒙運動的關係。
學術興趣爲近代早期歐洲史、歐洲思想文化史、近代早期歐洲
科學與醫學史、歐美史學史、政治思想史與歷史哲學。

---

* 本文改寫自理查‧柏克教授就職倫敦大學瑪莉皇后學院（Queen Mary,
  University of London）政治思想史講座教授就職演說。

　　我們如何詮釋過往，從本質上形塑了我們理解當下的方式。相對地，我們如何與周遭的世界共處，則受惠於我們對其歷史腹地的認識。簡言之，要認識當前社會與政治的狀態，我們需要爲自己裝備相當的歷史知識。

　　但這麼說的同時，我們馬上要面對一個問題。歷史學家論述的基礎，鮮少建立在直接接觸過往材料上；他們更習於仰賴一個宏觀的歷史視野。歷史知識的生成，並不單純只是簡單地呈現資訊。收集歷史材料，可能可以成就一部歷史編年，但這種手法並不等同寫作歷史。一般來說，歷史材料在一段歷史論述裡的呈現方式，往往由一系列的預設與歸類決定。可以確定的是，一個歷史命題仰賴一種不顯眼的因果論；歷史命題包含了一些關於我們如何解釋歷史變遷的預設。這樣的預設又使我們必須要區分歷史時段、必須要辨識重大歷史變遷前後的事態。

　　因爲這個原因，歷史分期在歷史學重建歷史的過程中，一直佔有一席要地；儘管這個現象一直未受到足夠的檢驗。[1]本文致力於檢驗一個特定的歷史分期：歐洲史中的「近代早期」（early modern）。這個分期，往往被冠以「舊體制」（the Old Regime）之名。需要特別注意的是，「舊體制」是法文ancien régime不完美的譯詞。了解到這一點，我們還要記得，在18世紀末，「老體制」（vieux régime）也被用來指涉法國人革命前的事態。[2]這表示對某些人來說，「舊體制」

1　關於分期的討論，參見：Dietrich Gerhard, "Periodization in European History, " *The American Historical Review*, 61:4（July 1956）, pp. 900-13; William A. Green, "Periodization in European and World History, " *Journal of World History*, 3:1（Spring 1992）, pp. 13-53。

2　Pierre Goubert, *The Ancien Régime: French Society, 1600-1750*（London:

（l'ancien régime），或1789年以前的種種型態，是過時且衰朽的；當然，對其他人來說，這僅只是一個標示社會變革分水嶺的名詞。

說到此，我應該要立即表明，本文並不是要談法國，至少不完全是法國。我要針對的，是一種將法國史的案例普遍化的傾向。以法國的例子來說，縱使我們區別革命前後事態的方式饒富爭論，我們還是很難避免這樣的區隔。但將「舊體制」這個觀念拿來延伸到整個歐洲，並用來泛指如1800年以前的歐洲，是更意義不明的。

儘管這種將一個特定國家的歷史，拿來詮釋各種發生在歐洲大陸的經驗的做法，本身就令人生疑，近代早期歐洲歷史書寫在很大程度上，仍受「舊體制」這個概念制約。貝倫斯（C. B. A. Behrens）在1967年出版的著作《舊體制》（*The Ancien Régime*）便是一例。「這在今日已是共識」作者宣告：「舊體制是一個歐洲的現象，而不僅限於法國。[3]」貝倫斯的書出版兩年前，1965年，牛津歷史學家大衛・歐格（David Ogg）已然以更委婉的方式陳述這個觀點：「舊體制這個詞，已經被套用在其他那些舊體制逐步被取代的國家上。[4]」

這類1960年代的定見，是構築在一種自1957年起逐漸興起的共識上。1957年，第七冊的《新劍橋現代史》（*The New Cambridge Modern History*）付梓（全系列書系共十四冊），該冊由林希（J. O. Lindsay）編輯，有著顯眼的副標題：「舊體制」。[5] 我說「顯眼」

Phoenix, 1973), chapt. 1. See also William Doyle, *The Ancien Regime* (Basingstoke: Palgrave, 2001); *The Oxford Handbook of the Old Régime*, ed. William Doyle (Oxford: Oxford University Press, 2012, 2014).

3　C. B. A. Behrens, *The Ancien Regime* (London: Thames and Hudson, 1967), p. 9.

4　David Ogg, *Europe of the Ancien Regime* (London: Collins, 1965), p. 13.

5　*The New Cambridge Modern History*, VII: 1713-1763: The Old Regime, ed. J. O. Lindsay (Cambridge: Cambridge University Press, 1957).

（conspicuous）是因爲Lindsay的副標題，與約莫半世紀前開始出版的另一個計畫相比，有著戲劇性的差異。該計畫便是原本的《劍橋現代史》（Cambridge Modern History），於1902年出版，由一名繼任劍橋大學歷史學欽定講座教授（Regius Professor in History），且信奉天主教的格拉斯頓人策劃──那人正是艾克頓勳爵（Lord Acton）。

艾克頓《劍橋現代史》第六冊的內容呼應了林希《新劍橋現代史》的第七冊（如前所述，又名爲〈舊體制〉），但艾克頓的副標題採用了更中性的題名：〈十八世紀〉（The Eighteenth Century）。[6]兩套書系在命名上的顯著對比，指出一個根本的概念轉變。艾克頓的《劍橋現代史》著重歷史發展的延續，而《新劍橋現代史》則想點出紀年上的顯著斷裂。

艾克頓《現代史》的第一冊，是由曼德爾・克雷頓（Mandell Creighton）主編。克雷頓是名世紀末的主教與史學家，專長是文藝復興時期的教宗研究，他明確主張現代史應該被視爲一個整體。更有甚者，根據這系列的《現代史》，「現代」的歷史始於1450年。這是一個所謂「中世紀」世界開始逐漸消失的時間點。這個書系宣稱，自文藝復興時期以降，歐洲的歷史開始逐漸發展出我們能夠辨識，且依舊身居其中的樣貌。克雷頓寫道，那是一個「一些依舊困擾我們的問題」開始進入歷史舞臺的年代。[7]從那個年代開始，歐洲的歷史被兩個過程佔據：民族國家的興起與個人主義的發跡。對克雷頓來說，這兩個過程成就了一個更好的世界。事實上，他更進一步論道，歷史學家應該把表現這種進步性，這種向前邁進的歷史進程，視爲寫作歷史的

6　*The Cambridge Modern History*, eds. A. W. Ward et al.（Cambridge: Cambridge University Press, 1902-1912）, 14 vols.

7　Mandel Creighton, "Introductory Note" to *The Cambridge Modern History*, I, p. 1.

準則。[8]

　　二戰後的歷史書寫，多已不再採用艾克頓的想法，也不再堅持現代世界起始於1450年。取而代之地，人們更習於假設我們現在的時代，起始於1789年的那場革命，這之中偶爾也伴隨了那些被視爲「準備」革命的年代，與革命對歐洲的影響。儘管存在這些差異，克雷頓對現代性等同於進步的時代的描繪，與戰後史學將「舊體制」視爲一個有別於我們生存的世界的觀點，有著共同的前提。這兩者都理所當然地認爲人類境況是進步的，都認爲現代性（無論我們如何界定它的時段），是朝幸福躍進。對我們來說，這個前提最重要的一點是，它揭露1945年後，史學家慣常相信我們已然自「舊體制」中解放。這個沈默的、指認我們受益於進步洪流的前提，展示了「舊體制」這個詞彙的普遍意義：當我們被解放至一個自由、民主、與平等的年代時，「舊體制」顯然代表被我們揚棄的事物。

　　尤其自1970年代起，這種論述「舊體制」的語言開始流行於教科書與研究專著中。威廉斯（E. N. Williams）於1970年出版，分析1648到1789年間政治與社會的研究，被名爲《舊體制在歐洲》（*Ancien Régime in Europe*）。[9]法國史家尚・梅爾（Jean Meyer）出版於1973年對歐洲貴族的研究，被置放在舊體制的歐洲中（situated *dans l'Europe d'Ancien Régime*）。[10]威廉・道爾（William Doyle）爲《牛津簡要現代史》（*Short Oxford History of the Modern World*）所寫，描繪

8　Mandel Creighton, "Introductory Note" to *The Cambridge Modern History*, I, p. 4.

9　E. N. Williams, *The Ancien Régime in Europe: Government and Society in the Major States, 1648-1789* (London: Bodley Head, 1970).

10　Jean Meyer, *Noblesses et pouvoirs: dans l'Europe d'Ancien Régime* (Paris: Hachette, 1973).

1660到1800年的小書，被稱爲《老歐洲秩序》（*The Old European Order*）。[11]即使是克拉克（J. C. D. Clark）富含活力、旨在修正史學預設的著作《英格蘭社會，1688到1832》（*English Society 1688-1832*），也著名地標榜是在分析「舊體制」。[12]法蘭柯‧凡杜里（Franco Venturi）的巨著《變革的十八世紀》（*Settecento Riformatore*）在1989年被翻譯成英文時，也被冠名爲《舊體制的終結》（*The End of the Old Regime*）。[13]

　　這當然不表示這些著作都一致地把「舊體制」視爲退步的同義詞，標示著一個我們幸運地擺脫掉的年代。縱然如此，把「舊體制」歐洲與保守主義、傳統土義、階級與特權做連結，仍舊充斥於對「舊體制」這個斷代的分析中。對美國史學家里奧‧葛肖（Leo Gershoy）來說，「舊體制」的晚期見證了從專制到革命的過渡。[14]另一個美國史家埃瑟‧渥洛（Isser Woloch）則認爲舊體制被傳統與進步的衝突標示。[15]對傑瑞米‧布萊克（Jeremey Black）而言，18世紀的「主要精神」是「愛國的、階級的、保守的、宗教的、與男性主宰的。[16]」

11 William Doyle, *The Old European Order, 1660-1800* (Oxford: Oxford University Press, 1978, 1992).

12 J. C. D. Clark, *English Society 1660-1832: Religion, Ideology and Politics during the Ancien Regime* (Cambridge: Cambridge University Press, 1985, 2000).

13 Franco Venturi, *The End of the Old Regime in Europe, 1768-1789* (Princeton, NJ: Princeton University Press, 1989-1991), 3 vols.

14 Leo Gershoy, *From Despotism to Revolution, 1763-1789* (New York: Harper & Bros., 1944).

15 Isser Woloch, *Eighteenth-Century Europe: Tradition and Progress, 1715-1789* (New York: Norton, 1982).

16 J. Black, *Eighteenth-Century Europe* (Basingstoke: Macmillan, 1990, 1999), p. 102.

對很多史學家來說，是新的觀念造成了「舊體制」的衰亡。對保羅·阿札（Paul Hazard）而言，宗教懷疑論與科學理性擊碎了法國史上的黃金世紀（grand siècle）。[17] 萊因哈特·柯塞雷克（Reinhart Koselleck）認為，哲學懷疑論塑造了讓危機漸生的環境。[18] 凡杜里指出，一個歐洲改革的運動削弱了既有的機構與價值。[19] 強納森·伊絲瑞爾（Jonathan Israel）論道，政治權威與宗教迷信被良好的理想摧毀。[20]

這些學者提供了不同的分析，也在不同程度上展現他們研究與思維的精細縝密。但總體看來，他們給了我們一種「啟蒙運動催生了現代世界」的歷史視野。於是我們被棄於一個摩尼教式二元對立的故事裡，其中哲學抗衡著「舊體制」，並導向了革命的年代。這個故事有幾種最受歡迎的版本，它們都預設了進化的精神在變動的年代裡加速，這個年代或被稱為「批評的年代」（the Age of Criticism）、世俗主義的開始、特權的終結、與「理性的年代」（the Age of Reason）。在這每個不同的年代稱呼裡，轉變被視為從「舊體制」過渡到新事物秩序的橋樑，無論這個新秩序是更好還是更壞。

與多數的歷史時代相仿，「舊體制」是一個遲來的語言建構：它被發明來敘述既成的事實。這種回顧式指涉特定歷史時代的稱呼可能

---

17 Paul Hazard, *The European Mind, 1680-1715* (London: Hollis and Carter, 1953).

18 Reinhart Koselleck, *Kritik und Krise: Eine Studie zur Pathogenese der bürgerlichen Welt* (1959) (Frankfurt: Suhrkamp, 1973).

19 Franco Venturi, *Utopia and Reform in the Enlightenment* (Cambridge: Cambridge University Press, 1971).

20 Jonathan Israel, *Revolutionary Ideas: An Intellectual History of the French Revolution from the Rights of Man to Robespierre* (Princeton, NJ: Princeton University Press, 2014).

不會引發問題,但也可能極富爭議。例如,「中世紀」一詞被發明於
17世紀。[21]到了18和19世紀它開始有了負面意涵(尤其在聖西蒙的追
隨者眼中),這個負面意涵隨後傳到馬克思(Karl Marx)手上,對他
來說,中古是那麼一段無人性的歲月,使中古史研究幾與動物學無
異。[22]在今天,「中世紀」一詞多只在歷史教學中被使用,儘管中世紀
專家們仍舊辯論著「中世紀」涵蓋的範圍,甚至挑戰「中世紀」是否
存在。「文藝復興」在許多意義上都是19世紀的產物,這個詞彙出現
於那個視14世紀為現代世界先聲的年代。至少,這是布克哈特對
「文藝復興」的看法,而他的看法,也並非毫無爭論。[23]

歷史分期可能隱含意識形態,歷史事實則無可避免地必然肇因於
意識形態。修息底德(Thucydides)在他的《歷史》(Histories)開卷
時,區隔了由遊牧與遷徙構成的遊歷年代(peripatetic age)與定居和
殖民構成的歲月。[24]撒拉斯提烏斯(Sallust)將羅馬的過往分隔成美德

21 Christopher Cellarius, *Nucleus historiae inter antiquam et novam mediae* (Jena: 1676). For general discussion, see George L. Burr, "How the Middle Ages Got Their Name", *The American Historical Review,* 20 (1914-15), pp. 813-15; G. S. Gordon, *Medium Aevum and the Middle Ages* (London: Society for Pure English, 1925).

22 Otto Brunner, "Feudalism: The History of a Concept", in *Lordship and Community in Medieval Europe: Selected Readings,* ed. Fredric L. Cheyette (New York: Holt, Rinehart and Winston, 1968); Dietrich Gerhard, "Guizot, Augustin Thierry und die Rolle des Tiers État in der französischen Geschichte", *Historische Zeitschrift*, 190: 2 (April 1960), pp. 290-310; Karl Marx, *Critique of Hegel's "Philosophy of Right",* ed. Joseph O'Malley (Cambridge: Cambridge University Press, 1970), p. 82.

23 Jacob Burckhardt, *The Civilization of Renaissance Italy* (London: Penguin, 1990).

24 Thucydides, *History of the Peloponnesian War* (Cambridge, Mass.: Harvard University Press, 1919), I, ii, 1 ff.

的歲月，與隨後出現的腐敗年代。[25]更廣泛地，奧古斯丁（Augustine）
將羅馬的衰亡年代與基督奉獻的歲月做了對比。[26]自那時起，論者已
然習慣性地區隔古代與現代的歷史，並隨著歲月累進，發展出一系列
更專門的分歧：晚期古典（late antiquity）、中世紀（the middle
ages）、長時段的中世紀（the long middle ages）、巴洛克時期（the
age of baroque）、工業時期（the age of industry）、與極端時代（the
age of extremes）。[27]我在這裡要強調的，並不是要我們完全拋棄這些
分類，而是當我們使用這種分類時，我們應該保持適當的批判精神。
誤用這些分類不僅會扭曲過往的圖像，甚至可能使我們曲解現在。

　　我們對「舊體制」這個觀念是否有效的懷疑，應該要起始於檢視
被這個概念套用的數個歷史分期。在本文已經提及的幾組年代中，
「舊體制」的終結被賦予不同的時間點，從1789到1800到1815年。
事實上，在阿諾‧梅爾（Arno Mayer）看來，「舊體制」一直殘喘到
第一次世界大戰。[28]比起「舊體制」的終結，對「舊體制」從何時開

25 Sallust, *The War with Catiline* (Cambridge, Mass.: Harvard University Press, 1921), VI, 3 ff.

26 Augustine, *The City of God against the Pagans*, ed. R. W. Dyson (Cambridge: Cambridge University Press, 1998, 2005), pp. 71-80.

27 Peter Brown, *Late Antiquity* (Cambridge, Mass.: Harvard University Press, 1987); Jacques Le Goff, *The Birth of Europe* (Oxford: Blackwell, 2005); Carl J. Friedrich, *The Age of the Baroque, 1610-1660* (New York: Harper, 1952); David S. Landes, *The Unbound Prometheus: Technological Change and Industrial Development in Western Europe from 1750 to the Present* (Cambridge: Cambridge University Press, 1969); Eric Hobsbawm, *Age of Extremes: The Short Twentieth Century, 1914-1991* (London: Michael Joseph, 1994).

28 Arno Mayer, *The Persistence of the Old Regime: Europe to the Great War* (London: Verso, 1981, 2000).

始的諸多假設更爲驚人。「舊體制」的起點從1648年到1660年不
等，甚至晚到1748年都被視爲「舊體制」的起始時段。更常見的起
源年代被追溯到1500年前後──這個年份曾被如艾克頓勳爵等人視
爲「現代」史的起點。而最令人吃驚的，是把「舊體制」的起源回溯
到800年左右，那時阿拉伯勢力征服了地中海南岸，標顯了古代世界
終結，並使歐洲歷史的核心向北轉移到日耳曼部落。

　　最系統性構築這個觀點的，是德裔史學家狄特里西‧赫哈
（Dietrich Gerhard），他於1935年逃離納粹魔爪，先後於華盛頓、密
蘇里、與哥廷根任教，並在這些地方成爲比較研究學者。在赫哈
（Gerhard）看來，他所謂「舊體制」的成型，約莫發生於西元1000年
左右，彼時日耳曼人開始定居，個人武力雇傭的情況轉化成附庸
（vassalage）體系，使眞正的封建關係出現。[29]如斯理解，「老歐洲」
（Old Europe）的特質被視爲社會聯繫關係（social bonds）的延續，
被封存於以土地所有權爲基礎的「群體秩序」（corporate order）中。

　　尤其有趣的，是那些影響赫哈論述的著作。其中包括奧圖‧海因
側（Otto Hintze），出生於波美拉尼亞、研究普魯士行政體系的著名
史家。[30]同樣重要的是奧圖‧布魯諾（Otto Brunner），出生奧地利，
曾一度想加入納粹，他的研究重新塑造我們對中世紀日耳曼南部「封
地」（"feud"）的理解。[31]來自法國與比利時的愛彌爾‧露絲（Émile

29 Dietrich Gerhard, *Old Europe: A Study of Continuity, 1000-1800*（New York: Academic Press, 1981）.

30 見：Dietrich Gerhard, "Otto Hintze: His Work and His Significance in Historiography", *Central European History*, 3: 1/2（March-June 1970）, pp. 17-48。

31 見：Dietrich Gerhard, Review of Otto Brunner's *Neue Wege der Sozialgeschichte: Vorträge und Aufsätze* in *The Journal of Modern History*, 30: 4（December 1958）, pp. 363-64。同樣相關的作品可見：Otto Brunner, *Land*

Lousse）與法蘭索・奧里維埃—馬赫丹（François Olivier-Martin）也是重要的影響，他們合作研究致力於兩次大戰期間復興群體社會的理想政府。[32] 最後則是至關重要的托克維爾（Alexis de Tocqueville），他是赫哈思想中的領袖級天才；也的確如此，因爲他長期思索關於「舊體制」的體相。

　　考量到托克維爾對我們今日主題（即「舊體制」）的影響，我現在開始討論他經典研究《舊體制與大革命》（L'Ancien Régime et la Révolution）裡，如何處理「舊體制」這個課題的成形過程。

　　在《舊體制與大革命》第一部第四章裡，托克維爾陳述了對他而言，法國大革命以前的歐洲所擁有的共同政治與社會樣貌。托克維爾指出，這些共有的特質「或多或少可見於全歐洲。[33]」然而，如他所說，這種「不可思議的相似性」並不是某種相互模仿的產物。[34] 相反地，這些相似的機構與法規，是在羅馬帝國崩解後，維持相對獨立的社群中出現。

　　在托克維爾看來，取代古文明框架的蠻族聚落將歐洲「分裂成數千個分離且敵對的社會。[35]」然而，隨著中世紀的出現，我們逐漸可以

---

und Herrschaft: Grundfragen der territorialen Verfassungsgeschichte Südwestdeutschlands im Mittelalter（Baden-bei-Wien: Rohrer, 1939），本書經過多次擴寫改版。

32 Émile Lousse, La société d'ancien régime: organisation et representation corporatives（Louvain: Éditions Universitas, 1943）; François Olivier-Martin, Histoire du droit français des origines à la révolution（Paris: Domat-Montchrestien, 1948）.

33 Alexis de Tocqueville, The Old Regime and the Revolution（Chicago and London: Chicago University Press, 1998）, p. 102.

34 Alexis de Tocqueville, The Old Regime and the Revolution, p. 102.

35 Alexis de Tocqueville, The Old Regime and the Revolution, p. 102.

觀察到一種普遍相似性。城市的法章、行會、農民的狀態、莊園的制度、與采邑的特質,「自波蘭邊界到愛爾蘭海」,幾乎四處相仿。[36]而能解釋這種規律的共同社會生存狀態,顯然能輕易地見於英格蘭、日耳曼地區與法蘭西等地。在這個基礎上,托克維爾所謂「歐洲的古老政體」被認爲延續了整個近代早期。[37]但這個政體在18世紀時開始面臨壓力,最終於法國大革命時灰飛煙滅。

　　近來歷史學視野下的「舊體制」歐洲蘊含許多可被追溯回托克維爾文本的元素。這些元素或許授予 20 世紀書寫的權威。但同樣地,我們也可以提問,托克維爾對「舊體制」的描繪是否受限於他的視角。托克維爾認爲「舊體制」這個具高度同質性的體系在1789年毀於一旦。但活在「舊體制」中的人們是否相信,他們眞的共享了一個有著同樣政治與社會風貌的世界?

　　看來並非如此。

　　雅瑟‧楊(Arthur Young)在1787年5月15日的日記裡,記敘了他行旅法國的旅程。他特別指出一種會讓從英格蘭到訪加萊的人感到驚訝的,「突然且普世的轉變。」他評論道:「樣貌、人民、語言、一切的事物都是新的。」[38]楊的重點並不單指出地理風貌的轉變。地理風貌的不同,有一部份源於農民土地再分配的發展(這點與易北河東半差距甚大),也與實際農業生產樣貌的不同有關。這些同時也是一種特殊的政治經濟學的產物。楊想道,這種分歧,則有更長遠的變因,即是過去130年間,不列顛與法蘭西帝國兩種不同政府體系相互競爭

36　Alexis de Tocqueville, *The Old Regime and the Revolution*, p. 103.

37　Alexis de Tocqueville, *The Old Regime and the Revolution*, p. 102.

38　Arthur Young, *Travels in France during the Years 1787, 1788 and 1789* (Bury St. Edmunds: 1792), p. 3.

的結果。

不列顛和法蘭西之間的差異，在楊初次遠行時便已是長久的共識。伏爾泰（Voltaire）在他1733年出版的《英格蘭書簡》（*Letters concerning the English Nation*）裡提及，令他最驚訝的，是不列顛特殊的原則與機構所導致的現象：多元宗教信仰並陳和政黨間的平衡，構成足以令社會天份充分發揮的從容。[39] 十五年後，孟德斯鳩（Montesquieu）同樣地強調了不列顛的特殊性格，即使他根本不同意伏爾泰。孟德斯鳩在《論法的精神》（*The Spirit of the Laws*）裡提出，每個國家都會有只屬於這個國家的獨特目的。[40] 他相信，不列顛最獨特的使命，是以政治自由為目標。正是這個目標區別了不列顛與法蘭西，也區別了不列顛與其它，在更小的範圍裡致力於公民自由的歐洲列國。[41]

誠然，不列顛的特殊性格在17、18世紀飽受歐陸國家注目。從現代歷史學的角度回顧，這個耀眼的特例，或許可以被詮釋為一個通則的證據，即當時的歐陸國家間存在著共同的性格。然而我們可以發現，差異的陰影被記錄於律師、外交官、史學家與旅人的記載中，這些人的活動，為我們所回顧的那個世紀，提供了各種比較視野。

威廉·田普爵士（Sir William Temple）的18世紀始於1688年出訪尼德蘭，那時他個人經驗與政治生涯已經讓他體驗了愛爾蘭、法蘭西、日耳曼地區與布魯塞爾等地的政治與社會風貌。對他來說，荷蘭

[39] Voltaire, *Letters concerning the English Nation* (Oxford: Oxford University Press, 1994), Letters I-IX.
[40] Montesquieu, *The Spirit of the Laws*, eds. Anne Cohler et al. (Cambridge: Cambridge University Press, 1989), p. 156.
[41] Montesquieu, *The Spirit of the Laws*, p. 156.

聯省國（the United Provinces）的政府與貿易模式與以上諸國相比，
均屬特例。他認為，荷蘭的特殊政策起始於低地國的多核心政治風
貌。他注意到，低地國多數的人口都集中在這些核心市鎮。這樣的人
口密度更顯商品珍貴之處，進而促進工業發展。這些元素讓尼德蘭走
上與歐陸諸國不同的道路，形塑了它的海外貿易與國內政體。[42]

　　田普的《聯省國觀察記》（Observations upon the United
Provinces）出版一世紀後，身任聖公會教士的史家威廉・考克斯
（William Coxe）出版了一本描繪歐洲北部國家的著作，這本著作同
樣地強調這些國家的差異更勝於其同質性。舉例來說，波蘭因它「超
乎異常的政府體系」而被標記。[43] 相似地，丹麥的政體發展有著「無
與倫比」的軌跡，僅用了一年便將貴族政權轉化為絕對專制。[44]

　　在當時，波蘭是惡名昭彰的特殊案例。連盧梭（Rousseau）都曾
指出，波蘭的政體是如何被「奇怪地構成。[45]」和盧梭同時代的人也常
用同樣的語調描述俄羅斯。在伏爾泰看來，一直到彼得大帝（Peter
the Great）登基前，俄羅斯都難被視為歐洲文明的一部份。[46] 狄德羅
（Diderot）則指出，英格蘭、法蘭西與俄羅斯政府的優劣程度依序遞
減，而各優劣層級則又會成為典型範疇的差異。[47] 詹姆斯・麥迪遜

---

42 William Temple, *Observations on the United Provinces of the Netherlands*
　　（London: 1673）, pp. 190-1.

43 William Coxe, *Travels into Poland, Russia, Sweden and Denmark*（London:
　　1785）, 2 vols., I, p. 81.

44 William Coxe, *Travels into Poland, Russia, Sweden and Denmark* vol. II, p. 335 ff.

45 Jean-Jacques Rousseau, *The Government of Poland*, trans. Willmoore Kendall
　　（Indianapolis: Hackett, 1985）, p. 2.

46 Voltaire, *The History of the Russian Empire under Peter the Great*（Aberdeen:
　　1777）, 2 vols.

47 Diderot, "Observations sur le Nakaz" in *Political Writings*, eds. John Hope

（James Madison）在美國革命之後，隔著大西洋以新世界的眼光觀察，發現評論者往往習慣將歐陸各國政體，依簡單的分類標準歸納，尤其是在談及荷蘭共和國、英格蘭共和國、威尼斯共和國與波蘭—立陶宛共和國時。但眞的存在於這種強調同質性的推論之下的，是一種關於異質與區別的分類。他寫道，這些案例「彼此相異的程度」幾乎與他們和一個「眞正的共和國」相異的程度相當。[48]

多數的分析都導向這樣的結果。這類的分析起始於法學家與史學家山謬・普芬道夫（Samuel Pufendorf）。普芬道夫的教職生涯履及哥本哈根、海德堡、隆德與斯德哥爾摩。在他任職瑞典皇家史學家時，他收集了他關於歐洲國家的講義，於1682年出版成《歐洲主要國家歷史導論》（*An Introduction to the History of the Principal States of Europe*）。這本書呈現的主要圖像，是歐洲國家政治社會的範圍與多樣性。波蘭王室是一個自由共和國（free commonwealth）的「主要攝政」（Chief Regent）；聯省國的政體以「不規律性」著稱；英格蘭的政體是「可觀的」；西班牙人普遍敵視貿易與商業是個歷史現象；法蘭西的貴族們則被削減爲親族。[49]而其中普芬道夫稍後稱之爲全然「不規律」的「怪物」的，則是托克維爾認爲「舊體制」典型的神聖羅馬帝國。[50]

　　Mason and Robert Wokler（Cambridge: Cambridge University Press, 1992）.

[48] lexander Hamilton, Jon Jay and James Madison, *The Federalist*, eds. George W. Gideon and James McClellan（Indianapolis: Liberty Fund, 2001）, p. 194.

[49] Samuel Pufendorf, *An Introduction to the History of the Principal Kingdoms and States of Europe,* ed. Michael J. Seidler（Indianapolis: Liberty Fund, 2013）, pp. 399, 306, 186, 81, 267.

[50] Samuel Pufendorf, *The Present State of Germany*, ed. Michael J. Seidler（Indianapolis: Liberty Fund, 2007）, pp. 159, 173.

　　一個多世紀後，在法國革命的連年戰爭裡，黑格爾（Georg
Wilhelm Friedrich Hegel）對日耳曼國家的考察得到了類似的結論：日
耳曼的發展迥異於歐洲大陸，這使它（有別於托克維爾的看法）成了
歐洲諸國中的謎團。[51]

　　要分析16到18世紀的歐洲大陸，並發掘當時的歐洲人如何看待
這片土地，並不困難。在當時人眼裡看來，歐洲大陸比較不是一個擁
有共同文化與憲政的政治集合；反倒更像是巨大的政治與社會差異的
並列體。奴役明顯是歐洲土地生產的一環，但自由農民自立耕種農地
也是；歐洲的一隅存在著選侯制，另外一隅則有著王室繼承；歐洲有
著舉國致力發展商業的荷蘭共和國，也有著貴族厭惡貿易的西班牙；
有著各種基督信仰形式，在各國的法體內存在著各種抗衡國家信仰的
教派；有著地方統治力逐漸衰弱的法蘭西貴族，也有著在普魯士各省
仍舊頑強統治的戎克；有著以從未被征服而自豪的英格蘭，也有著新
近剛被征服的愛爾蘭；有著專制的俄羅斯，也有著仰賴仕紳治理的瑞
典；有著兜售貴族頭銜的法蘭西，也有著以貴族頭銜封賞特殊國家貢
獻的不列顛。

　　以上所舉的每一個例子裡，封建貴族都沒有全然消失，他們留下
了一套複雜的系統，融合了榮譽、出生與財富。當三級會議（Estates
General）於1789年春季聚集於凡爾賽宮時，代表們被依階級分類，
但這些階級並不能有效反映出特權差異，而各特權階級間的衝突，無
論在宮門外的實際生活經驗上，或在宮門內以律法區隔的階級間，都
十分常見。

---

51 G. W. F. Hegel, "The German Constitution" in *Political Writings*, ed. Laurence
　　Dickey and H. B. Nisbet（Cambridge: Cambridge University Press, 1999）.

　　這種各式差異交織的樣貌，正是讓被稱爲「舊體制」的18世紀社會與我們今日的世界相仿的原因，正如它與那理論中典範式存在的階級社會相仿一般。無論這種理想的階級社會是否能有效捕捉14世紀社會的眞實面貌，這樣的比附在四百年後已然失去意義。

　　在1739年，當大衛‧休謨（David Hume）開始分析他所身處的世界裡，各種顯而易見的重大差異，以期了解差異如何與和諧相容時，他專注在分析財富與權力階級的關係，而這種關係，時至今日仍然存在。[52]

　　當盧梭（Rousseau）在1755年以類似的方法，呈現社會發展的模型時，他指出積累財富的差異，是人類不平等的歷史發展，歷經簡單的部落社會發展到商業年代的主要指標。[53]

　　這裡還有另一個例子。當伊曼紐—約瑟夫‧西埃斯（Emmanuel-Joseph Sieyés）於法國大革命前夕，試圖描繪當時社會的不平等時，他呈現了一個可以被分成勞力階級與不需工作的租賃階級的社會。[54]

　　對一些敏銳的當代觀察家來說，他們的世界最重要的要素至少與我們今日的世界相仿。當我這麼說時，我並不是在說我們的世界與過往並沒有什麼不同，而只是要表達造成我們現代與更早歷史時期間的區別，並不常是乍看之下的那般直接。

[52] David Hume, "Of Our Esteem for the Rich and Powerful" in *A Treatise of Human Nature*, ed. David Fate Norton（Oxford: Oxford University Press, 2000, 2008）, pp. 231 ff.

[53] Jean-Jacques Rousseau, *Discourse on the Origins of Inequality*, eds. Roger D. Masters and Christopher Kelly（Hanover and London: University Press of New England, 1992）, p. 63.

[54] Emmanuel Joseph Sieyès, *What is the Third Estate?* in Michael Sonenscher ed., *Political Writings*（Indianapolis: Hackett Publishing, 2003）, pp. 94-5.

　　這表示我在做兩個聲明。首先，這種「當代世界被從近代早期的特權年代解放」的想法，讓我們無法清楚地認識現在與過往的特色。其次，作爲史學家，我們的關懷應該要包括「舊體制」裡各種顯而易見的多樣性，至少我們對「舊體制」多樣性的關懷，應該要像我們對我們所自詡的，與我們所失落的世界間的道德差距一般重視。[55]

　　我現在面臨了一個重要的問題：我們適才所見，18世紀人們對所謂「舊體制」提出的諸多差異，究竟如何構成托克維爾眼中那同質的集體？答案是托克維爾並沒有這麼看待「舊體制」。直到目前爲止，我都接受一種標準的觀點，視托克維爾爲提出一個清楚的「舊體制」概念的先驅。事實上，如果更小心地檢驗他對「舊體制」的看法，我們會發現這樣的現象並不存在。

　　當我在這篇文章稍早點出托克維爾作爲19世紀歐洲「舊體制」觀念的主要提倡者時，我的證據（如同他的跟隨者一樣）只是他《舊體制與大革命》一書中，關於歐洲社會的中世紀起源的一章而已。但這一章對莊園與采邑關係的描繪，必須要與托克維爾對當代歷史的動態發展一起討論。根據托克維爾，這樣的動態發展所表現的，是一個受領主約束與集體特權構成的社會，如何逐漸受到相對的抗衡壓力，並進而重構社會與政治關係，使這樣的關係漸次明朗（如20世紀社會與政治關係漸次明朗）的複雜過程。

　　眾所周知，托克維爾在《舊體度與大革命》書裡指出的主要抗衡壓力，是「政治權威的權利與權力」的提升。[56]這在政治實踐裡的意義，是莊園作爲律法機構的消失、是貴族在地方政府中所扮演的政治

55 Peter Laslett, *The World We Have Lost*—Further Explored（1965）（London: Routledge, 1992）.
56 Tocqueville, *The Old Regime*, p. 105.

角色的衰頹、與貴族權威在省份行政中的消滅。在這些例子中，受益者都是代表皇室統治權力的機構，即「御前會議」（conseil du roi）上，這之中，又以「財政大臣」（controller-general）握有最高的權力。根據托克維爾的報告，曾身任財務大臣的蘇格蘭著名政治經濟學家約翰・勞（John Law），曾向阿根森勳爵（Marquis d'Agenson）解釋道：「法蘭西王國是由十三個督察官（intendants）所統治。[57]」就托克維爾看來，在這個形式下，潛藏這樣的事實：村落社群生活的衰落與工匠參與地方政府的終結。總而言之，無論其表象如何，在1789年8月4日著名的那一夜裡，大革命並沒有廢止封建制度，而是廢止了一個歷經農民自主與中央集權時代尚倖存的殘存稅收系統。

托克維爾的《舊體制與大革命》有許多是取自艾德蒙・柏克（Edmund Burke），那位被視爲因爲想要主導所謂自由價值而活躍的保守人士（前提是保守與自由這樣的詞彙，在討論法國大革命的脈絡裡是有效的，而想當然耳，事實並非如此。[58]）但在這裡，柏克和托克維爾的見解有所分歧。當柏克在《法國大革命的反思》悲嘆「歐洲的榮光」已經「永遠被熄滅」時，他是在預測一個永遠無法挽回的終幕。[59]

許多我們習以爲起始於老歐洲的事物，其實在「舊體制」之前便有著更令人驚豔的生涯。法治（以及其在歐洲歷史中的長遠根源）仍伴隨著我們；議會制度（一種「舊體制」的機構）也仍在我們生活

---

57 Tocqueville, *The Old Regime*, p. 118.
58 See Richard Bourke, *Empire and Revolution: The Political Life of Edmund Burke* (Princeton: Princeton University Press, 2015), pp. 926, 16.
59 Edmund Burke, *Reflections on the Revolution in France*, ed. J. C. D. Clark (Stanford, CA: Stanford University Press, 2001), p. 238.

裡；憲政體在1789年以前就存在，權力分化與法權獨立也是。家族、繼承權、信用機制、合約的約束性、以及財產權也都仍與我們同在。僅管顯而易見地，它們並沒有保有它們原有的風貌，但它們全都有著清晰可見的傳承。正如托克維爾對柏克的反駁一般，大革命並沒有終結文明，它只是提供了其他延續的方式。

　　柏克對「舊體制」可能瓦解的悲嘆，並不是感嘆地方貴族勢力的瓦解、不是地主苛稅的終結、不是地方專制與君主榮耀的衰頹──這些都是柏克曾發聲譴責的事物。相反地，對他來說，歐洲的「光榮」屬於兩個原則：道德的平等與私有財產權。當然，托克維爾並沒有反對。然而，托克維爾擔心的是財產權與平等都無法在法蘭西逐漸衰頹的混合政體中倖存。這樣的衰亡之勢，一直到1750年間才漸緩；那正是托克維爾寫作的年代。

　　學者們已清楚地知道，托克維爾歷史觀的根本元素受基佐（Guizot）影響甚深。[60]基佐本人則又師法於18世紀的哲學史家：包含伏爾泰，亞當・史密斯（Adam Smith），威廉・羅伯森（William Robertson），亞當・佛格森（Adam Ferguson），與約翰・米勒（John Millar）。[61]「歐洲擁有共同經驗」這樣的觀念，也是在這些人中浮現。

---

[60] Aurelian Craiutu, "Tocqueville and the Political Thought of the French Doctrinaires (Guizot, Royer-collard, Rémusat)", *History of Political Thought*, 20: 3（1999）, pp. 456-493; François Furet, "French Historians and the Reconstruction of the Republican Tradition, 1800-1848" in Biancamaria Fontana ed., *The Invention of the Modern Republic*（Cambridge: Cambridge University Press, 1994）; George Armstrong Kelly, *The Humane Comedy: Constant, Tocqueville and French Liberalism*（Cambridge: Cambridge University Press, 1992）.

[61] J. G. A. Pocock, "Enlightenment and Counter-Enlightenment, Revolution and Counter-Revolution: A Eurosceptical Enquiry", *History of Political Thought*,

但這些人想的共同經驗，是一部歐洲自羅馬帝國滅亡後才逐漸成形的歷史。這包含了幾個要素：首先，哥德部族逐漸在歐洲大陸定居，其次，從家族自主到封建秩序，最終則是軍事貴族在王權下建置。這些要素之後，則是市鎮興起、重新發掘羅馬法與帝國法律行政體系的擴張。

對這些啟蒙史學家來說，關鍵的一點是14世紀可見的共同性格，被16世紀以降的明顯分流承繼。換句話說，對一個真誠使用「舊體制」這個詞彙的使用者來說，「舊體制」根本不存在於常被用來指涉「舊體制」的18世紀裡。同樣地，18世紀也沒有任何「新」與「舊」抗衡的階段，沒有進步與退化的明確區別。相反地，許多歷史元素被認為相互交合，留給我們一幅持續融合並改變，使「進步」力量的觀念內部產生衝突的圖像，因為人們所謂的「進步」正是在衝突交會的過程裡產生。

這帶我來到我的結論。這篇文章的重點一直是關於利用歷史來瞭解我們現在所處的世界。其中最切要的一點是，最好理解社會與政治的方式，是透過歷史研究。這對休謨和黑格爾來說是再清楚不過的事，同樣地，對馬克思和韋伯而言也是如此。但同樣明顯地，是用來解釋改變與區別歷史分期的歷史框架，可以被用來消解對過往的真實再現，並因此扭曲我們對自己從何而來，以及要往何處去的理解。

歷史研究當然要被正確地理解為以證據為根本的研究。但我們也知道，歷史證據常常只是被用來佐證一些，從差勁的對過往的反思衍生而來的，對歷史發展的假設。歷史學家因此需要有理論化與推論的能力，如同我們需要有篩選、收集與編纂史料的能力一般。我們可以從質問一些主宰我們解釋歷史的論述開始。當然，這往往被認為預設了一種從迷信到知識、從特權到自由、從階級到平等、從階級社會到

市場社會、從傳統習俗到理性法治、從武力統治到合意統治、從「舊體制」到現代性的進化。

在質問這樣的論述時，第一個最有可能消失的，是「進步觀」本身。很少史學家明確地懷抱自信表示歷史的進程一定是正向的，但多數史家的觀點都隱藏在他們使用的分類裡。所有專業史家都致力於對抗書寫輝格史學的罪惡。[62] 但輝格史學在許久以前便已不復存在，這個目標也因此不難達成。

更艱難的目標是在當今確實有重要影響的線性史觀，這體現在一種「我們所認同的歷史過程最終成就了自由民主誕生」的觀念。最標準的論述就是，革命的年代帶來了「舊體制」的毀滅。[63] 我所試著要提倡的，是一種更多批判、更少自我滿足的立場，這種立場表示我們是過去的產物，而不是過去的救贖。歷史並不是一場我們想要努力清醒的惡夢，而是我們一直以來生存於其中的環境。

20: 1（1999）, pp. 125-139; Marcello Verga, "European Civilization and the 'Emulation of the Nations': Histories of Europe from the Enlightenment to Guizot", *History of European Ideas*, 34: 4（2012）, pp. 353-360.

62 這當然是跟隨巴特非爾德（Herbert Butterfield）的名作，見：Herbert Butterfield, *The Whig Interpretation of History*（1931）（New York: Norton, 1965）.

63 一個極具代表性的論述，可見於：R. R. Palmer, *The Age of Democratic Revolution: A Political History of Europe and America, 1760-1800*（Princeton, NJ: Princeton University Press, 1959-1965）. 2 vols.

《思想史》稿約

1. 舉凡歷史上有關思想、概念、價值、理念、文化創造及其反思、甚至對制度設計、音樂、藝術作品、工藝器具等之歷史理解與詮釋，都在歡迎之列。

2. 發表園地全面公開，竭誠歡迎海內外學者賜稿。

3. 本學報為半年刊，每年三月及九月出版，歡迎隨時賜稿。來稿將由本學報編輯委員會初審後，再送交至少二位專家學者評審。評審人寫出審稿意見書後，再由編委會逐一討論是否採用。審查採雙匿名方式，作者與評審人之姓名互不透露。

4. 本學報兼收中（繁或簡體）英文稿，來稿請務必按照本刊〈撰稿格式〉寫作。中文論文以二萬至四萬字為原則，英文論文以十五頁至四十頁打字稿為原則，格式請參考 *Modern Intellectual History*。其他各類文稿，中文請勿超過一萬字，英文請勿超過十五頁。特約稿件則不在此限。

5. 請勿一稿兩投。來稿以未曾發表者為限，會議論文請查明該會議無出版論文集計畫。本學報當儘速通知作者審查結果，然恕不退還來稿。

6. 論文中牽涉版權部分（如圖片及較長之引文），請事先取得原作者或出版者書面同意，本學報不負版權責任。

7. 來稿刊出之後，不付稿酬，一律贈送作者抽印本30本、當期學報2本。

8. 來稿請務必包含中英文篇名、投稿者之中英文姓名。論著稿請附中、英文提要各約五百字、中英文關鍵詞至多五個;中文書評請加附該書作者及書名之英譯。

9. 來稿請用真實姓名,並附工作單位、職稱、通訊地址、電話、電子郵件信箱地址與傳真號碼。

10. 投稿及聯絡電子郵件帳號:intellectual.history2013@gmail.com。

《思想史》撰稿格式

（2013/08修訂）

1. 橫式（由左至右）寫作。

2. 請用新式標點符號。「 」用於平常引號，『 』用於引號內之引號；《 》用於書名，〈 〉用於論文及篇名；英文書名用Italic；論文篇名用" "；古籍之書名與篇名連用時，可省略篇名符號，如《史記・刺客列傳》。

3. 獨立引文每行低三格（楷書）；不必加引號。

4. 年代、計數，請使用阿拉伯數字。

5. 圖表照片請注明資料來源，並以阿拉伯數字編號，引用時請注明編號，勿使用"如前圖"、"見右表"等表示方法。

6. 請勿使用："同上"、"同前引書"、"同前書"、"同前揭書"、"同注幾引書"，"ibid.,"、"Op. cit.,"、"loc. cit.,"、"idem"等。

7. 引用專書或論文，請依序注明作者、書名（或篇名）、出版項。

   A. 中日文專書：作者，《書名》（出版地：出版者，年份），頁碼。

      如：余英時，《中國文化史通釋》（香港：牛津大學出版社，2010），頁1-12。

      如：林毓生，〈史華慈思想史學的意義〉，收入許紀霖等編，《史華慈論中國》（北京：新星出版社，2006），頁237-246。

   B. 引用原版或影印版古籍，請注明版本與卷頁。

如：王鳴盛，《十七史商榷》（臺北：樂天出版社，1972），卷12，頁1。

如：王道，《王文定公遺書》（明萬曆己酉朱延禧南京刊本，臺北國家圖書館藏），卷1，頁2a。

C. 引用叢書古籍：作者，《書名》，收入《叢書名》冊數（出版地：出版者，年份），卷數，〈篇名〉，頁碼。

如：袁甫，《蒙齋集》，收入《景印文淵閣四庫全書》第1175冊（臺北：臺灣商務印書館，1983），卷5，〈論史宅之奏〉，頁11a。

D. 中日韓文論文：作者，〈篇名〉，《期刊名稱》，卷：期（出版地，年份），頁碼。

如：王德權，〈「核心集團與核心區」理論的檢討〉，《政治大學歷史學報》，25（臺北，2006），頁147-176，引自頁147-151。

如：桑兵，〈民國學界的老輩〉，《歷史研究》，2005：6（北京，2005），頁3-24，引自頁3-4。

E. 西文專書：作者─書名─出版地點─出版公司─出版年分。

如：Samuel P. Huntington, *Political Order in Changing Societies* (New Haven: Yale University Press, 1968), pp. 102-103.

F. 西文論文：作者─篇名─期刊卷期─年月─頁碼。

如：Hoyt Tillman, "A New Direction in Confucian Scholarship: Approaches to Examining the Differences between Neo-Confucianism and Tao-hsüeh," *Philosophy East and West*, 42:3 (July 1992), pp. 455-474.

G. 報紙：〈標題〉─《報紙名稱》（出版地）─年月日─版頁。

〈要聞：副總統嚴禁祕密結社之條件〉，《時報》（上海），2922號，1912年8月4日，3版。

"Auditorium to Present Special Holiday Program," *The China Press* (Shanghai), 4 Jul. 1930, p. 7.

H. 網路資源：作者─《網頁標題》─《網站發行機構／網站名》─發行日期／最後更新日期─網址（查詢日期）。

倪孟安等，〈學人專訪：司徒琳教授訪談錄〉，《明清研究通訊》第5期，發行日期2010/03/15，http://mingching.sinica.edu.tw/newsletter/005/interview-lynn.htm（2013/07/30）。

8. 本刊之漢字拼音方式，以尊重作者所使用者為原則。

9. 本刊為雙匿名審稿制，故來稿不可有「拙作」一類可使審查者得知作者身分的敘述。

《思想史》購買與訂閱辦法

（2014/3/31修訂）

一、零售價格：每冊新臺幣480元。主要經銷處：聯經出版公司官網、
　　門市與全省各大實體書店、網路書店。

二、國內訂閱（全年二冊／3、9月出版）：
　　機關訂戶，新臺幣960元；個人訂戶，新臺幣760元；學生訂戶，
　　新臺幣720元。郵政劃撥帳戶「聯經出版公司」，帳號01005593。

三、海外訂閱（全年二冊／3、9月出版）：
　　港澳／大陸地區──航空每年訂費NT$2200元（US$78），
　　　　　　　　　　　海運每年訂費1972元（US$70）
　　亞洲／大洋洲地區──航空每年訂費NT$2342元（US$82），
　　　　　　　　　　　海運每年訂費2086元（US$74）
　　歐美／非洲地區──航空每年訂費NT$2542元（US$90），
　　　　　　　　　　　海運每年訂費2086元（US$74）
　　若需掛號，全年另加US$5

　　請將費用以美金即期支票寄至：
　　臺北市大安區新生南路三段94號1樓　聯經出版公司
　　1F., No.94, Sec. 3, Xinsheng S. Rd., Da'an Dist., Taipei City 106,
　　Taiwan（R.O.C.）
　　TEL：886-2-23620308

Subscription

A. List price: (surface postage included)

Hong Kong, Macao, China US$70 per issue; Asia, Oceania, America, Europe, Australia and Other Areas US$74. (Add US$5 for registered mail)

B. List price: (air mail)

Hong Kong, Macao, China: US$78 per issue; Asia and Oceania Areas US$82 per issue;

America, Europe, Australia and Other Areas: US$90. (Add US$5 for registered mail)

C. Subscription Rate: (2 issues per year)

Please pay by money order made payable to:

Thoughts History, 1F., No.94, Sec. 3, Xinsheng S. Rd., Taipei City 106, Taiwan (R.O.C.)

E-mail：lkstore2@udngroup.com

TEL：886-2-23620308

FAX：886-2-23620137

聯經出版事業公司

《思想史》期刊　信用卡訂閱單

訂 購 人 姓 名：_____

訂 購 日 期：_____年_____月_____日

信 用 卡 別：□VISA CARD　□MASTER CARD

信 用 卡 號：_____（卡片背面簽名欄後三碼）_____必填

信用卡有效期限：_____月_____年

信 用 卡 簽 名：_____（與信用卡上簽名同）

聯 絡 電 話：日(O)：_____夜(H)：_____

傳 眞 號 碼：_____

聯 絡 地 址：_____

訂 購 金 額：NT$_____元整

發　　　　票：□二聯式　□三聯式

統 一 編 號：_____

發 票 抬 頭：_____

◎若收件人或收件地不同時，請另加填！

收 件 人 姓 名：□同上_____□先生　□小姐

收 件 人 地 址：□同上_____

收 件 人 電 話：□同上 日(O)：_____ 夜(H)：_____

※ 茲訂購下列書籍，帳款由本人信用卡帳戶支付

訂閱書名	年／期數	寄送	掛號	金額
《思想史》	訂閱____年	□ 航空 □ 海運	□ 是 □ 否	NT$

訂閱單填妥後

1. 直接傳眞 FAX：886-2-23620137

2. 寄臺北市大安區新生南路三段94號1樓　聯經出版公司 收

　 TEL：886-2-23620308

思想史

思想史7　專號：英華字典與思想史研究

2017年5月初版　　　　　　　　　　　　　　　定價：新臺幣480元
有著作權・翻印必究
Printed in Taiwan.

編　　著	思想史編委會
叢書主編	陳　逸　華
封面設計	沈　佳　德

出　版　者	聯經出版事業股份有限公司	總編輯	胡　金　倫
地　　　址	台北市基隆路一段180號4樓	總經理	陳　芝　宇
編輯部地址	台北市基隆路一段180號4樓	社　長	羅　國　俊
叢書主編電話	(02)87876242轉224	發行人	林　載　爵
台北聯經書房	台北市新生南路三段94號		
電　　　話	(02)23620308		
台中分公司	台中市北區崇德路一段198號		
暨門市電話	(04)22312023		
台中電子信箱	e-mail：linking2@ms42.hinet.net		
郵政劃撥帳戶	第0100559-3號		
郵撥電話	(02)23620308		
印　刷　者	世和印製企業有限公司		
總　經　銷	聯合發行股份有限公司		
發　行　所	新北市新店區寶橋路235巷6弄6號2樓		
電　　　話	(02)29178022		

行政院新聞局出版事業登記證局版臺業字第0130號

本書如有缺頁，破損，倒裝請寄回台北聯經書房更換。　　ISBN　978-957-08-4956-1 (平裝)
聯經網址：www.linkingbooks.com.tw
電子信箱：linking@udngroup.com

國家圖書館出版品預行編目資料

思想史 7/思想史編委會編著．初版．臺北市．
聯經．2017年5月（民106年）．248面．14.8×
21公分（思想史：7）
ISBN　978-957-08-4956-1（平裝）

1.思想史　2.文集

110.7　　　　　　　　　　　　　　106008559